白玛格桑仁波切题写的书名和签名

皈依境

生死的幻觉

白玛格桑仁波切 著

西藏人民出版社

图书在版编目（CIP）数据

生死的幻觉 / 白玛格桑仁波切著 .
—拉萨 : 西藏人民出版社 , 2005.2（2018.5 重印）
ISBN 978-7-223-01789-3

Ⅰ . ①生… Ⅱ . ①白… Ⅲ . ①宁玛派－教义－藏语 Ⅳ . ① B946.6

中国版本图书馆 CIP 数据核字 (2005) 第 006395 号

生死的幻觉

作　　者　白玛格桑仁波切
译　　者　泽仁吉美
策　　划　西藏天利经济文化发展有限公司
出　　版　西藏人民出版社　　**邮政编码**　850000
社　　址　拉萨市林廓北路 23 号
北京编辑发行部：北京市东土城路 8 号林达大厦 A 座 13 层
电话：010-64466847
责任编辑　李海平　张世文
装帧设计　曾子恒
印　　刷　三河市众誉天成印务有限公司
经　　销　全国新华书店
开　　本　16 开（710×1 000）
印　　张　16
字　　数　268 千
版　　次　2018 年 5 月第 2 版第 4 次印刷
标准书号　ISBN 978-7-223-01789-3
定　　价　35.00 元

佐钦白玛格桑法王

佐钦大圆满寺

佐钦熙日森五明佛学院

佐钦寺、佐钦熙日森五明佛学院、佐钦白玛唐大圆满闭关中心

佐钦白玛唐大圆满闭关中心

普贤王如来的化身拥丹贡布上师

白玛格桑法王（中间）、第六世佐钦法王（左二）
第三世先盘塔耶活佛（右二）、拥丹贡布上师（右一）

第六世佐钦法王吉扎向秋多吉

第七世佐钦法王旦增·龙多尼玛

白玛格桑法王和第五世穆日仁波切
在大昭寺觉沃佛像前贴金

第五世穆日仁波切旦增·卡恰多吉

白玛格桑法王

佐钦熙日森五明佛学院堪布和学僧

每年在闭关中心举行的菩提万供法会

白玛格桑法王在白玛唐闭关中心传法

佐钦白玛永宗修行洞

佐钦大威德修行洞（佐钦熙日森五明佛学院第五代法台大堪布巴珠仁波切于此洞中闭关时著成传世经典《普贤上师言教》）

佐钦闭关圣地长寿谷

熙日森哈大师留在佐钦石头上的坐印

第五世佐钦法王留在石头上的脚印

长寿谷中益西措嘉空行母神变为鹰时
留在石头上的鹰爪印

白玛唐山上大成就者留在石头上的脚印

佐钦天然显现的释迦牟尼佛像

佐钦圣湖之一

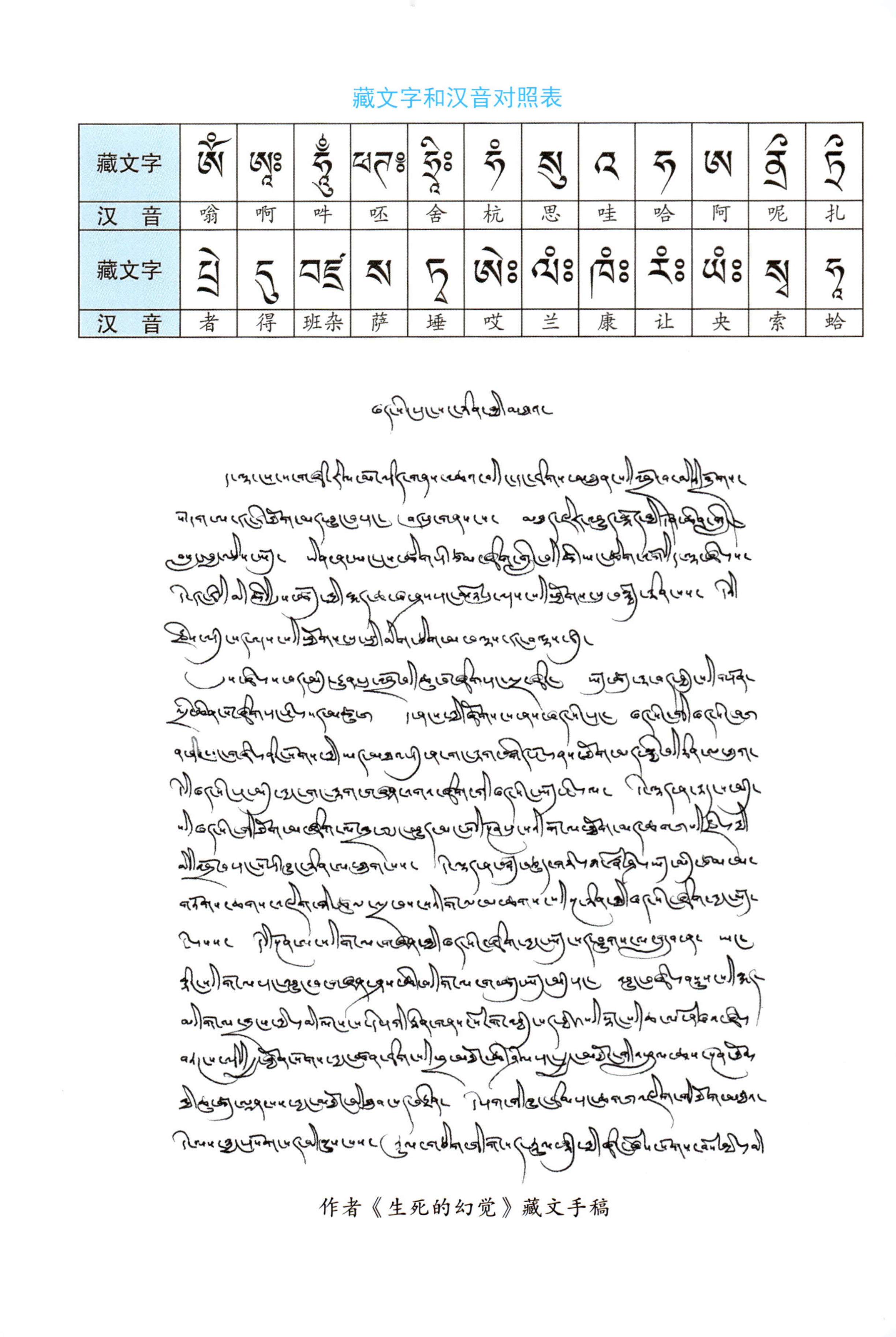

藏文字和汉音对照表

藏文字	ཨོཾ	ཨཱཿ	ཧཱུྃ	ཕཊ༔	ཧྲཱིཿ	ཧཾ	སུ	འ	ཧ	ཨ	ཉི	ཏྲི
汉　音	嗡	啊	吽	呸	舍	杭	思	哇	哈	阿	呢	扎
藏文字	བྲེ	དུ	བཛྲ	ས	ཏྭ	ཨེཿ	ལཾཿ	ཁཾཿ	རཾཿ	ཡཾཿ	སྭ	ཧཱ
汉　音	者	得	班杂	萨	埵	哎	兰	康	让	央	索	蛤

作者《生死的幻觉》藏文手稿

目录

编者导读 …… 1
译者的话 …… 1
序　我和我生长的地方 …… 1

第一章　昨天和明天的尽头 …… 1
第二章　生命的奥秘 …… 13
第三章　无常的人生 …… 24
第四章　未来的神圣事业 …… 36
第五章　微妙正道的路径 …… 49
第六章　内在的寂静甘露 …… 60
第七章　迈向恒久快乐的步伐 …… 69
第八章　魔术游戏般的无常 …… 75
第九章　虚妄和欺骗 …… 83
第十章　三苦囹圄 …… 88
第十一章　永恒解脱的指路明灯 …… 96
第十二章　如意宝藏 …… 103
第十三章　缘起因果的规律 …… 107
第十四章　西方极乐净土 …… 111
第十五章　正确永恒的微妙皈依 …… 115
第十六章　微妙心宝 …… 122
第十七章　清净的明月 …… 130

第十八章　无量福源……135
第十九章　殊胜身供施……140
第二十章　取得如意妙果的捷径……143
第二十一章　临终的和合往生……156
第二十二章　死亡征兆——时间明镜……169
第二十三章　赎死与延年长生……175
第二十四章　无常的死亡之路……180
第二十五章　除灭二取迷妄顽症……189
第二十六章　无念气轮……193
第二十七章　修炼三门的要法……196
第二十八章　根除轮回的污秽种子……202
第二十九章　无动寂静的禅定……205
第三十章　脉、气和明点的作用……210
第三十一章　成熟灌顶的重要性……215
第三十二章　大圆满总纲……219
第三十三章　面对新世纪的话……224

编者导读

感谢您选择了西藏人民出版社奉献给您的产品！

在藏传佛教著作史上，历史性地留下过许多大师们的光辉著作，形成了属于藏传佛教大师们代代相承的写作风骨，信、雅而且平和、慈悲，往往让人回肠百结，大师们的眼界往往是人类的，而非狭隘的和攻讦的。但是在近来的著作史现实中，在一些所谓活佛、教授的笔锋下，出现的情形更多的恰恰是狭隘的和攻讦的，执缚自不必说，而且在损益着那种来自历史的高雅和平和，其堪任藏传佛教今天的精神实质？当然不会的。

《生死的幻觉》出现在我们的视野中时，我们又看到了藏传佛教对于人类的基本眼光和深切慈悲，对此，无论您处于崇信，抑或审视，亦或浏览，甚或了解，在《生死的幻觉》中您都可以看到来自藏传佛教著作史上的大师们的风骨余韵在今天的展示，没有紧张和生涩，像《米拉日巴道歌》那样流畅，像布敦大师的《佛教大宝藏论》那样亲切，像五世达赖喇嘛的《西藏王臣记》那样有着浪漫主义的胸怀，最为可贵的是，像宗喀巴大师的著作那样充满着哲理的理信元素，这一切美好都可以在声称自己脱却活佛的衣钵仍然是一位极普通的人的活佛白玛格桑仁波切所著的《生死的幻觉》中得到了极细微而且深远的体现，在今天的出版界，如果说有什么样的书籍可以正本清源地给出藏传佛教著作史上的人类关怀和慈悲态度的话，只有这部《生死的幻觉》，它 能够更准确地把源自历史和经典的美好以现代佛学著作文本的方式让细致的心灵感觉得到。难能可贵！

最为可贵的是涌溢于作者笔锋下的对于故乡的热爱、对于母亲的敬爱、对于佛学的纯净热忱，这也是近来的佛学著作中更为少见的，也就是说，在作为活佛的佛学著作中，我们看到了深刻的人本主义的精神内蕴和同样深刻的只有在佛陀在世时所演佛法本母中才可以看到的对于人的真诚关注，这也是佛教在法流的源头和今天形成的关于现实的人的真正精神关怀。阅读《生死的幻觉》，这是您看到其意义所在必需的支点。仅此附赞！

面对《生死的幻觉》，无论您是唯物抑或唯心地阅读或温习这部佛学著作，您感觉着这样那样的生活和德行之美时，您还需要一个支点——宗教从我们的阅读体验来说，它实际上是人们对自己的感性情绪的异常冷峻的表达，当其以体验主义宗旨言说着人时，其实它并没有离开我们很远，只是方式无论是教义的，抑或人文的，对我们来说有些遥远。她也在努力地接近着人和人类本身，这时，您看到的是人类关于自己的历史经验，这个唯物的支点与世俗和宗教无关，而是从人类角度欣赏宗教时，您所必需的人类支点。因为我们和活佛仁波切一样在真切地活着。

《生死的幻觉》带着扑面而来的清新雅致来到您面前时，那是我们努力地为您献上的文化精餐，愿闻喜乐！

附：对在本书的编辑过程中热忱付出劳动的诸位表示感谢，尤其是微机室的丹增先生为版式整合而作出的努力！

编 者

2005年4月4日

译者的话

佐钦大活佛白玛格桑仁波切是我所敬仰的大德之一，也是我所见过的活佛中最慈祥、最谦虚的一位。仁波切把翻译这本开示法本的重任交给我，我深感荣幸和责任重大。仁波切不仅是西藏公认的具足慈悲、修证极高的大成就者，而且藏文水平和书法也堪称首屈一指。这本由仁波切亲笔书写的藏文开示法本的原著文法高妙，意义深刻，极具加持力，这是我在翻译过程中的至深体会。由此，我又感到深深的担心，担心不能把原文的本义表达清楚，因为仁波切的意境和藏文水平实在高出我太多太多。但是，我知道，我对至尊白玛格桑仁波切和三宝充满了虔诚的敬信心，所以，我相信，我的充满虔诚敬信心的翻译，一定能够得到上师三宝的加持，帮助我消除障碍、少出谬误；我也相信，仁波切为了利益众生，从其慈悲心中流出的智慧甘露法宝，一定能够利益各种根基的众生，那些有福分读到这本开示的有缘者，一定能够从这本法宝中得到启发和护佑。

在这本开示法宝里，仁波切以通俗流畅的语言向读者阐明了佛法的深密要义，并依据佛理揭示了宇宙世界中的许多奥秘，其中包括生命的奥秘、灾病的起因、健康富足的原因、延年益寿的法门、如何消除烦恼的方法，还探讨了有关死亡和死后的灵魂去向问题。尤其难得的是仁波切根据自己的实证经验，给修习显密佛法的善根信众们指点了成佛的捷径妙道，并在其中透露了由几位高僧大德上师亲传的深密窍诀。仁波切还根据他的亲身经历讲述了西藏的一些大成就者的传奇故事，令人受益无穷。

以弘扬佛法、利益众生为己任的白玛格桑仁波切，以无尽的慈悲之心，将这本智慧法宝甘露洒降给我们，愿我们都能蒙受白玛格桑仁波切的慈悲甘雨和加被助力，愿我们永离烦恼、恒具欢乐！愿世界和平、永远祥瑞！愿所有的众生离苦得乐、同登佛土！

最后，特别感谢第五世穆日仁波切对本书的翻译文稿进行多次仔细核校，并感谢多位精通汉文的三宝弟子对本书反复润色、校对，正是在他们的努力下，使这本书成为不可多得的精品译著。再次感谢，愿增吉祥！

译者：泽仁吉美

2003年11月7日

序　我和我生长的地方

我出生在世界屋脊的雪域高原，我的家乡位于康巴地区的北部、安多的南部，人们称我的家乡为扎溪卡或果洛扎溪卡，意思是“雅砻江的源头”。

一九四三年六月六日，我就出生在扎溪卡的一户人家的黑帐篷里。当时正在进行二次世界大战，由于我们居住的山沟清净闭塞，牧民们依然悠然自得，根本不知道外面的世界战乱纷飞。

在我的家乡，牧民们过的是藏族人的普通游牧生活，家家放养着牦牛、马、骡子、绵羊和山羊等家畜。日常食物有牛奶、牦牛肉、羊肉和牧民自己加工的酥油、奶酪、酸奶、酥酪糕、风干肉，以及春秋两季从地里挖出的人参果，还有从农区购买后用牦牛驮运到牧区的青稞和小麦等粮食，这些食品的营养都十分丰富。

牧民们的服装中冬装通常是绵羊皮缝制的皮袄、羊羔皮缝制的皮袍、狐狸皮缝制的狐皮帽、单层或多层牛皮作靴底的牛皮藏靴，以及用氆氇作靴帮的长筒彩靴等；夏装有比较单薄的羔羊皮袍、羊毛织品缝制的氆氇长袍、羊毛擀成毡子后缝制的毡帽等。最让我记忆犹新的是，那时候在我的家乡，男人们喜欢戴一种高顶圆帽，形如倒置的蘑菇，外面套有白布，在圆柱形细帽顶上还装饰着红缨子或黑缨子；女人们则喜欢戴圆形羔皮帽，它的形状犹如倒扣的盘子，帽檐四周采用两种颜色的丝缎镶边。为了遮挡雨雪，牧民们还会用毡子做成圆形的大披肩，披肩的中间留有一个圆领口，上面还镶着黑布条拼成的吉祥条纹图案，这种大披肩大多用作骑马时的雨具。另外，还有一种带帽子的毡衣，是女人们挤奶时穿的雨衣。

牧民们居住的黑帐篷是用粗牦牛毛织品缝制的，那些中间用木棍支撑、四周用牛毛绳牵引的黑帐篷，外型像乌龟样子的被称作帐房，帐房的牛毛织品是横排拼缝的；外形为四方形的被称作帐篷，帐篷的牛毛织品是竖排拼缝的；还有一种帐篷兼具上述帐房和帐篷的两个特点。帐篷的大小随家境的贫富而有不同，通常由二十根以上牛毛织品拼缝的帐篷属于大帐篷，牧民们迁居的时候，这种大帐篷需要用两头牦牛驮运，就是小帐篷用一头牦牛也只能勉强驮运。每年的春、夏、秋、冬四季，牧民们共要迁居四次。

家乡的高山草地，四季风景如画。每当夏季到来的时候，广阔无边的草原上开满了五彩缤纷的野花，牛、羊、马群和野牦牛、野驴互相追逐嬉戏，杜鹃鸟悠扬欢快的歌声悦耳动听，置身其中，仿佛来到了大自然精心造就的人间天堂。寒冷的冬天，江河湖泊都结上了坚硬的厚冰，在冰天雪地的银色世界里，有袅袅的青烟从帐篷上升起，那是牧民们正在生火化冰获取饮用水。就在这个外人看似艰苦的环境里，我们牧民却从来没有感觉过痛苦和忧伤，相反，我们眼望蓝天净土、呼吸清新空气，心里总是充满着满足和一种莫名的兴奋感。正是这种特有的生活和环境，造就了高原人与众不同的高大身躯、一身大力气和与生俱来的善良正直。

到了春天，家乡的高山幽谷中云雾缭绕，濛濛细雨滋养着大地万物，成双结对的白鹤在河边飞舞嬉戏，一群群黄野鸭在水草地里鸣唱不停……这充满生机和活力的大自然如诗美景，令人心旷神怡、流连忘返。

从小到大，我最喜欢的就是家乡草地中间的那条蜿蜒流淌的小河，还有小时候我常去寻找的雅砻江边的各种各样的小卵石……直到今天，那段美梦般的童年生活还时常勾起我美好的回忆。

雅砻江是我们牧民的母亲河，也是我特别喜欢的母亲河。在此，我想用几句发自内心深处的肺腑之言来赞美她：

苍天浮云在玉龙的号令中化为甘雨，谁能说这甘雨中没有雅砻江的水滴？围绕地球的大海虽然广阔无边，但雅砻江却是它们永不枯竭的源泉！冬季寒冰没能改变你柔和流动的本性，刺骨寒风阻挡不了你浩浩荡荡地奔流！我赞美你不畏艰险、永恒不变的坚毅个性！你张开热情的手臂迎来的后辈子孙们，体内流动的是你变出的鲜血。由你造就的一代又一代，在赤面猕猴子孙的文化宝库里，不断增添着无数的经典杰作！那些大学士和大成就者们，名扬四海内外，都是你这条母亲河创造的日月光辉！牛羊畜群在你的滋养下又肥又壮，奇花异草在你的胸怀里吐露芬芳。你养育了英勇健美的高原汉子，滋润了纯洁可爱的草原美女！

啊，母亲河！你是我们牧民的再生父母！在你的呵护下成长的人群中，杰出人物层出不穷，就像宝石项链，个个都在闪耀着灿烂夺目的光辉！那些大师们宣说的每一句佛理妙语，犹如用之不尽的甘露胜宝，那么珍贵又那么无与伦比！法脉传人、登地菩萨、圣尊化身……由你哺育的圣人数不胜数！圣人们用当地的语言文字传经布法，谁能说藏文不如梵文？谁又能说藏语的加持力量不如梵语？！

啊，母亲河！虽然世界上有许多大江大河，但是像你一样拥有殊胜加持力的河水在哪里还有呢？你是世上所有河流中的佼佼者！你是天界流下来的甘露圣河！没有你，佛教再度兴旺于康区的盛事从何而来？深密不共秘诀又在何处传扬？没有你，人类文明的园地里将缺少一束美妙的宗教奇葩！

啊，我的母亲河！你从扎央秀母神山中滚滚而来，你的玉液清澈透明。你在养育优秀民族杰出后代的同时，又在努力启开人类和平与幸福的大门！当你朝向东方大海奔腾而去的时候，我愿跟随你波涛翻滚的节奏，在笔下吟唱对你的深深赞美！

以前，我的家乡和其他藏区一样没有任何现代化的交通工具，出门远行只能依靠马、骡子和牦牛。牧民们出行或迁居到新的草场时，通常把所有的东西都驮在骡子和牦牛的背上，马一般只会当作坐骑。牧民们还有骑一匹马在前面行走，另外牵一匹马在后面驮运货物的习惯，人们称后面的马为跟脚马。牧民们也喜欢骑牦牛,他们把要骑的牦牛鼻孔穿通之后,挂上树枝做的环形牛鼻圈,再系好鼻绳就可以骑了。

在我的家乡,男人们的骑马技术都很好。他们通常以马术、射击、摔跤、游泳、斗勇等比赛来彼此较量,以此树立男子汉大丈夫的形象和威望。我们那个游牧小部落因为在雅砻江沿岸居住,所以,部落里的男人们对游泳也很在行,他们多数都是游泳高手。每当游泳过河的时候,他们先把衣服靴帽装进随身携带的全羊皮袋里,再把羊皮袋系在腰上,让马在前面游,自己则抓住马尾巴游过去。有的人在没有羊皮袋和不抓马尾巴的情况下,也能游到对岸。有的游泳能手,还可以把一个人夹在胳膊下面游过河去。这些游泳能手,游过一条大河并不需要很长的时间,他们往往很快就会到达河对岸。

夏天,牧民们择好吉日之后,部落里的所有成年男子都会骑上好马去参加烟供盛会。盛会中首先要诵经会供,然后再举行赛马和体育比赛。烟供会上,喇嘛们都要坐进帐篷里的供堂,举行祈供地祇大法会。当法会中念诵起战神供颂文时,男人们就会骑上各自的马,高举火枪,呐喊助威。这个时候,部落首领的手里举起的是彩箭旗,其他人则在火枪支架尖顶上挂着胜幡王咒旗,以及结合各自的生肖印制的风马彩旗。烟供会是男人们祈福助威的盛会,人们又称烟供会为战神披甲烟供会。就在烟供会上,部落首领和长者要对男人们的武器进行统计点数。女人是不参加烟供会的。

至于另外的节庆盛会,比如寺庙举行的"金刚舞"法会等,部落里的男女老幼都可以前往观看。节日盛装与周围康巴和安多地区的没有什么两样,成年男子通常会穿上虎皮或豹皮镶边的华贵藏袍,女人们会穿水獭皮镶边的华丽藏袍。在我的家乡,女人们还有许多贵重装饰品,其中琥珀带子是由三串琥珀长链并排做成的,它的长度和身高相同,女人们常常把它挂在身后以示富有。彩花荷包也是女人们所喜爱的装饰品,她们通常把荷包挂在腰盒下面,另外还有红珊瑚项链和在背后长长下垂的大红腰带。

在我的家乡,有许多由帐篷群或土木建筑群组成的寺庙。很多人家喜得儿子后的第一个愿望，就是让儿子入寺出家，做一名僧侣。出家的僧人，首先要依止各自法脉的传承上师，依次接受沙弥戒、比丘戒和密宗三昧耶戒。僧人在守戒如护眼珠的前提下，要进行正确的闻、思、修，其中一生坚持修行的大德不计其数。

在家男女，都会依止自己敬重的上师来接受近住戒和居士戒，人人都注重除恶扬善。由寺庙主持的极乐净土修供法会和斋戒法会，僧俗男女都会积极参加。平日在家的时候，妇女们常常会抽出空余的时间，面向西方行大礼拜，嘴里还高声诵唱祈愿往生极乐文。对于我而言，这个诵唱声要比任何流行歌曲都好听。

在我们那个部落里，曾经出现了众多学识渊博、修行有成就的高僧大德，在他们的带动下，部落里的佛教修行非常兴盛，男女老少都对佛教深信不疑，他们不仅对身着黄、红色僧衣的僧人备加尊敬，甚至对束有黄色腰带和黄色靴带的陌生人，也会尊敬有加。

在我的家乡，一块块玛尼石刻堆积如山，其中还有不少美名远扬、极具加持力的刻经石堆，这在别的佛教国度里是很难见到的。堆在刻经石堆里的石板，上面不仅刻有六字真言，还刻有佛语《大藏经》、四续部和内外六续部众多本尊的心咒等，其中还有少数自然显现的佛像和高僧大德显现神通留下足印的石头，这些都是具足殊胜加持力的珍品。

那些堆积如山的玛尼石刻，是善男信女们亲手刻好经文后背上去堆积起来的。那一座座刻经石堆里，包含了人们的智慧和血汗，是先辈们留给我们后代的宝贵遗产，也是世界文化遗迹里罕见的手工艺术珍品。

家乡的那座寺庙，创建人是大智吉美林巴的心传弟子、人称“康巴四无畏”之一的古龙·吉美·俄查加措，其余“三无畏”分别是参巴·吉美·加卫尼固、多珠·吉美·成勒沃色和巴琼·吉美郭恰。穆日仁波切是俄罗斯女修行大师布拉·瓦斯克（Helena Blavatsky）的根本上师，传说师徒两人经常显神通来见面，还用神通法力彼此传递信件。家乡的寺庙是心髓法脉的传修胜地，穆日仁波切是心髓胜法诸传承上师中的非常重要的一位。

作为大圆满心髓胜法传承上师的穆日仁波切，诞生在家乡的庙宇附近，他和他的转世活佛们都是家乡寺庙的主持。白玛·德钦桑波大师的转世活佛白玛诺布，是第四世穆日仁波切，也是我的舅舅。白玛诺布活佛和我妈妈是两兄妹，他们的父亲是佐钦·阿卓索曲，我的这位外公是个有学识修养、有修行成就的得道高人。

佐钦·白玛班扎第二世活佛德秋多杰又是我舅舅穆日仁波切的舅舅，我外婆和德秋多杰活佛是两兄妹，他们出生在金沙江以西，今西藏自治区北部的拉汝郭。现在的第五世穆日仁波切即我舅舅白玛诺布的转世活佛，是我的外甥旦增·卡恰多吉。就这样，从德秋多杰活佛住世直到今天，佐钦·白玛班扎和扎·穆日两位仁波切的转世活佛，以互为舅甥的亲缘关系一直转世在我的家族中。

我的舅舅穆日活佛白玛诺布，很像他的父亲阿卓，他继承了阿卓家族的聪明和才智，在学识修养上有很高的造诣，同时他也继承了母亲空行母家族的勇敢精神和慈悲爱心。我父亲阿卓家族的阿卓·索朗曲培、阿卓·耶郭玛、阿卓·阿旺诺布、吉扎·向秋多吉等，都是一天能熟记二十五长条书叶的智慧超人。我的母亲来自西藏北部拉汝郭的巴拉家族，据说巴拉家族是岭国大将巴拉·弥绛嘎布的后代，在巴拉家族也出现过很多得道高僧。穆日仁波切的母亲，还曾经在佐钦的莲花台上做过几次还魂回阳术。

我的舅舅白玛诺布，从小被第五世佐钦法王土登·曲吉多吉认定为穆日·白玛·德钦桑波的转世活佛。佐钦大法师拉贡和石渠江玛寺的大法师土登曲培，分别担任了穆日仁波切的传法上师。穆日仁波切学习显密经论进步神速，他的聪明才智在当时被传为佳话。他从小就挑起了寺庙主持的重担，虽然法务繁忙，但他会利用一切空余时间修持佛法。他善于管理政教二业，他的政教才能受到多康地区僧俗民众的无比敬重。

穆日仁波切身不高而体胖，法相黑亮庄严，周身经常散发出戒香的味道。

经他传经布法培养的徒众中，有不少是著名的大活佛和大上师。他诵传《大藏经》的时候，念诵经文的速度快得难以形容，一般人看着经书也追不上他的念诵速度，人们说他能同时念诵六行经文，他是旧密宁玛派近代史上的杰出上师。他圆寂的时候，听说在祖籍昌都拉多乡北方麦尺冬钦山沟里，人们看见他飞上了天。同一天，拉多乡钦崩村波嘎家的牧童看见他降落到了该村的玛则巴占山顶上，钦崩村和波萨村的很多村民也看到了这一奇观。就这样，穆日仁波切显示神通法力飞上天后，犹如消失在空中的彩虹，人们再也没有找到他的任何踪迹。我们可以看出他是虹身化为光身，是此身证得“大颇瓦虹化金刚身”双运正果的传奇大成就者。

我出生在拥有成群牛羊马匹的富有之家，我家还是小部落的头人之家。父亲的家族是英雄人物辈出的世家，母亲的家族高僧大德代代相传，从未间断过。我的父母生下了五个儿女，我是长子，比我小三岁的是我的大妹妹央金拉姆，比我小五岁的是我可爱的弟弟曲央，他后来出家当了喇嘛，我还有一个最小的小妹妹。我永远失去了大妹妹、小弟弟和小妹妹，他们是在祖籍拉汝郭离开人世的，当时妹妹央金拉姆十三岁，弟弟曲央十一岁，小妹妹才四岁。

现在，在我身边修学佛法的妹妹顿珠卓玛，是我的二妹妹。在我们兄妹失散后的第十五个年头，我们才得以相聚，她是我唯一健在的亲人。发生在我家的悲欢离合经历，就是诸法无常的莫大示现，对此我深有感触。妹妹顿珠卓玛有两个儿子和一个女儿，大儿子旦增·龙多尼玛（根据大堪布拥丹贡布上师的预言和大成就者阿江多丹尊者的清静显现，被认定为第六世佐钦法王吉扎·向秋多吉的转世活佛。于2003年8月被国务院宗教局批准和颁发了佐钦寺第一序位活佛证书，并于佐钦寺举行了盛大的坐床典礼。现任佐钦寺寺管委员会主任、佐钦熙日森五明佛学院院长）；二儿子旦增·卡恰多吉，是第五世穆日仁波切（现任佐钦白玛唐大圆满闭关中心住持）；女儿仁珍翁姆是他们的大姐姐。

我出生后不久，蒋扬钦哲·秋吉罗卓和第六世佐钦法王吉扎·向秋多吉等大德们，把我认定为佐钦·白玛班扎二世德秋多杰的转世活佛。白玛班扎大师是苏钦·曲央让卓的再现化身，公元十九世纪，大师诞生在佐钦的光察家族。大师生来就聪慧过人，通达显密经论，是一位得道登地的高僧大德。具足七大教法传承的钦则旺波、多珠三世吉美·丹贝尼玛、阿宗珠巴·卓杜·巴沃多杰、第五世佐钦法王土登·曲吉多吉、米旁·降央朗杰、色岭八世根桑·德钦多杰、协钦加察·白玛囊杰、大堪布先嘎、旺波丹嘎、格贡根巴、纽修龙多、支降扎、堪布云嘎、第一世安章珠巴活佛、第一世索甲仁波切等众多大德都曾经依止白玛班扎为不共成就上师。同一时代的加色·先盘塔耶、巴珠·吉美·曲吉旺波、多钦则·益西多杰等大师，曾与白玛班扎大师一起在佐钦修学佛法，他们之间有着互为师徒的亲密关系。

第一世白玛班扎大师的转世活佛德秋多杰就诞生在西藏自治区北部的拉汝郭，被第五世佐钦法王土登·曲吉多吉所认定。佐钦法王土登·曲吉多吉非常重视这位曾是自己上师的转世活佛，他把德秋多杰接到自己的家中，和佐钦贡珠活佛三人住在一起。这位佐钦法王的寝宫，就在第六世佐钦法王圆寂后不久，被一场大火烧毁。那时候佐钦寺遇到了一场大劫难，少数邪魔怨敌还造下了欲杀第六世佐钦法王的罪业。

在我的记忆里，当我三岁的那一年，佐钦贡珠活佛来到了我家，他一进家门，炉子上的牛奶就冒了出来，这是一种吉祥的征兆。当时，他对我很好，显出非常疼爱我的样子，我的心中也突然产生了一种与他难舍难分的感觉，我还紧紧抓住他的手不放。现在回想起来，这一切应该是我的前一世德秋多杰活佛与佐钦贡珠活佛同住一屋的缘份再现，也有可能是小孩子喜欢对他特别友好的新朋友。

佐钦贡珠活佛离开之后，被尊为多钦则再现化身的佐钦博珠活佛来到了我家，他以让我穿僧衣的名由给了我一套袈裟法衣。在此之前，我与其他的牧区儿童没有什么差别，我们都会穿上羊皮做的小皮袄，头上留着从一出生就没有剪过的避邪发。不知是受大人们的影响还是天生具有佛缘，我喜欢和小伙伴们一起做造佛像、建庙宇、到佐钦学佛的游戏。当我看见其他的小伙伴杀死地鼠和小鸟时，心里就感到非常恐惧和悲伤。

到了七岁，我便到江玛寺拜师学习藏文，在那里，我住了整整两年。当时，江玛寺的名气非常大，那里有很多由帐篷组成的学僧营，住有许多修学造诣很高的得道高僧大德，僧人们都向往到那里学佛求法。在我的家乡，有五座寺庙是心髓派主寺佐钦寺的分支寺庙，其中包括江玛寺。西藏众多大德公认为不共根本上师的土登曲培大师，当时就住在江玛寺。大师是佐钦心髓法脉的传人，他曾经做过穆日仁波切白玛诺布的上师，大师很疼爱我这个穆日仁波切的小外甥。

到我十岁的时候，旧密宁玛派六大母寺之一的佐钦寺，派来三队人马接我回原寺。这三队人马个个都穿着华丽，就像是过大节。我们从家乡到佐钦寺一共走了五天，当时，佐钦的百姓们都说："这么多年来，佐钦寺还没有举行过这么大的庆祝活动呢！"

佐钦寺是雪域二十五个密境雪宫中的其中一个，是众多功德的发源地。佐钦圣地，上有雪山之王庄严巍峨，晶莹洁白；中间岩石重叠，犹如铁城；山下森林茂密，好似孔雀开屏；山脚草地广阔，野花飘香。美丽的佐钦，镶嵌着很多高山湖泊，翠山湖光之中众鸟飞舞，各种野兽漫步其间……佐钦是具有殊胜加持力和能够得来大成就的清净圣地，从前有很多高僧大德都来到佐钦，在佐钦的山岩宝库和禅林密洞中修行佛法，并对这个地方进行加持。从此，佐钦充满了神奇的、不可言传的殊胜加持力。

在佐钦大圆满寺邬金禅林附近，有佐钦熙日森五明佛学院、大威德修行密洞、长寿谷、莲花台等十三处佛法讲修圣地。佐钦寺是旧密宁玛派的传播中心，其下有近三百座分支寺庙。藏历十六胜生周年的水龙年四月十三日那天，我骑在饰有华贵金辔银鞍的马背上，来到了佐钦这块清净圣地。佐钦寺僧众排着长队、奏起法乐来欢迎我，他们还用彩箭牵引我骑的马，僧俗信众对我都非常热情。

佐钦寺位于文化胜地甘孜州德格县境内，是佐钦心髓教法弘扬传播的源头。当我到达佐钦寺之后，首先由第六世佐钦法王吉扎·向秋多吉在他自己的行宫里盛情款待了我，接着我还拜见了无上法王根本上师——本原怙主化现为人的吉美·达真·拥丹贡布大师。

宝髻佛再现之身、得道祖师白玛仁增转世的第六世佐钦法王邬金·吉扎·向秋多吉，当时才十九岁。他那白净的庄严法相上，有一双炯炯有神的眼睛，高高的鼻梁与众不同，他神秘沉稳，声音清脆，智慧过人，心胸宽广。他那理性的话语充满了感召力，他通情达理、善解人意的言行令人生起无限的敬意，就是无恶不作的大恶人，一见到他也会放下屠刀，立地成佛。他指导政教二业的话语，许多都已经被证实为正确无误的预言。

大师拥丹贡布，当时已经五十多岁。他那张黝黑的脸庞威严无比，胡须又黑又亮，洁白的牙齿特别显眼。他说话的声音非常宏亮，人们常常用雷鸣声来形容他的声音，他的身体和法衣都散发出戒香的味道。他是超凡脱俗的出世大师，得到了无上大成就，他的心胸宽广如天，经常在离戏法界中入定游戏。无论白天还是夜晚，六段时间里他都一直端坐在座床上修定，双手结定印的身躯不会有任何移动。在拥丹贡布大师的慈悲法眼里，众生不分高低贵贱，他一律像母亲对待自己的孩子一样爱护。大师最与众不同之处就是他的威严法相，几乎没有人敢抬起头来睁眼看他。

我一见到佐钦法王向秋多吉和拥丹贡布大师，心中立刻就生起了无比的敬信仰慕之情，还有一种亲密的感觉就像孩子投入了母亲的怀抱。

佐钦法王吉扎·向秋多吉，既是宝髻佛的化身，又是莲花生大师和宗喀巴大师的化身，人们尊称他为“佐钦法王”或“佐钦如意宝”。他的父亲是阿卓·阿旺罗布，是一位声名显赫的大学者，也是我的舅舅。我和佐钦法王之间的亲戚关系，使我们相处得很亲密，我们还多年同住一室，经常形影不离。佐钦法王待我很好，他经常给我传授佛法秘诀，还教育我做一个好人，他令我的人生更具意义。

我的“白玛格桑”这个名字，是我小时候舅舅穆日仁波切取的。这个名字意义深广，字面上的意思为“宝莲善缘”，这说得很不错，我就是一个具有很多善缘的幸运儿。当时，我有缘与嘉杰奔多一起依止蒋扬钦哲大师，蒋扬钦哲大师传给我们很多殊胜的灌顶和深密心法，我们每次去宗萨寺，都要留住三个月以上。我在宗萨寺蒋扬钦哲大师那里学法的时候，还看见噶陀司徒活佛等众多高僧大德，他们和我一样前来学习佛法。在宗萨寺求法，使我失去了与大堪布拉贡见最后一面的机会。堪布拉贡长期在佐钦的大威德修行密洞里修行，是一位超离法相实执、直入本性佛界的大圆满瑜伽师。舅舅穆日仁波切小时候曾拜这位佐钦大堪布为不共上师，他们师徒就在大威德修行密洞里修行过一段时间。堪布拉贡圆寂前，特意给我留下了平日他最喜欢看的那部《龙钦七宝藏》。

到了十三岁的时候，我随佐钦法王到前藏去朝圣，沿途我们朝拜了卫日八郭等众多圣山圣地。返回佐钦寺之后，我花了两年的时间拜白玛才旺堪布为经师，在佐钦清净圣地长寿谷学习了《十三部大论》梵文原译本。到我十六岁的时候，寺庙遭到严重破坏，我的上师们陆续涅槃入灭，离我而去。即便如此，我的三昧耶戒始终清净无染，我的敬信心从未改变，我的心也从来没有和上师们分离过！

我十四岁的时候，记得有一天，在佐钦法王吉扎·向秋多吉的寝宫里，我就坐在法王身边，他突然停止了诵经，用手抚摸着我的头，认真地说：“我的主人是你！”这件意外事情给我留下了很深的印象，可以毫不夸张地说是刻骨铭心。在以后的岁月中，每当遇到困难的时候，我都会想起法王的那句话，慢慢地，那句话成了我克服一切困难的强大精神力量。还有一次，在法王即将圆寂之前，他抓住我的手，把我带到佐钦土登尼扎大堪布面前，郑重地对堪布说：“以后你要把希望寄托在他身上，不要寄希望于我。”说完，法王还流下了眼泪。接着，法王请堪布给我灌长寿顶，并要求堪布按我当时的岁数来决定灌顶次数。后来，我的人生经历证明了佐钦法王当初说的话，都是完全正确的金刚预言。这个奇迹般的往事，成了我平凡人生中的不平凡的惊涛骇浪。

当初，对于佐钦法王的异常言行，我感到非常纳闷，还寻思这突如其来的一切究竟是为什么？法王为什么突然这么看重我？……是啊，像佐钦法王这样的大活佛，无论如何也不会说出没有根据的话，不会做出没有意义的事，毫无疑问是我的思想出了问题。我应该想到是法王看到了我的善根善缘，他是在给我的善缘种子浇灌加持圣水，好让它以后开花结果。没有心识的树木，经过佛陀加持以后不也发出了传法之声吗？……现在，我完全明白了佐钦法王当初所做的一切，并且我还相信我能够完成他所未尽的弘法利生事业！我不应该也不会怀疑，法王的不了义言语具有变成了义真谛的殊胜因缘玄妙。

与佐钦法王永别之后，我遭遇了长期动荡不定的世事变化。在世事巨变中，我始终没有放弃出家为僧的修法胜身，我对三宝的皈依坚定不移，每时每刻我都在誓愿救度众生于法界佛位。机会终于到来了，1980年国家落实了寺庙开放和宗教信仰自由的政策，为了使佛法再度兴盛起来，我把全部精力都投入到了弘法利生的事业中，我始终没有忘记自己所肩负的历史使命。

1983年，我为了佐钦寺的弘法事业而奔波的时候，在四川甘孜州的炉霍县境内遭遇了车祸。当时，我的伤势非常严重，在长时间的昏迷中我甚至感受到死亡次第的本觉光明展现了出来。最终，在上师本尊的加持下，我还是从死亡的边缘返回到了人间。尽管如此，我仍然付出了沉重的代价：我的左脚粉碎性骨折，左脸多处被划开了大口子，伤口流血不止，头部左边严重震荡，左眼从此失去了视力，顷刻间我便成了残废之人。

身体残废丝毫没能改变我的心志，为了完成弘法利生大业，我拖着伤残的躯体，依靠两根拐杖远赴到了印度。从印度回到佐钦寺，我也没有时间安心养伤，整天忙于处理各种繁杂的事务。不过，使我感到欣慰的是：车祸后，肇事方给了我一笔伤残赔款。于是，我用这笔赔款作为基金恢复重建了佐钦熙日森五明佛学院。

雪域智者之源佐钦熙日森五明佛学院，在藏区各地都享有盛名。恢复重建之前，佛学院旧址野草丛生，一片荒凉。我背着背包入住佛学院原址不久，陆续引来了三三两两的法友学僧，当佛学院的住僧达到几百名时，我便开始着手重建工作。熙日森五明佛学院的重建得到了国家有关部门的关心，还有各地广大僧俗信众的支持，累世愿心的助力终于使佛学院得以重新修建。今天，各地高僧大德都云集于佛学院，我佛教法的讲修伟业也开始兴盛起来。如今，熙日森五明佛学院已经成为圆满传授藏传佛教各类法门的重要基地，是旧密宁玛派显密胜法的讲修中心。末法时代，她基本能够完成延续佐钦心髓派教法的重任。我的鲜血能有机会成为这所佛学院的基石，使我的暇满人身具足意义，对此，我感到非常的高兴。

佐钦熙日森五明佛学院是在藏历土龙年恢复重建的，到2000年的铁龙年为止，已经是12个年头了。经过十二个春秋的努力，佛学院给200多座寺庙和许多地方培养输送了2000多名学员，他们个个都是奉持佛法三藏、具有较高修学造诣的具格僧人。学员中对弘法利生事业有巨大贡献的学者和活佛有百余名，他们在国内外广泛传经布法，把众多的有缘信众引入到清净佛道，其中不乏未来大师。

熙日森五明佛学院派往西藏各地新旧佛寺的法僧们，在各寺建立了显密佛法讲修基地和奉行戒律所规定的三事仪轨。在西藏显密佛法的发源地桑耶寺、旧密宁玛派弘扬远播的圣地邬金敏珠林和土登多杰扎等地，都有来自熙日森佛学院的法僧，在那里给广大僧众灌顶、传授《大集经》、《幻化猛静》、《心要四支法》等经续伏藏心法。这些着眼于长远弘法目标的举措再一次点燃了佛教明灯，为众生的福源——佛陀教法长住于世奠定了基础。

为了奉行利生善业，我拿出用鲜血换来的一部分钱，成立了“格桑基金”。这个基金的用途是：一、购买被变卖的殊胜佛像珍品，在有条件的各地建造“雪域庄严殊胜金莲花宝殿”，给有缘众生修善积福营造清净福田；二、颁发“格桑奖”给优秀人才，激励藏族学者特别是青年学者弘扬藏传佛教文化与著书写作；三、修建孤寡老人养老院和兄弟希望学校。目前，我正在努力把这个基金办好，希望用这个基金回报社会，并参与社会公益事业。

现在，佐钦寺僧俗大众一致提出要求：希望我担负起弘扬佐钦寺教法的重任。这个任务非常艰巨，但我又无法回绝，我不仅要对得起佐钦寺僧俗信众，而且不能辜负众多入灭和健在的大德们的期望。我要牢记先辈圣人的遗训，为把清净正法传扬下去，随时准备奉献出包括生命在内的一切。

以上是我白玛格桑（法名土登·龙多·丹贝坚赞）的简要人生经历。我出生在佛教兴盛的果洛扎溪卡，生长在充满佛教气氛的环境里，我对佛教应该说有着比较深的认识和了解。为了让所有的人都能具有慈悲菩提胜心，相互之间亲如兄弟姐妹；为了使人们远离怀恶之心，脱出相互杀戮的战场，具足幸福快乐的生活；为了让人们正确认识死亡，并通过身心的修炼来迎接往生极乐；为了让人们服用治灭贪嗔顽症的遍知良药，我要在这里洒下几滴甘露法雨，并在其中透露了几位大德上师们口耳相传的深密秘诀，愿读者朋友和后来人能够从中受益。

愿本书能穿越时空隧道，成为我和未来人之间的心灵对话！

第一章　昨天和明天的尽头

在这里，我要和生活在地球上的人类同胞讨论与我们密切相关的重要大事——我们从哪里来？中途驻栖何地？最后会去到哪里？就在我说完上面几句话之后，“这里”二字已经成了过去，它将随着一瞬即逝的人生时光渐渐远离现在而去。

当我们追忆过去时，首先得回过头来看一看，让时光倒流一次，这时我们将会发现“时间”就像滚滚流动的河水，永不停止等待；“时间”又像吞食一切的大魔，对谁都不讲情面、不发慈悲。我们可以从今天早晨追溯到昨天，从昨天追溯到前天，从前天一直追溯到去年，再到前年……当我们把日子往后退到自己出生的那一天时，自己今生今世的昨天便到了尽头。但是，如果再继续往后，虽然不是自己今生的昨天，可是还有其他人的昨天，这样，要想把昨天的尽头找出来，谁都无法做到。

如果让时光倒流到很多亿年前，我们可以找到地球形成后开始有人类的那一天。可是再去追寻人类的来源，以及外器世界和内情众生的究竟源头的话，除了查找有无灵魂的存在之外，我们还需要找什么呢？如果有人要谈世间万物的成、坏变化的话，那么所有的物质都处在一刻不停的变化之中，所以这根本就不能说明什么问题。

在这个地球还没有形成之前，从时间方面而言，“昨天”是一直存在的，可是昨天的尽头却总是没有着落，这个昨天也可以说是另外一个已经形成的星球的昨天。不过，除了地球之外，这个宇宙中还有多少星球呢？由四大——地、水、火、风四个元素构成的星球能不能统计出准确的数目呢？可以肯定的是，宇宙是无限的，无限宇宙中的星球数量也应该是无限的。容纳无数星球的宇宙空间，我们把它称为虚空。现在的科学技术虽然很发达，但要测量虚空的空间大小，目前还根本无从下手。同样，要想真正查明无数星球的成、住、坏、空过程和这个地球的最初形成与最后坏灭过程，我们也无从下手。

在这里，人们有必要思考和研究一下佛经中阐述的“一粒微尘中含有诸佛刹土”等不可思议的理论。博大精深的佛家论说的确能够帮助我们解答不少难题，佛教祖师释迦牟尼明确地告诉我们一句真理圣言：“无间流转的轮回没有开始”。无论我们人类怎样顽固，怎样坚持己见，如果不去想想这句话的深刻意义，那么谁都无法避免犯一次大错误，因为事实就是——轮回的确没有开始。

接下来我们研究一下“明天”。要想找出明天的尽头，首先要从明天的明天“后天”找起，当我们找到自己死亡的那一天时，自己今生今世的明天便到了尽头。但是，再往后还有其他人的明天、地球的明天和整个宇宙的明天……这样不停地找下去，结果就是——明天也没有尽头，从中我们还可以发现“轮回无终末”这个真理。

我们这些人都是父母生出来的，我们的父母又是他们的父母生出来的，这样追寻下去的结果，可以找出最初生育人类的那对父母。可是，最初生育人类的那对父母又是从哪里来的呢？是从另外一个星球来到这个地球上的吗？是像大自然中某些生物物种那样湿生或化生而来的吗？除此之外，他们还能从哪里来呢？如果那对父母是从另一个星球来到这个地球上的话，那么就得承认宇宙中除地球之外的其他星球上还有人类存在，可是到目前为止，古今中外还没有人看见或知晓其他哪个星球上有人，更无从说起有多少星球上住有物种。

无论有没有外星人，如果仅以没有看见为由，就否定外星人的存在，这个结论很难站得住脚。这样看来，要找出我们人类的最初祖先也非常困难，甚至于根本就找不到。这又和寻找昨天和明天的尽头一样，无有着落。

如果我们承认以胎生、卵生、湿生、化生等四种出生方式出现了人和其他一切有情[①]众生，那么其出生根源无非就是地、水、火、风四大元素。但是，在客观现实中仅仅有四大元素的聚合，并不能产生出任何有生命活动的有情。在这里，我们必须明白的是，任何具有生命活动的有情，都离不开一个实现因果报应和积存习气的“心识”，要找出这个心识的来源，就无法回避地需要探索和研究今生今世之外的前生前世。

面对这么多的不解之谜，我们一时找不到其他有效的办法来破解它们，我们只能认真研究距今两千多年前佛陀宣说的“缘起”、“业生世界”和“法性不可思议”等圣言，从中找出正确答案。因为有“缘起”规律，所以有了四大与业风和合的名与色之五蕴聚合的身体。照此推想下去，唯物主义无神论者、信奉宗教的有神论者和喜欢从零开始研究的中间分子最终都将集合在大圆满法中常说的“本原有寂分离”的十字路口。

物质的本性决定了这个世界具有最初形成之时、中间长住之时和最终灭亡之时。在佛教经典里，称世界形成之时为“成劫”；称世界长住之时为“住劫”；称世界灭亡之时为“灭劫”。“劫”又分为大劫和小劫，其中又有劫初长时、转长时期和中劫十八返等长期的起伏变化过程。

根据对古代的石器和化石进行研究分析，人们推断出一个结论：这个世界经历了很多亿年的长期不断的变化过程，就连山河大地也经历了无数次的运动变化。这样看来，持续变化的最终结果，除了坏灭，应该想象不出还能有什么其他的结果。当这个世界坏灭时，其他的星球并不一定同时都会坏灭，我们居住的这个地球坏灭之后，其他的很多星球依然会存在。

如果存在一个除四大之外的“心识”，那么这个“心识”完全可以往生到其他的星球上，并在那里投进任何一种有情的身体里，这是显而易见的。因此，作为一个研究人员，他一定要弄明白“心识”到底是个什么样的东西？它从何处来？会变成什么样子？

① 有情：又名众生，即一切有生命、有情感的动物。如：人、各种生灵等。——编注。

佛教法典中常说的“心识六聚”或“心识八聚”，指的是一个心识的六种现象或八种现象，而不是说心有六个或八个。这个明了之“心”，其实就是在业风的催促和引导下产生的各种各样的念想。如果离开了催促引诱的业风，那么“心”就会回归到本原法界，如果再受到业风的催促和引诱，“心”又会接着连续产生众多念想，并从中体受到苦与乐。如果能用某种方便法门改变“心”受业风催促引诱的状况，那么当业风停止之后，佛家常说的解脱全知果位或涅槃离苦得乐的胜果也就体证了。

“心识”到底是什么东西？它最初来自何处？

其实，“心识”就是无始以来受无明左右而产生的迷妄。除此之外，并没有什么独立产生的新“心识”。假如有新的“心识”产生，那么我们就可以找到轮回的开始，因为根本就没有新“心识”产生的现象，所以我们找不到轮回的开始。

以“过去”和“未来”等概念来给时间下定义时，谁也无法说明过去的时间是从什么时候开始的。这样分析研究的结果，人们只能回到佛教密宗大圆满法中常说的“三时无时之四时大平等性”之中。

我们受无明和愚痴的驱使，经历了无数次的投胎转世，在其过程中所体受的苦与乐不计其数。今天，我们又受“业”的驱使来到这个世界上，降生在父母的怀里。在今生今世造下各种“业”之后，来生又要受这个“业”的驱使，再次投胎转世……这一切就像昨夜之梦，虚无飘渺。

这世上的几十亿人成天都在忙忙碌碌，为的是成就各自所追求的事业，他们一直忙碌到死，可是最终谁也没能做完要做的全部事情，也不可能做完。来到这个世上的人们，各自出生的地方不同，各自的命运与苦乐不同，各自所处的地位和环境也不同，但是相同的是：人们为得到快乐而忙碌一生，到最终全都不得不放弃世间的一切，空手走向死亡。流浪于街头的乞丐和金銮宝殿中骄横奢侈的皇帝，在死神面前同样都是被动无力、束手无策。

今天，这个世界上的人们越来越精通科学技术，他们所创造的奇迹令世界每天都在发生新的变化，而充满竞争的环境会促使世界在将来发生更大的变化。但是，外在的物质不断丰富发展的同时，人们却忽略了使内心得到满足和喜悦的心灵建设，物质的发展和内心的堕落很不平衡。原本为创造幸福和快乐而造就的物质财富，却成了给心灵带来烦恼和伤害的杀手，这种以自私贪婪为出发点的行为必将给自己和他人造成无法估量的损害。仔细看一看，这世上的苦与乐实在是变化无穷，以致于几乎没有人能够看懂和看透它。

在研究探索昨天和明天的尽头时，时间作为刹时不停的流逝物，无论是经过一个劫的长时间还是刹那间的短时间，待它匆匆流逝完以后，两者没有任何差别。我们人类认为很漫长的百岁寿命，对于生活在另一世界的有情看来，也许只是弹指之间，或者是刹那间。从我们人类自己的角度看一下人生：无数次重复地吃睡走动之后，就像小孩子做完游戏或电动机器断电后停止运转一样，我们的心脏最终停止了跳动，再也无法从床上站立起来，生前的一切犹如昨夜之梦，亦如水月泡影。当美好的青春时光在不知不觉中匆匆流逝，人们突然踏进死亡大门时，才知道此前的所作所为一无是处，一生的荣辱成败此时全都毫无意义。因此，我们不能坐等死神到来时才开始醒悟，要从现在开始，多争取点时间，认真研究怎样使有限的人生更具意义，这一点非常的重要。

现在这个地球上的人口有几十亿之多，此前有几十亿人已经死亡，再此前又有几十亿人已经死亡，再再之前还有几十亿人……在这个地球上留下足迹的人数不胜数。所有来到这世上的人都是忙忙碌碌一生，而走向死亡时人人都一无所有，最后连名字都没有人能够记得住，这真叫人啼笑皆非。在如此众多的人群之中，虽然很有一批有智慧、有远见的人，他们研究的课题包罗万象，但是却很少有人去研究和探索不死的方法、无畏于死亡和死后无需受苦的微妙胜道，这是一件非常奇怪的事情。更让人遗憾的是，在很多世纪里，人们为了达到自私的政治目的或其他不可告人的目的，曾经炮制出了众多所谓的宗教，这些宗教把人们引入邪道而浪费了很多人的生命时光，这是人类自己犯下的大错误。尤其让人痛心的是人们推崇各种愚昧的思想来束缚自己，用迷信和狭隘的思想给后人造成巨大的损害。如果有人能为子孙后代着想,恐怕就不会做出如此不负责任的行为。

有些邪道成为反面的经验教训以后,反而变成了人们寻求正道的最大推动力,从而给后人留下了宝贵的经验财富。如果过去和现在的人们,能够以全身心投入于此生事业的精力去对待死后的大事,那么肯定能够找到一种对大家都有利的上善之法。那些一生修持深密心法而最终取得光明身成就的大德们,如果把全部精力用于经营这一生的事业上,那么他们不仅能够像那些大科学家们一样卓有成就,而且一定能够超越他们。只是大德们利用这仿佛借来般的身体,着眼于完成利己利他的恒久大业,他们抛舍了眼前利益,修起了具有永恒利益的善法。

有了来生来世以后,来生之因——烦恼就会接踵而至、如影随形。如何寻求断除烦恼的方法,并找到从烦恼痛苦中永远解脱的殊胜妙法,是人类所面临的众多大事中最大、最主要的事情。找到解脱胜道要比在火星上建造一座适合人类居住的城市还要重要几十亿倍,其利益不仅仅在于找到一条新的光明大道,而是像骑着飞行宝马逃离罗刹国一样,人们可以从此脱离所有的烦恼和痛苦。

从前,佛祖释迦牟尼在成佛前曾经生为船长的儿子,名叫森嘎拉。森嘎拉从小就乖巧可爱,才智过人。到了少年时期,经过勤奋学习,他文才武略,样样精通。这位德貌俱全的孩子,长大成人以后多次请求父亲让自己出海寻宝,在终于得到父亲的许可后,他高兴万分,立即准备好了一艘船和一支五百人的商队。上船出海的那一天,森嘎拉和五百名商人为能踏上寻宝之路都激动不已。当时,出海寻宝是非常危险的发财之举,踏上寻宝船的人都要用生命作赌注以换取财宝。如果寻宝船能够风平浪静地出海归来,那么船上的人就可以轻而易举地获取很多财宝;如果出现船体损坏、遭遇水兽或遇到大风大浪的袭击,那么船上的人不仅无法返回家园,而且还会送掉性命。在充满艰险的寻宝途中,有一天森嘎拉正带领五百名商人在大海中航行,突然从北方吹来了一阵狂风，一下就把他们的船吹到了南方铜色山罗刹国附近。

铜色山罗刹国有两种胜幢，一种为应和喜悦之地的胜幢，一种为应和不满之地的胜幢，人们可以摇动其中一种胜幢来表达来访者对罗刹国的态度。森嘎拉和五百名商人摇动应和喜悦之地的胜幢以后，罗刹国的魔女们知道了赡部洲的商船已经破烂，于是，她们纷纷变为衣饰华丽的美女，来到岸边朝落难者游了过去。

当魔女们来到落难船员的身边时，她们甜言蜜语地称呼船员们为“哥哥”，并极其热情地劝请他们留下来。魔女们承诺用最好的衣食、住房、花园和沐浴水池来服侍他们，还会拿出全部宝石、珍珠、琉璃和右旋白螺送给他们，希望他们能留下做丈夫。魔女们施展出各种妖媚温柔的美姿，勾引船员们留下来，并请求他们不要再踏足去南方的道路。

禁不住诱惑的船员们全都留了下来，与魔女一起寻欢作乐，并且生下了众多儿女。时间一天又一天、一年又一年地流逝，森嘎拉对魔女阻止他们往南走产生了很大的疑惑，他一直想解开这个谜。

有天晚上，森嘎拉趁魔女熟睡后，偷偷地溜下床，手持宝剑，悄悄向南方走去。当他来到一个地方时，从远处传来了众多痛苦哀号的声音，有许多人正在哭诉：“可怜啊可怜！今生今世我再也无法与父母兄妹、妻子儿女、亲朋好友见面了，我再也无法回到可爱的赡部洲人间了，我……”听到这里，森嘎拉大吃一惊，一时间竟没敢挪动脚步。

过了好一会儿，森嘎拉才定下神来，他思虑再三，决定克服恐惧，继续往南走下去，最后，他来到了一座高大宽广的铁城跟前。为了看到铁城里的情况，他找遍了铁城四周但却没有找到门和窗，就连老鼠进出的小洞也没有。他四处张望，发现铁城北面有一棵高于铁城的大树，于是迅速跑过去，飞快地爬上了树。

森嘎拉从树顶上看到铁城里关着很多痛苦凄惨的男人，他们个个哀声号叫，惨不忍睹。森嘎拉大声呼喊那些可怜的人，问他们为什么被关进铁城里？

如何落到如此悲惨的境地？为什么这样不停地哀号？那些人回答说：“我们是来自赡部洲的商人，乘船出海以后遭到水兽袭击，结果船破落难。当我们抓住散落的船板在大海中漂浮时，海浪把我们冲到了这个铜色罗刹洲。罗刹洲的魔女们利用美色把我们勾引到她们身边，和她们组成家庭，生儿育女。可是，当一批新的来自赡部洲的船员被魔女们找到以后，她们便显露出原来的凶恶面目，活吃了我们当中的很多人，她们连一滴血和一颗指甲都要舔干净、吃干净，最后把吃剩下的我们这些人暂时关在这个铁城里，我们已经成了她们必吃无疑的食物。”

森嘎拉问他们：“那你们知道逃离罗刹国返回赡部洲的办法吗？”

那些人回答说：“我们被关进铁城里的人都无计可施，我们想从铁城下面或上面越墙而逃时，这城墙就会奇迹般地往下或往上增长二倍到三倍。但是，你们还在铁城外面的人就可以想办法逃离此地。在我们上方天空中行走的天人，有时候会大声告诉人们：‘赡部洲的商人孩子们听着，这个月十五日你们可以到北方大道去一次，那里有一匹人称飞云马王的宝马，它常吃天生稻，全身毫无伤病，充满神奇威力。这匹马能用人类的语言寻问谁想越过大海，回到赡部洲。当它第三次同样询问的时候，你要立即骑在它的背上，并告诉它我要越过大海，请把我平安送到赡部洲。这样你就可以逃离此地，到达赡部洲。’这是诸天赐予的办法，你要听从照办。”

听到这一切，森嘎拉心里有说不出的高兴，他把所有的话都牢牢地记在心里。然后，他悄悄地返回到住处，趁魔女还没有醒来，他脱掉外衣和鞋子，又上床睡在了魔女身边。

第二天，森嘎拉很早起床，偷偷地跑了出来，他把所有跟自己一起出海的船员都召集起来，在一处很隐秘的花园里，向大家讲述了自己昨晚的所见所闻。森嘎拉再三告诫大家说：“无论你们在这里过得如何开心和愉快，我给你们说的事情绝对不能透露给魔女，也不能把你们的儿女带来一起逃跑。”经过商量，他们决定于当月十五日在北方大道集合。

当十五日到来的那一天，他们都如约来到了北方大道，在那里他们看见了正在吃天生稻谷、没有任何伤病并且充满神奇威力的宝马。那宝马昂头挺立，用人的语言询问谁要去彼岸。商人们听到后猛厉祈请说：“请把我们平安送到赡部洲吧！”宝马说：“你们一定要除灭对美女、儿女、房舍和财宝的所有贪恋，并且切莫回头观看。若有人生出贪恋之心，他就会像果子成熟后从树上落到地上一样从我的背上坠落到魔女身边，并会立即被魔女吃掉。现在，你们当中除灭了贪恋的人，请用手抓住我身上的毛，我马上送你们平安到达彼岸”。宝马说完后就把背对着船员，船员们立即一拥而上，有些人骑在了马背上，还有些人紧紧抓住了马毛，于是，宝马一用力顿时飞上了高高的蓝天。魔女们看见不祥之幢在摇动时，知道了赡部洲的商人们正在逃跑。她们立刻把自己变成比以前更加艳丽的美女，带着商人们的儿女来到了北方大道。魔女们面向蓝天高喊道：“亲爱的哥哥们，你们为什么这么绝情啊！请求你们做我们的主人、亲人和保护者吧！看一看这里有你们的儿女、财宝和房舍。”她们的喊声听起来非常的凄凉和悲惨。

马背上的商人们听到魔女的喊声以后，很多人对自己的妻儿和财产产生了贪恋难舍之心，结果他们当时就从马背上坠落下来。当这些人掉在魔女身边时，魔女们立即显露出真实恐怖的面目，把坠落下来的人全都吃得一干二净，连滴落在地上的几滴血都舔得干干净净。最后，只剩下船长森嘎拉一人平安返回到赡部洲。

诚如上面故事中所讲述的那样，具有我执[①]和我所执的人，永远不会有从轮回中解脱的那一天。与此相反，没有我执和我所执的人，将能得到永恒的解脱。现在，如果我们能静下心来仔细思考一下，我们将会发现这个不知从何处而来的云游心识，因为受到业的牵引而与父母的种子结合到了一起。当我们这个有血有肉的身体来到世上之后，一生之中受尽了各种各样的痛苦，却得不

① 我执：又名人执，即妄执人有一实在的我体。我所执：有“我”见的人，对于身外之物妄执为我所有。——编注。

到什么快乐。一切妙欲受用皆是颠倒诱惑，轮回与上面故事中的罗刹国还有什么区别呢？要知道当一代人从这个世界上消失时，必定会悲惨地落入到无常魔女的口中，所有有情众生也都免不了遭遇这样的苦难。因此，我们不能对充满诱惑的轮回太执着，如果能够找到从无常的轮回和痛苦的境地中永远逃脱的办法，那么我们就会像船长森嘎拉一样成为众生的领路人。毋庸置疑，这将胜过一切其他的智士仁人。

我们把人生看成漫长的岁月，为了营造快乐人生，我们不停地忙碌奔波。在忙碌奔波中，我们把时间分成过去、现在和未来三部分。但是，事实上，时间除了过去和未来两部分之外，中间并不能分离出一个"现在"。如果不存在时间中的"现在"，那么以"现在"为分割点而划分出的过去和未来也就不能独立存在。所以，时间原本就没有绝对独立的本性，从大处看时间是一段漫长的岁月，从小处看时间是无常变化的一刹那。无论往前看还是往后看，在我们所居住的世界里，不论是山川河流，还是平原大地，都将无法脱离无常变化的坏灭，更不用说我们的这个身体——由血、肉、骨头等物质组合而成的脆弱之躯，就连小小的寒热变化打击都承受不了，怎么能够对它抱有长久不变的愿求呢？

很显然，我们的这个弱小躯体非常容易坏灭。我们可以把自己的照片从儿童时期、青年时期、中年时期和老年时期放在一起做个比较，从中我们可以看出人一生的变化有多么大。每当回忆往事时，好像一切都发生在昨天，人生的岁月匆匆逝去，蓦然回首，竟不敢相信自己已经过了那么多的岁月年华！我们的容貌和身体发生变化之快，犹如上演一部短小的舞台剧，一个人从小到老的喜怒哀乐，短暂间就从登台到了落幕。我们的一生也像是一部活生生的短小电影悲剧，要怎样结束这部短暂的电影悲剧，就要看导演怎么编排和我们这些演员怎么表演。

一个人选择什么样的人生道路？怎样走完曲曲折折的人生之旅？在人生的十字路口朝什么方向走？这一切都依赖于这个人的智慧明眼。如果这个人受无明的控制，遇事愚笨，连明天干什么都想不到，什么事都步别人的后尘，那么这个人就像双目失明的盲犬，当主人跳入大海时，它也会跟着跳进去，尽管它多么的不想溺死。

我们人类从儿童时期、青年时期一直到老年时期，都要经历生、老、病、死四苦，最后在死亡中结束全部生命时光。今天，我们要是忙于追求今生的短暂快乐、忙于打算长久地生存而积累财富、忙于扶亲抗敌等没完没了的轮回作业，就永远不会有把事情做得很完美的那一天。但是，一个人如果没有长远永恒的奋斗目标和无所畏惧的信心，那么这个人可以说是愚痴透顶，他与动物几乎没有什么两样。肉牛被牵往屠宰场的途中，还会抓住一切机会吃草饮水，对于即将死亡的命运，却一无所知、浑然不觉。这个世界从形成到现在已经过了很多亿年，这期间所有的有情没有一个免于死亡，可是谁又曾认真对待过必须面对的死亡呢？从现在起过了一百年以后，现在在世的人几乎都会死亡。假如我们能够拥有无碍的神通，或是某个具有神通的人给我们预言："你将于某年某月某日某时，遇上某种逆缘而死"。那么我们就会在充满恐惧中度过一生，甚至茶饭不思、惶惶不可终日。可是现在，我们这些愚昧无知的人就像被牵往屠宰场的肉牛一样，虽然知道终有一死，但并不知道死期何时到来，整天安心度日的人们，还在自欺欺人地作长久住于世间的打算，这难道不是非常危险的行为吗？

我们人死之后，如果能像油尽灯灭、雪化水干和狼去无踪迹那样，不再回来遭受无常苦乐，那是最好不过的结局。但是，我们根本没有找到能有这种好结局的有力证据和可靠理论，因此，如果不会有上面那种好的结果，而我们现在依然执迷不悟、我行我素，那就会严重地耽误实现终极目标。有些人不相信有业因和业果，有些人断言来生不存在，他们持这种观点的理由只是因为"没有看见"这四个字，这些自以为是的人抱持这种几乎很荒谬的观点，对人类是不会有什么好的帮助作用的。少数人活着时坚持这样的观点不变，但是将要死去时却哭喊着要对其忏悔。有些人在青春年少的时候目中无人、妄自尊大，只有当他们遇上各种恶缘而深受打击的时候，才会想到因果报应，认识到轮回不仅不是少数愚人所说的那样无因无果，而是有它的来源和去向，有来生往世和因果报应。

当少数人深刻体悟出因果报应不假、来生往世不虚等道理时，他们会用比从前任何时候都博大很多倍的胸怀来对待无常世事，他们对此生世间法的取舍充满智慧和理性，他们的幸福观和快乐观从此会发生巨大的变化，他们视为小小利益而费心费神、为小作业而忙碌一生的人如同蠢猪。猪常常埋头用它那硬硬的鼻子刨土觅食，据说它从来不曾抬头仰望天空，猪的一生看见天空的机会只有一次，那就是屠夫杀猪时把猪四脚朝天放在地上的那一刻。待猪看见湛蓝广阔的天空时，随着屠夫的刀子刺进它的心脏，它的一生也就至此终结了。

我们最初出现迷妄而堕入轮回世界，是因为我们具有轮回之根——无明。我们来到轮回世间以后，在烦恼的驱使下一生中积造出各种尘业，并且体受各种苦乐。当人生经历演绎一段时间之后，最终摆在我们面前的只有无常死亡。我们被迫踏上死亡之路后，因为必须承受此前所造众多恶业的报应苦果，从而反复流转于轮回世界里，也许能有幸再转生为人，也许转生为畜生，也许下地狱……面对无穷无尽的轮回，所有的人都会心灰意冷、束手无策。因此，我们应该倍加珍惜稀有难得而且生命时光非常短暂的暇满人身，不要让今世拥有的暇满人身毫无意义地耗费在追求此生的短暂快乐上，我们要充分利用这个暇满人身修造恒久快乐的大业，要立即寻找使此生快乐、来生极乐的正道，赶快修完恒乐伟业，我们应该具备这样的决心和雄心。

第二章　生命的奥秘

寿、命、识三者当中的“寿”，指的是当身体和生命聚合在一起时，存在于体内命脉中的气与元气的结合体，这个像口水一样的东西里面有意识的依所“热体”，以及“气”之精华犹如马尾毛丝一样的物体，当马尾毛丝状的物体破裂、倾斜或弯曲以后，就会产生多种疾病和遭遇各种灾祸。如果它没有破裂、倾斜、弯曲或毛丝状的物体较长的话，就会延年益寿。当以上物体能正常发挥作用时，我们就称其为“寿”。

寿、命、识三者之中的“命”，指的是当心识在身体之中而且五蕴圆满具在的时候。这里，我们还可以简单地理解“命”为寿存在或生命活动尚在的所有时段。

寿、命、识三者之中的“识”，指的是主导眼、耳、鼻、舌、身的六聚之主——意识。如果眼、耳、鼻、舌、身五识为五扇窗户的话，那么意识就像关在房中的猴子，虽然猴子只有一只，但人们可以从五扇窗户中看到五只猴子，同样地，虽然意识只有一个，但是它在向外作用的过程中却出现了五根五识。

寿、命、识三者具足的身、根、意三物的聚合体，我们就称其为“活的生命”，也叫“有情生命”，而依靠双足站立并且能说话、能理解的有情生命，我们就称其为“人”。如果缺少前面三物（身、根、意）中的任何一物，或者是前面诸物不圆满具足的话，我们就不能称其为“有情生命”。离开命的身体是尸体，离开身体的意识叫做中阴轮回有情。

所谓的身体，是父母精卵结合之物成熟长大以后，由三十六种污秽物质或者说由白色皮囊以及铁等多种物质聚合而成的。只要有生命在身体之中，身体的成长发育变化是非常明显的，这一点无需在此作更多的说明。这里，我们应该仔细研究一下存在于寿命之中的深密"心"或"意识"，说其有，我们无法从有色身体的内外、上下和中间看到它；说其无，我们又无法证明这个能知能晓的"心识"根本不存在。我们还应该分析研究非常深密地存在于心识之中的心性无有念想的本原本体，以及在心性幻化所现的清净佛土乃至污秽地狱中能体受苦乐的"心识"，还有这个心识造业后所经受的业因和业果之奥秘。

假如说身体和心识是同时出现的，那么两者之间的关系就像油灯和灯光，当身体消亡的时候，心识也会随之灭亡，这个过程如同灯灭光尽。可能有人会这么想，既然身体是从父母血肉中分离出来的，那么心识也只能是从父母心识中分离出来的。这样想的结果便是一对父母有多个心识，或者是父母的心识分成了几部分，这就出现了很多错误和漏洞。如果说这一切是无因之果，一个心识可以凭空产生多个心识，那就犹如空中莲花和石女生子，是永远不可能的。如果说这一切是什么样的因造就了什么样的果，那么无色无形的心识之因只能是前世的同类心识流，除此之外无法找到另一个前因。如果说心识之因不是前一刹那的心识流，那么一个有情身体的消亡就意味着少了一个心识，也就是说从此少了一个投胎转世的心识，这样有情众生将会越来越少，最终轮回中不再有众生。

如果我们能够知道轮回有情的总数的话，那就可以掌握众生心识的数量，我们也就可以清楚地了解轮回中是否出现了新的心识。但是，靠我们现在的根识，不仅不能知晓众生的总数，而且也无法知道宇宙世界到底有多大。除了我们现在所居住的地球以外，其他众多星球聚集在一起所构成的大世界，还有一根头发上拥有的微尘数量之世界，等等这些数不胜数、无穷无尽的世界，不仅无法用我们的眼睛看清楚，而且无法用我们的心意去思量，因此，这一切也就说不清楚，道不明白。如果我们倒立看人，将会发现人人都在倒立着走路，我们要是对这样的视觉信以为真的话，那么还有比这个更大的欺骗吗？所以说，一切有为法都是因缘聚合之物，其究竟真谛便是法性不可思议。

我们应该分析研究一下自我们从母胎中出生到现在，我们常见的山河大地、土石房屋等所有流动和非流动的物体，以及四大和合之物中具有心识的各种动物，都是从因缘中产生出来的？还是从无因无缘中突然出现的？

答案很显然：所有的物质都是因缘聚合后产生出来的。

我们都知道绿苗要从种子中生出来，而且不同的种子会生出不同的果子，这一切最终都脱不出外在缘起现象的范围。同样地，所有动物以四种出生方式出生时，同类之因会生出同类之果，而不会出现人生狗或狗生人等错乱现象，所有同类出生的有情也无法超出内在缘起的范畴。

既然外在世界与内在情器都是四大聚合之物，那么为什么其中还会有外在世界无生命与内在情器有生命的区别呢？

原因在于心识的存在。所谓的近取心识，就是当身体消亡的时候其不消亡，只有当心识在身体中时一个活生生的动物才能在世间活动着，而且其心里是明了清醒的。但是，当心识脱离乘坐的气流时，心识就会融入内在的虚空或投进别的身体，那时变为尸体的身体就成了无生命的物体，和土、石等物体没有任何区别。因此，除了身体之外，还存在一个心识或业债的背负者是毋庸置疑的。

身体就像一个即将坍塌的土石堆，心识就像土石堆上即将远飞的一只鸟，当因缘聚合发生作用致使土石堆坍塌时，上面的鸟便会飞走。另外，就算土石堆因缘不具足而暂时不坍塌，鸟也有可能遇缘飞走。从这个比喻说明中我们知道，当身体由于老化或病变而死亡时，心识便会离开身体，去到它处。此外，就算身体还没有具备因健康原因而死亡的因缘，即使身体既健康又充满青春活力，但是，如果遇上偶然发生的灾祸逆缘，心识仍然会去向它处。

心识到底有没有前因呢？

答案是肯定的。心识的前因就是前一刹那的心识，由前一刹那的心识作为“近取因”而生出了后一刹那的心识，心识的最初前因便是俱生无明。

当最初前因具备智慧生命之风以后，三界众生在心风的动摇中产生了二取心念，在二取心念中产生了我执与我所执之心，由此贪恋诸法而堕入轮回迷妄中。有了迷妄以后，由贪欲和嗔怒之心造出了烦恼罪业，因此众生就要经受无边的痛苦。

所谓的“业”，是指能产生各种后果的前因。诚如佛祖所说“业生万物世间”，各种业因可以产生各种业果。积累福慧善业可以得来快乐妙果，反之积累罪恶之业就会招来痛苦后果，我们都曾经亲身体会过这种现象。当今世界在很多地方出现了能够回忆前生前世的人，他们能详细具体地说出他们的前世是什么人、在什么地方……这一切正在证实生死轮回的存在。当我们知道的确存在生死轮回以后，就可以正确认识业与果的关系。

关于从前世中产生后世和后世要从前世中产生的问题，佛祖释迦牟尼用八个比喻作了说明。

第一个比喻是上师念诵经文后徒弟学会念经。师徒二人六根俱全、能诵经文、能听能记是其中缺一不可的三要素，这里面上师是此生的比喻，徒弟是往生的比喻，诵经是心识相续的比喻。

第二个比喻是一盏油灯点燃另外一盏油灯。油、灯芯和灯具是其中不可缺少的三要素，第一盏油灯是此生的比喻，点燃的另外一盏油灯是来生的比喻，第一盏油灯点燃另外一盏油灯的过程中先有第一盏油灯是非恒常往生的比喻，后一盏油灯要依靠前一盏油灯的点燃才能出现灯光是由因缘而生的比喻。

第三个比喻是镜中影像。明镜、脸和光线是其中缺一不可的三要素，这三要素具足以后镜中才会照现脸影，这个比喻说明有了此生才会有往生，以及此生万物不会转移到往生万物中且又真实存在一个往生。

第四个比喻是从印模中塑造出小佛像。这个比喻说明此生的所作所为能够塑造相应的往生。

第五个比喻是火晶点火。火晶、阳光和草木是聚光点火时不可缺少的三要素，这个比喻说明有情众生将会从不同的世道投生到另一个不同的世道。

第六个比喻是种子发芽。种子、土地和湿润是能够发芽的主要要素，这个比喻说明众生不会断灭不生。

第七个比喻是提起酸味就会流口水。酸料、品尝和提起酸味是能够流出口水的要素，这个比喻说明经历过的业缘可以产生往生。

第八个比喻是空谷回音。发出声音、没有其他的大声音和空谷是其中缺一不可的要素，这个比喻说明只要因缘具足和没有其他的阻碍就会投胎受生，而且非一非异。

这八个比喻全面阐述了从此生到往生的流转过程，其中从无明、行、识到出生、老死等以十二因缘的流转在世间轮回投生的经过，都作了详细的比喻说明。

今生今世，可以见到由于前世业因不同而得到的不同结果，由于前世所作的善恶不同，今世人们所经历的贫富苦乐也不同，往生的去向则要看今世的造业和所作所为。今世多行布施，往生就会享受荣华富贵；今世多行偷盗抢劫和吝啬，往生就会贫穷困苦；今世珍护戒律，往生就会容貌俊美；今世渝违戒律，往生就会面貌丑陋……如此众多的因果事例不胜枚举。总而言之，今世是人往生不一定还能做人，今世穷困往生不一定依然穷困。

也许有人会有疑惑：有的人奸滑狡诈而且专做杀生等罪业，但他们的生活却过得幸福快乐；而有的人正直善良而且多积福业，但他们的日子却越过越苦，这是为什么呢？

要知道业与业果之间的关系深密难测，但是业的不会自动消失的特性是不容置疑的。业有很多种类，有现世现报之业、来生受报之业、顺后受报之业、能引果报之业、圆满果报之业、异熟果业、增上果业等多种多样。多行罪恶之业的人看起来暂时过得还快乐，那是因为他们前世福业的果报还没有结束，当福果受完以后，他们便要接受罪业的果报。今生多行善业而受苦的人，是因为他们正在承受前世罪业的果报，当恶果受完以后，他们一定能够得到善业的果报。鸟飞得很高的时候虽然看不到它自己的影子，但是当鸟落到地面时影子一定会伴随出现，而影子从来就没有离开过它自己，同样，我们所造诸业的果不会报应在土地中，也不会报应在石头上，总有一天一定会报应在我们自己的身上，此所谓“善有善报，恶有恶报，不是不报，时候未到。”

当我们知道一个心识能够相继投生为各种有情并会体受多种苦乐以后，也许有人会想：既然一个心识能投生到各种不同的有情体内，那么就像投胎转世中各有情互不相同那样，心识是不是也有着很大的变异呢？会不会同一个心识分别投生在狗的身体里和在人的身体里时，就像彼此之间的行为有着极大的差异那样，狗的心识和人的心识也有根本的不同呢？造业者的心识和体受业报者的心识是不是完全不一样呢？

在回答这些问题时，我们首先应该知道不仅人和狗有很大的区别，而且六道轮回中的有情彼此之间的思维和见解都有着非常大的差异。当福业和恶业在前世的心识中留下习气以后，根据业的好坏而成就善趣之身或恶趣之身时，其行为习惯必然会发生相应的变化。当投胎生为老鼠时，我们便会好偷；而当投胎生为猫时，我们就会好杀。另外，把前世的习气带到后世中的人也不是没有，这里可以举一个例子来说明：当一个母亲生下分别来自六道轮回的六个儿子时，他们虽然是一家人，但是根据从前世带来的习气的不同，这六个儿子在各方面都会有很大的差异：前世为天的儿子显得美貌和气；前世为阿修罗的儿子显得粗暴和嫉妒心强；前世为人的儿子显得聪明和忍耐力小；前世为畜生的儿子显得愚钝和忍耐力强；前世为饿鬼的儿子显得丑陋和欲望大；前世为地狱有情的儿子显得丑陋并且总是一副苦相。如此诸等同样是血肉之躯的人群中,由于前世投生之道和习气的不同,其等流果使后世的人们性格和言行有着很大的差异。

而一个心识分别投生到各种不同的有情体内时,心识是不会发生变化的。因为投生之道和习气不同,所以使各世各代的行为习惯产生了很大的差异,当生为驯兽的时候就喜欢吃草,而当生为猛兽的时候就喜欢吃肉。

生在中阴世界的有情,前半生的所见所闻都是前世的身体和言行,后半生的所见所闻则是来生的身体和言行。至于引业和满业等各类业因如何生出业果,以及业因的详细分类和由此产生的业果只有佛祖一人知道,没有遍知智慧的人是无法全面阐述其详细情况的。

在造下各种业后体受各种不同的果报时,心识会不会死去呢?

因为心识是无形的,所以它不会死去,但是心识是会发生变化的。

要知道,最终体证正觉佛果就是心识得到了升华,或者是心中除灭了迷妄和障垢,并且功德圆满。总的来说,轮回是无始无终的,但是从有情个人的角度而言,迷妄是有边际的。从上面的正觉佛到下面的小蚁虫,所有圣尊和众有情的心中都具有如来佛种,如来藏就像菜籽当中的油份那样遍及所有有情。

这样分析和研究之后,我们最终还是要回到佛祖开示的真谛——空性离戏不可思议的本原之中。我们若能坚定地信仰真谛金刚圣言,那么绝对无误的真理将会带给我们不变的信心;我们若能坚信法性不可思议的本性,那么离戏内在的光明将会在心中展现出来,并且可以在今生今世入登无灭永恒的圣果妙地。

有关因果法义,佛祖释迦牟尼在经中作了如下释说:“造下何等之业因,得来类同异熟果,纵历百千万之劫,业亦不会消失无。”另外还云:“善业能够得快乐,恶业会生诸痛苦,如此善业与恶业,所生诸果悉明了。”所以,断除杀生就会长寿无病;断除偷盗就会富足发财;断除邪淫就会得到美丽贤妻并且家庭和睦；断除妄语就会得到别人的赞誉并且美名远扬；断除离间语就会得到别人的喜欢并和周围的人群和睦团结；断除恶语就会经常听到善言妙语，从而得到快乐；断除绮语就会令人相信你说的话，成为一言九鼎之人；断除贪欲就会万事如意；断除嗔怒就会深得人心并给人友好安详之感；断除邪见就会在生生世世具足正见。以上十善是把有情带入快乐善道的宝马良车，与此相反，如果大行恶业的话，根据发恶心力度的不同会令其堕入地狱、饿鬼或畜生三恶道中的某道轮回之中。

体受业果中的等流果是：杀生就会短命；偷盗就会穷困；邪淫就会敌众；妄语就会受到别人的诽谤；说离间语就会敌多友少；说恶语就会经常听到不堪入耳的话；说绮语就会说话无人相信；有贪欲就会事与愿违；有嗔怒就会常有恐惧；持邪见就会愚昧无知。

体受业果中的士用果是：前生和后世有行为相同的现象，比如前世杀生的人今世也喜欢杀生。

体受业果中的增上果是：业果出现在与造业者有关的其他事情上，比如杀生的人看病吃药用处不大；偷盗的人不能发财致富；邪淫的人所到之处都不干净；打妄语的人身上有臭味；说离间语的人投生于高山峡谷之中；说恶语的人落入沙漠和荆棘丛中；说绮语的人遭遇四季变化不正常的现象；有贪欲的人付出多、得到少，还会好事变成坏事；有嗔怒的人会遇上食物中毒；持邪见的人会遇上耕作无收成。以上增上果有的会出现在今生今世，有的会出现在来生来世。

从上面我们可以看出：恶业就像毒物一样能够毒害所有的有情，造恶业的人就像明知是毒药还要去吃。因此，所有渴望得到快乐的人都应断灭恶业，厉行积累福德的十善业，从而依次登入下士、中士和上士三次第解脱妙道，直至最终登上寂灭涅槃之恒久快乐解脱果位，做到和传说中的有界仙女一样。

从前，在印度有一个地方，国王明耀的弟弟力友生下了聪明善良的女儿——有界仙女。有界仙女长大以后，嫁给另一个王国中的瑞受大臣的第七个儿子，成了瑞受大臣的贤德之媳。

有一天，当地国王的皇宫上空掉落了一根鸟从海岛上衔来的稻穗，国王下旨要所有的大臣把谷子播种在地里，有界仙女也加入了播种者的行列。结果，大臣们所种的都没有收成，惟独有界仙女所种的稻谷得到了大丰收，丰收后的谷子被患病的皇后吃了，结果皇后的病完全好了。

有一次，一位怀有敌意的邻国国王派人送来两匹一模一样的母马，要当地的人辨认出哪一匹是母马，哪一匹是马驹。当所有臣民都无法做出正确选择时，只有有界仙女想出了办法。她把两匹马分开拴在两个地方，给一匹马喂了草料，而没有喂另一匹，这时有界仙女发现母马用嘴把草料送到马驹的嘴边，让马驹吃到了草料。

另外，有界仙女还把两条粗细和花色都一样的蛇分别放在两块细布上，根据公蛇尽力爬出布面与母蛇睡在一起的行为，辩认出了公蛇和母蛇。她还把粗细和形状都一样的圆木放在水里，根据顶部上浮和根部下沉的现象辨认出了圆木的根和顶。结果，两个彼此怀有敌意的国王成了好朋友，有界仙女的聪明才智也得到了国王的肯定和赞赏。

此后不久，有界仙女有了身孕，九个月以后她生下了三十二只蛋，这些蛋成熟后破壳出来了三十二个俊美可爱的小男孩。当这三十二个小男孩长大成人后，个个都是力大无比的勇士。有一天，佛祖释迦牟尼来到了有界仙女家中，当三十二个儿子听了佛祖传法以后，除最小的儿子以外其余三十一个儿子都体证了初果（预流果）。

没有体证初果的小儿子，有一天骑着大象到另外一个地方去，在一条河流的桥上遇到了国中另一位大臣的儿子正坐在马车上迎面而来。当他们俩在桥上相遇的时候，互相都不愿意让对方先走，这时有界仙女的小儿子动了怒气，他伸手把大臣的儿子和马车一起从桥面推到了河里。大臣的儿子从河里爬出来,垂头丧气地回到家中,向父亲哭诉了自己的遭遇。父亲听到儿子受欺的消息非常生气,为了报复,他想出了一个计策。他做了三十二根镶嵌了宝石的手杖,每根手杖里面都藏有一把利剑,然后把三十二根手杖送给了有界仙女的三十二个儿子。

有一次,当那位怀恨在心的大臣在国王身边的时候,看到有界仙女的儿子们正拿着自己送的手杖在玩耍,于是立即报告国王,说有界仙女的儿子们想谋害国王,如果国王不信,可以把他们的手杖打开看一看。当国王打开手杖时,发现了里面所藏的利剑,于是下令砍下了三十二个儿子的头,把头全部装入箱子送回到有界仙女家中。

当箱子送到有界仙女家中时,有界仙女正在家中供养佛祖和随行眷众,得知国王送箱子来,她还以为国王把供养佛陀的供品送到了自己家中。她正要打开箱子时,佛祖挡住了她的手,佛祖要求有界仙女先供斋饭,然后打开箱子。

佛祖用过斋饭后,宣说了微妙法宝,有界仙女当场证得了不还果。得到不还果的有界仙女在佛祖面前许下了四个承诺:一、所有佛祖身边患病比丘的全部衣食资具由她供养;二、所有偶然到佛祖身边求法比丘的衣食资具由她供养;三、所有服侍患病比丘者的衣食资具由她供养;四、所有前去他方的比丘的路费由她供养。佛祖释迦牟尼听后说道:“善哉!善哉!你所做的四个承诺功德广大,堪与供养如来佛相比。”

待佛祖离开家里以后,有界仙女打开了国王送来的箱子。当她看见里面装着自己三十二个儿子的头时,她并没有因此痛苦或不高兴,得证了不还果的有界仙女,已经断离了贪嗔等烦恼。但是,有界仙女的亲人们对此却非常生气,他们招兵买马组织力量,准备与国王决一死战。国王听到这个消息害怕了,于是来到佛祖的身边避难,而对方的兵力把祇陀林包围得水泄不通。当时,阿难请求佛祖把发生这一切的业因宣说出来,佛祖说:“从前,这三十二个儿子是非常要好的朋友,他们一起偷了一头牛,把牛牵到一个孤独老太婆的家中,在那里宰杀后平均分配牛肉,老太婆因为得到其中的一份而心生喜悦。

那头牛知道自己将被宰杀时，心里诅咒在场的人说：‘今天宰杀我的业果将来在你们身上报应时，愿你们一定被杀死。’当时的牛就是今天的明耀国王，当时的三十二个偷牛贼就是今天的三十二个儿子，当时的孤独老太婆就是今天的有界仙女。他们所造之业的异熟果令三十二个偷牛贼被杀了五百次，令因宰牛心喜的老太婆做他们的母亲五百次而受尽痛苦。”

佛祖继续宣说道：“她和他们生为高贵种姓，具足权力受用，并且能与佛陀见面，都是因为从前饮光佛降临世间时，一位具有虔诚信仰的老太婆买来妙香和油灯，来到路口的佛塔前供养。当时，三十二个人正路过佛塔，他们看见老太婆涂妙香和供油灯有困难，于是走过去帮助她做了供养佛塔的善业，那三十二个人还和老太婆一起在佛塔前发愿：‘由此功德愿我们在来生结为母子，生在高贵种姓和具足受用的家庭，能够得见佛陀并听到微妙法音，并且永不分离。’因为当初这个发愿，结果到今天全都变成了活生生的现实。”

听佛祖这么一宣说，包围的众兵顿时消了怒气，个个脸上都现出了和善的笑容。知道今天所发生的一切都是前世的业果以后，国王和众兵也成了好朋友。

从以上的故事我们可以看出：在佛、法、僧等殊胜福田中积德等善业，或者杀生、看见杀生心生随喜等恶业，都会有不可避免的业果要去体受。另外，在临死之际发愿，具有很大的威力，因此，要充分把握好这个机会。

以上是因果不灭的简要说明，希望有缘信众能够从中明白因果法义。

第三章 无常的人生

外在世界有成、住、坏、空的过程，和外在世界一样内情众生也有出生和死亡的过程。在性空法界动起无明业风后形成的有情众生，具有最初形成、中间短住、最后死亡的明显规律，这个规律便是有为无常的现象。世间万法有聚就会有散，有为不离生灭，有生必有死亡。当死亡到来的时候，外四大会收入到内四大之中，内四大又融入光明之中，而光明将会展现为离戏空性。

相信业生世界和生死轮回的观点之后，我们不能不承认有一个往生世界的存在。试想如果我们抛弃这个五蕴聚合之身，立刻进入到往生世界，可是却不知道我们自己的业力会使我们往生到哪里？无疑这将会使我们感到莫大的恐惧和悲痛。从无始轮回以来，我们投生到六道有情世界的次数无穷无尽，其间所受用的五蕴聚合之身也不计其数，如果我们把所有投生过的躯体的骨头都堆积起来的话，一定会有须弥山那样高大，再把泪水都汇合起来的话，也一定可以汇成一个大海。

在无量无数的生死轮回中，众生彼此之间曾经建立过的父母子女和敌友远亲关系，无论如何都不可能统计出准确的数目。看一看我们的这个心，它是多么的无知和愚钝，它一直就在业力的主宰之下，成了业力的奴隶，并随业力堕入六道轮回之中，受尽了各种痛苦。我们的这个心自从受到业力控制以后，就像装进瓶子里的蜜蜂，不仅无法从轮回的瓶子中逃脱出来，相反，它还要视轮回痛苦为快乐，难道还有比这个更可悲、更可怜的吗？

当我谈论这个问题时，少数年轻气盛、富足高贵的人也许会骂我痴人说梦，在他们的眼里这个轮回世界非常美好，说它是痛苦的海洋就等于疯子在说废话。不过，我仍要奉劝他们仔细想一想：你当初投生到这个世界时，在娘胎里会有被脏东西包起来的不适感；然后你受业风的推动，头脚颠倒之后，受尽挤压之苦被生了下来；你来到这个世上的第一个感受就像掉进荆棘丛中一样刺痛难受；接下来，你还要受尽冷暖无常、行动无力、大小便不能自理、不能保护自己、不能和周围的人交流沟通等众多痛苦。谈到这里，你可以用一句“不记得”的话来回避出生和出生后两年内所受的苦，当然人们也以同样的话来回避前生前世。但是，只要回忆一下从会说话、会走路到现在的人生经历，你不得不承认自己曾经受过被他人支配的苦、学习不能如愿的苦、与同伴竞争的苦、打架斗嘴和忿怒的苦、担心青春不能永驻的苦、贫穷且衣食不足的苦、遭遇冷暖无常的苦……其中还有事不如意、遇上困境等人们常见但习以为常的各种痛苦。在日常生活中，我们认为快乐幸福的事情中也隐含着坏苦和行苦。

我们人很可怜，经常把相对于大痛苦的小苦小难视为没有痛苦的快乐，这就像没有吃过糖的人无法体会甜的滋味一样。除了大小痛苦之外，没有体验过离苦大乐的轮回中人不会知道什么才是真正的快乐。当我们视轮回痛苦为快乐之后，便对轮回世界产生了很深的迷恋，这和蛆虫视粪坑为美丽家园没有什么两样。

那些目空一切的年轻人，现在虽然是风华正茂、朝气蓬勃，但随着时间的推移，他们很快就会失去青春活力，脸上将会出现一道道皱纹，头上将会长出一根根白发，四肢将会逐渐乏力。当自己变成样子难看、没有气力的老年人时，他们会产生痛苦和失落感，现在所有的快乐伙伴和亲人朋友，到那时将会对他们越来越疏远。五根器官的老化失灵，将造成眼睛看不清东西、耳朵听不清声音等障碍。洁白坚固的牙齿脱落下来之后，将无法细细品尝食物的美味可口，也不能充分吸收食物中的营养成份。人老的时候，思维也会痴呆愚钝起来，说话做事基本上与不明事理的儿童没有什么大的差异，那时人们看不惯你痴呆犯傻的样子而与你保持距离，无形中逼你远离社会和人群。

人们把住在痛苦轮回中的人生看成是美好人生，还要经常祈祷发愿自己能够长命百岁。但是，如果没有成就脱离生老痛苦的不灭金刚身，长命百岁的人生又有多大的意义呢？在痛苦、无知和被动中多住一段时间之后，最终还是要进入痛苦的轮回之中。

人们饱受出生成长的痛苦和年老多病的痛苦以后，还要面对死亡的更大痛苦。死亡怨敌早就和我们开战了，它正在一分一秒地消灭我们的生命，我们活在世上的时间正在不断地减少。想想这一切，我们还能无忧无虑地等待下去吗？

从前体悟轮回如梦幻魔术般的圣人，用佛法破除迷妄和执着，把生、老、病、死等痛苦化为进入解脱胜道的动力，把一切苦乐都改变成增加功德的秘诀。这些圣人们经常说："我病无人过问，我死无人哭泣，若能死于山野，瑜伽心愿足矣！"他们还说："众人所谓死亡之时，正是瑜伽士成就之时。"这就是内生微妙大乐，外变苦乐为友的大圣人！

在我们现在居住的这个地球范围内，我们人类是所有动物当中最高等的。我们可以用智慧来降伏老虎、狮子等凶猛的食肉野兽；在没有翅膀的情况下，我们能够制造飞机飞上蓝天；我们还能潜入水底……我们具有很多值得骄傲的特长和优点。但是，到目前为止，我们还没有免除死亡的办法。在无法避开死亡的情况下，我们也没有死后不入恶道、往生不受痛苦和取得永恒解脱的办法。虽然有少数人知道死后不受痛苦和得到解脱的方法，但却无意或无暇朝这方面努力，这是多么的愚蠢啊！

如果我们有来生绝对不存在的十足把握，那是最好不过的事情，但是，我们仅仅以"没有见过"为理由来否定来生的存在，那是很荒谬的。在没有任何令人信服的推理说明和科学证实的情况下，除了相信佛陀的了义真言之外，我们再也找不到其他任何好办法。所以，我们不得不更加充分信任佛祖是传达无伪真谛的无上圣尊。

要放弃今天倍加珍爱的这个身体，当然要承受无比巨大的痛苦，仅仅就是身患疾病或身受轻伤都会有无法忍受的痛苦。可是，就在此时此刻，死神阎罗王已经用死亡绳索拴住了我们，我们正在逐步向死亡靠拢，年月日时分在不断地减少，可以肯定的是我们的死亡之日不久就要到来了！面对这一切，我们还能无忧无虑地消磨短暂的人生吗？从出生的那一天开始，我们已经在向死亡靠近。如果一个人能够活一百岁，那他出生的第二天便成了不能活一百岁的人。

一个人一天的呼吸次数为二万一千六百次，做一次呼吸就少了一次呼吸时间的寿命。我们的活命时间就像高速急流的瀑布，正一刻不停地向死亡峡谷奔去；我们的寿命又像日落西山，死亡的黑暗正在一步一步地向我们逼近。如果我们当中的一人现在是三十岁，而他能够活到八十岁的话，那么他还可以在世间住上五十年。他也许会认为这五十年是个漫长的时期，但是五十年中的一半是夜晚，晚上的睡觉时间就等于在半个死亡之中度过了五十年的一半，剩下来的二十五年白天的日子还要除开吃饭、穿衣和工作时间，这样算下来还有多少空闲时间呢？我们的生命历程，就这样在不知不觉中走到了尽头。现在，人们一般都要用工作五天和放松两天来度过春、夏、秋、冬，不过对于我们而言，再长的寿命都显得非常的短暂。

今天，我们都倍加爱护自己的这个身体，拿出美味佳肴来喂养它，买来好衣服给它穿，用华丽的首饰装扮它，想方设法服侍好它，还要讲究卫生和注重行驻坐卧等等。为了身体健康和保住生命，人们发挥了全部智慧并使出了所有的精力，甚至有些人为了保养自己的身体，任意夺取其他有情的生命。这些人把杀生看得无足轻重，但是如果他们自己要是受到一点伤害的话，却无法忍受，甚至别人说几句不顺耳的话，或者因一个不友好的眼色也会使他们生气发怒。还有少数人，为了发泄私愤，竟把无辜的人打入死牢。这些无恶不作的人，虽然自己无法忍受一点点小疼痛，但是对待别人却没有丝毫的慈悲心。那些自私自利的人，当死神突然降临到他们头上时，他们再也不能用手中的权力、部下的人马、拥有的财富和以前的勇气胆量来与死神拼搏，他们只能躺在床上，慢慢地体受死去的痛苦，悲伤的眼泪将会挂满他们的脸颊，这一切将是无比痛苦的经历。

如果我们的寿命有一个定数，那也不能不说是一件好事，可寿命却是无有定数的，这使我们不知道自己是明天死、后天死、现在死还是今晚就死去。而且，我们也不知道自己将因何缘故而死。面对这么多的未知事情，我们应该怎么办才好呢？也许有人会这么想：“我死不算什么，比我优秀的人一样都得死，死是不可避免的自然规律。”即便如此，可是，自己死亡以后，自己所珍爱的父母兄妹、妻子儿女将会为自己而陷入痛苦的深渊，这又怎么能够忍心呢？如果是我们的亲人先死，当他们在中阴路上遭遇恐怖和痛苦时，我们却无法保佑他们，无法陪伴他们，更无法给他们指明正道。这和在母畜面前杀死仔畜时，母畜除了悲痛之外毫无办法没有任何两样。

我们的这个身体是四大的聚合体，如果出现小小的四大不协调，可怕的疾病就会在我们身上发作，在未死之前，我们就能真实感受到疼痛难忍的地狱之苦。另一方面，为了保持身体的健康，我们想尽一切办法把美味佳肴喂给自己，但是无法意料的是当美食变成毒物以后，竟然成了毁灭这个身体的杀手。我们这个身体的杀手还有水、火、猛兽、敌人、强盗等等很多很多，可是让我们的身体健康生存的有利因素却不多，要知道有些人还没有出世就死在了母胎中，有些人还没有尝到人生百味就死在幼年时期，有些人在年轻气盛时无奈地死去，有些人则在年老珠黄、忍受无聊和受尽老苦后死去。

总而言之，大则生死流转、小则刹那即灭的无常就像吞食三界的恶魔，没有一个有为法能够逃脱无常大敌的吞食。因此，我们这些渺小而仅靠微弱呼吸来维持生命的人，有可能突然死在饭还没有吃完、衣服还没有穿好、工作还没有做完的那一刻，到时候我们就像从酥油中抽出一根毛那样什么也沾带不上，只有在亲朋好友的悲伤中独自无奈地步入往生世界。我们平常倍加珍爱的身体，变成可怕的尸体以后，人人都会避而远之，就连自己的亲友和子女也将把它远远地抛弃。他们也许把你的尸体埋在洞穴里，也许把你的尸体火烧化为灰烬，无论怎么做，他们会在你死后的当下立刻把你从活人圈里除掉。当我们进入死人圈里以后，活着的亲友不管是给我们烟供或是烧纸，都无法肯定能给中阴世界的我们带来什么保佑和救助。

生活在地球上的人类当中，有些人相信人死之后还会往生，有少数人则根本不相信，有些人还在怀疑往生是否存在，更有些人则根本没有考虑和研究过往生的问题，他们就像幼稚的孩子一样尽力避免谈及死亡和往生。以上四种人中相信往生的那些人，有的不是听信别人所说，而是经过了自己的认真思考和仔细研究，并且根据正确的教说和论证来认定往生真实存在，他们把一切疑虑都消灭在内心深处。部分人对圣尊贤师们的往生存在论深信不疑，并将这种说法广泛传扬，直至代代传承不灭。

不相信往生真实存在的人们，虽然很难具有确实可信的理论依据和正确说法，但是他们中的大多数人认为：以世界四大宗教为主的多数教派，都有各自的一套往生存在论。他们认为其中必有一个是对的，而其他都是错误的，这样反而使他们不知道该相信谁，因而也就不相信任何往生存在论。另外，他们中的绝大多数人一致认为：宗教是不同时代的少数人为了达到自己的目的，通过说教来愚弄人们，进而创立各种宗教经典，而这些经典都是凭空捏造、无中生有的。还有部分人，除了耳闻目睹的事情之外，一概不承认任何其他事情存在的可能性，当然，他们也不承认生死轮回和因果报应。这些人只认眼前利益，不管后果如何，经常表现出自私自利、为所欲为的处世态度。不过，这些人的立场并不坚定，当他们看见世界上无往生论者多的时候，他们会跟着呐喊助威，而当看见世界上有往生存在论者多的时候，他们又会怀疑无往生理论的可信度。

怀疑往生是否存在的人很多，他们一直处在犹豫不定的十字路口，不知道何去何从。

这里，最差的就是不敢面对死亡和因果的人，他们不仅不敢想往生往世，就连“死亡”二字和有关死的问题都不敢说出来。这些患有死亡恐惧症的人们，好比要过险关悬崖，明知道悬崖很陡峭，而路就在悬崖当中，又必须走这条路，于是他们就闭上眼睛想象道路是多么的平坦和宽广。像这样胆小如鼠、心胸狭窄的人，一旦遇上小小的挫折和痛苦，就会借酒消愁、麻木自己，或是萎靡不振、难以自拔。这些愚昧幼稚的人，除了自己欺骗自己之外，大多数都无所作为。

谈到世界观，现在议论最多的是唯物论与唯心论的区别，以及它们中的哪一种说法符合科学的世界观。

对待这个问题，我们首先要明白其中几个名词的正确含义，在解释教言和名词时，往往会由于个人的看法和想法的分歧而出现不同的释说。在我看来，不论是唯物论还是唯心论，只要是有根有据的正确说法，就应该认定为科学的世界观。再说科学时，我们不应该仅仅局限在物理、化学、天文、地理等狭小的范围内认识科学，我们还应该把研究所有万法中得出的正确无误的究竟结论，以及万物的本质真理都纳入科学理论之中，只有这样才能建立完整的科学理论体系。用一句简单的话来说，就是我们常说的“科学”应该是正确无误的真理，从这个意义上看今天的科学进步，在这个世界上恐怕还很难找到一位在科学造诣方面登峰造极的人。

我们凡人的眼睛无法看见的原子等物质，当今的科学家们不仅发现了它们的存在，而且还利用其巨大的能量创造出了一个又一个的科学奇迹。我们应该明白，当今的科学家们还没有发现的许多自然界奥秘，将来随着科学技术的进步会逐步揭开其神秘的面纱，到时候我们世人今天连想都没有想过的许多科学奇迹，将展现在这个世界上，也许连外星人都看得瞠目结舌。今后，我们人类将会一次又一次地探索出只有外星人才知道的宇宙奥秘，我们还会发现许多用肉眼看不见的物质。如果依今天唯物论大师们的说法，把一切看不见的东西都判定为唯心论，那么一百年前世界上还没有飞机时有人要是谈论飞机的话，他也是唯心主义者吗？如果是这样的话，今天当飞机在人们眼前飞来飞去时，前面的唯心主义者不是又变成了唯物主义者吗？

今天的唯物论大师们，如果要把无形无声的心识活动假说为唯心主义，那么他们可以否认禅定的威力、修心的成就、身体化为虹光、体知生死前后等神秘奇迹，但是，他们如何否定当人们心情好时有说有笑，心情不好的时候伤感流泪等心理活动现象呢？

我们的身、口、意三门里面，意就像国王，身和口就像奴隶。这个简单的比喻人人都能明白领会。如果把所有看不见的无形之物都说成是无中生有和不符合科学理论，那么针对无形物质的全盘否定，又怎么能够符合科学的世界观呢？离万物的本质相隔十万八千里的谬论就符合科学的世界观吗？

一个没有任何偏见的研究工作者，应该是既没有受过佛教的恩惠，也没有受过其他学说的影响，而能够站在公正的立场上用正确的理论引导人们走向正道。这种人应该以公平正直的眼光看待一切万法，以公平正直的思路分析和研究诸法。

自从人类进入原始社会以来，就把力量超过自己的大自然和日月星辰当作伟大的神来崇拜，于是具有浓厚迷信色彩的原始宗教就在世间传扬开来。接下来，各个时代的封建统治集团为了巩固自己的统治地位，以及顺应社会和大众的需要，护持并参与创立了各种宗教学说，一时之间众多宗教遍及世界各地，大量五花八门的宗教理论道出了各自的世界观和伦理学说。但是，当我们用科学的眼光看待各种宗教理论，并用论证的方式进行分析研究时，我们发现其中的很多理论漏洞百出，并不值得人们全心全意地信仰。反过来，如果把所有的宗教都说成是统治集团的统治工具和假学说，那也未免太过武断，起码这种说法不符合客观事实。无论是什么样的宗教理论，如果对其进行认真仔细的分析和研究，必定能够从中找到很多正确有用的说法，而且还能找到具有很高价值的各种人间正道和究竟理念。

面对世间众多的宗教理论，人们在其中选择一个正确无误、值得永远信赖以及无比殊胜的教法不仅是当务之急，而且也是关系到往生能否快乐的重要大事。我们观察选择自己所需要的宗教法宝时，要从现量、比量、深密比量三个方面来着手分析论证，从中判定哪一门宗教理论最具价值、最符合科学真理和最能够令众生离苦得乐，我们还要了解哪一门宗教的开山祖师是全知圣尊，哪一位祖师所宣说的道法正确无误，哪一种道法能够让我们众生证取离苦得乐的正果。除此之外，我们还要去调查了解哪一位祖师传的是正道？修其道法之后所证取的终极圣果是仅仅进入善道，还是体证了恒久快乐的解脱正果？修哪一门教法会让我们弊多利少，并且最终误入邪道等等。

在观察研究以上问题的过程中，除了现前诸法之外，如果还能够全面彻底地分析研究不现前和最不现前的诸法，我认为是登峰造极的科学进步。今天被誉为科学家的专家学者们，如果要把自己的研究推向最高峰的话，我认为不会超出以上不现前和最不现前的领域。由此可以看出，我们在分析辨认善与恶、正与邪的时候，一定要有一个科学的正确结论。我们要在正确的分析研究中找到正确的道路，即使我们没有找到最殊胜、最符合科学真理的道法，只要我们找到一个在当今世界上被人们普遍信仰的宗教，我相信这类宗教的教法中一定不会缺少除恶扬善、因果报应等微妙成分，然后我们可以在其基础上知道如何去寻找最终的正道。我们还应该明白，即使误入邪道的失败经验，也可以令我们踏上正道，并且永不回头，就像印度的马鸣大师一样。

万物刹那即灭的毁灭大师是时间，只要时间一到，就连我们现在居住的地球也会毁灭消失。时间的主宰者是死神，在死神面前，就是可以活上很多亿年的天界众生也无法逃脱其魔爪，更何况我们这些寿命无常的人类。每个人无论是高贵与低贱、富足与贫穷，都难逃一死，都会被死神吞食。对于众生而言，惟一最可怕的大敌就是死亡，一提起死亡，几乎所有的有情众生都会心寒胆战。

当然，也有例外。我这一生，就曾亲眼看见过两种活在人世间、对死亡没有丝毫畏惧、并从内心深处喜欢向死亡靠近的人。一种是染上癌症等无法救治的绝症以后，经常遭受剧烈疼痛的折磨或者身心受到很大摧残的人，他们惧怕继续活着，希望用死来了结一切。另一种人是起初因为惧怕死亡而入修善法，在修炼深密心要秘诀之后，从内心深处生出智慧光明，当体证无灭本体佛位并得到胜义恒久快乐时，他们乐于迎接死亡的到来，就像天鹅飞入莲花湖中一样，能从牢狱般的人世间进入到莲池般的快乐净土，这当然是最值得喜悦和无比快乐的事情。除了这两种人以外，其余的人都非常惧怕死亡，甚至有些人在临死的时候捶胸顿足，又哭又喊，泪流满面。还有一些人，他们虽然不喜欢死亡，但是由于毕生努力修持善法，所以他们临死时无怨无悔、平静安详，这样的人我也见过不少。

比如在西藏，有少数并非高僧大德的在家人，他们临死时能够做到身体端坐、嘴里发出“呼”声以后安详地死去。更有部分在家修法的居士，成就了虹化光身，死去时只留下毛发和指甲。身体的血肉骨头等其余部分，就像彩虹消失在天空中一样无影无踪。大多数西藏人在临死时，能够祈祷上师三宝，并且在双手敬信合十中平静地死去。少数西藏人在临死之际，会把《极乐全境图》和《铜色吉祥山图》等净土的唐卡挂在眼前，看着净土图，观想净土全景，然后在双手合十祈祷中安详地死去。

当然，并非所有的西藏人临死时都能安详宁静，有极少数生前宰杀过家畜和野生动物的杀生之人，在临死之际，会出现被自己所杀动物追赶的幻觉，他们的心中充满恐惧，嘴里哭喊着说：“打死它们！赶走它们！快呀！快……”还有少数极度贪恋此生快乐和金银财宝的人，临死时，因为无法从心中割舍对财物和亲人的眷恋，显得非常痛苦，他们临终的眼睛紧紧盯住贪恋对象，死不瞑目。

能够祈祷上师三宝和忠心敬信上师三宝的虔诚皈依者，当死亡来临时，心里并没有什么痛苦。就像有人护送过险关一样，他们早已有了迎接死亡的心理准备。西藏人常说：“可以皈信的对象是上师三宝，可以谈心的对象是恩重父母。”皈依敬信上师三宝，就不会在今世和往生误入邪道；与恩重如山的父母谈心，就不容易被欺骗和利用。

少数人在死亡的过程中，能够观想佛国净土、在禅定的境界里达到空性和智慧的和合、修炼往生秘诀心法、身体化为微尘而消失或者成就虹化光身等等，这是极为殊胜的。这样的人面对死亡时，不仅没有丝毫的恐惧，而且还会充满喜悦，这对家人来说，不失为一件没有痛苦和悲伤的好事。快乐安详和无比奇妙的死亡之法，还能给所有在场的人树立好的典范，令所有与其结缘的人都得到好处。

那些毕生干尽坏事、罪业深重的人，临死时如果没有任何皈依祈祷的对象，将会悲惨地流着眼泪、双手空空地步入死亡之道。对于这样的人，就是一百位慈悲的如来佛同时把慈悲阳光照在他的身上，也不能改变他的痛苦命运。因为罪业是他自己造的，他必须自己承受报应，而且他的心中没有一丝一毫的敬信心，这样一个充满邪知愚见的人，死后除了投生于地狱铁城之中，不会再有别的出路。

在日常生活中，我们看见有人生了孩子以后非常高兴，兴师动众地大搞庆祝活动。每当辞旧迎新时，人们也要兴高采烈地举行庆祝活动，而当有人死亡时却要举行悲伤的哀悼活动。对于这一切，如果我们能够仔细想一想，就会发现我们所做的这些都是迷妄颠倒。小孩子生下来不仅从此要向死亡靠拢，而且从生的那一天开始就要体受人生的痛苦，有什么值得高兴和庆祝呢？依此看，小孩子刚生下来哭的时候，我们也该跟着大哭一场才是。再来看看我们的一生，寿命是那么的短暂，又那么的无常，每当我们短暂的寿命减少一年时，我们应该痛苦惋惜，怎么还要迎新年、搞庆祝呢？而当一个人死去时，他是脱离了使一生痛苦不堪的污秽身体，如果死去的人死后还能够往生到清净极乐刹土，那么死亡对于这个人来说正是快乐时光的开始。对于这样的美好喜事，我们应该开开心心地给亡人搞一个欢送活动才对，可是那些深陷于迷妄执着泥坑中的人们，还以为死者是离开了幸福乐园，非得痛哭悲伤一阵不可，这真是应和了常言所说“地狱众生以为地狱美”。轮回众生在今生今世的所作所为，就是这样一场迷妄和愚痴的生命游戏。

当我们踏进死亡的门槛时，哭不能解决任何问题，也无法向任何人提出请求免除一死，有情到了寿终命绝时，就是药师佛来了也不能延长其寿命。“既然众生都难免一死，我死也无所谓”，有人如果抱着这样的态度来面对死亡，是没有任何好处的，如果对往生的因果业报又持怀疑态度的话，那就更不利了，因为这将成为往生受苦的业因。

一个人在临死时应该具备六随念，即忆念师、佛、法、僧、持戒和布施。佛祖曾经开示：“要作如下之忆念，诸法本性清净故，要修无相无实心；具足菩提心之故，要修广大慈悲心；自性无观光明故，要修无有执着心；心能生出智慧因，莫向别处求佛性。”除此之外，还要真实修证佛经中宣说的十一想，即不贪恋此生之想、发慈悲心于众生之想、舍去所有仇恨之想、渝戒众罪忏悔之想、接受清静众戒之想、减轻重大罪业之想、不畏往生世界之想、有为诸法无常之想、所有万法无我之想、涅槃寂静之想。还可以多多观想极乐净土全景，为往生极乐净土积累福慧二资粮，大发无上大乘菩提胜心，并且把全部善业回向于入登清净佛土之因。

第四章　未来的神圣事业

无论是什么样的罪业和什么样的烦恼把我们投进轮回世界里，当我们投胎获得现在这个身体之后，我们暂时还无法把它改造成另一个更好的身体，但是我们始终需要明白的是，身体就像水中倒影一样不会恒久，像魔术师的魔术戏法一样不真实，像把阳焰当作河流一样迷惑人。在知道身体虚幻不实的情况下，众生还是因为无法阻挡各自的业果再现而堕入轮回尘世，对此，一方面看起来有点可笑，另一方面又觉得非常可悲。

看一看今生今世，我们身边的父母兄妹和亲朋好友，从前彼此之间并不认识，只是因为一些在中阴世界里游荡的心识由于某种缘分而聚合，使得人们今世相聚一堂，就像四面八方的宾客偶然同住一家旅店，因此，我们为什么还要那么认真执着呢？想一想我们今世的亲人中也许会有我们前世的仇敌，这难道不可叹可笑吗？

我们真心敬爱的父母，我们可亲可信的兄弟姐妹，我们深深爱恋的美丽知己，如果他们已经离开了人世，那如今他们会在六道轮回中的哪一道里受苦呢？他们的所见所闻和我们现在的所见所闻是否一样呢？他们虽然要在业力的控制下往生于善趣或恶趣，但是他们在中阴世界里的觉受现在是否已经发生了变化呢？他们会不会在我们身边的某一个地方投生为虫子或是其他什么呢？如果他们确实投生为我们身边的爬虫或蚊子等小生物，那么即使我们遇见了他们，彼此之间也无法认识和沟通，就算能够认出已经投胎转世的亲人，我们也没有能力把他们从蚊虫的世界里救出来。想到这一切，除了伤心流泪之外，我们还能做什么呢？

西藏著名的英雄史诗《格萨尔王传》中的《霍岭大战》有这么一段故事：

格萨尔王前去北方降魔时，后方岭国遭到了霍尔国的入侵。岭国的嘉察夏嘎和丹玛向查等三十位大将虽然对入侵敌人给予了沉重打击，但是经过多年抗击之后，终因寡不敌众而败下阵来，并且在战斗中牺牲了囊穷玉道等十三位勇士。眼看着国破家亡和格萨尔王的爱妃桑江珠姆被霍尔国的国王掳走，嘉察夏嘎单枪匹马率先冲进了霍尔国军营，杀死了霍尔国的八个王子，消灭了霍尔国的几十万精兵。当嘉察夏嘎抓住曾是同胞兄弟的霍尔国王子拉乌勒巴时，拉乌勒巴发誓说他始终忠于岭国，如果他说的是真话，他流出的将会是白色的血，但嘉察夏嘎没有相信拉乌勒巴。当嘉察夏嘎用刀砍下他的头时，发现拉乌勒巴颈部流出的确确实实是白色的血！嘉察夏嘎顿时悲痛欲绝，无限的悔恨从心底喷涌而出，难以自制。

就在岭国大将嘉察夏嘎悲痛欲绝的当下，天空中下起了太阳雨，仰望苍天，一只雄鹰正在天空中盘旋，此时此刻，嘉察夏嘎想起了弟弟格萨尔王，心中的悲痛更是难以自制。在万念俱灰中，嘉察夏嘎决定战死疆场。他脱下护身宝衣，摘下护身金刚结，脱掉铠甲，把它们全都埋在地下，并祈祷发愿这些遗物将来能够落到儿子扎拉的手里。然后，这位岭国大将骑上霍尔国王子的孔雀骏马，高举宝剑冲入霍尔国军营忘死拼杀，最后在追杀霍尔国的勇士辛巴·麦日吱时，死在了这位曾是岭国之子、一直忠心于岭国的辛巴·麦日吱的矛下。史诗称嘉察夏嘎的死是岭国的圆月从此坠落到了地上。

在岭国被霍尔国侵占后不久，格萨尔王从北方魔国胜利归来。为了打败霍尔国国王古嘎，格萨尔王在冲破九十九道险关中大显了神通威力和英雄气概。有一天在途中，他发现了一只鹞正在霍尔国的领地里奋力追杀敌国众鸟，其实这只鹞就是岭国大将嘉察夏嘎的投胎转世。这只鹞看见格萨尔王头盔上的彩旗，高兴地飞到格萨尔王的身边，落在了大王的神弓上。当时，格萨尔王没有想到这只鹞是嘉察夏嘎的化身，而是把它当作霍尔国放来的鸟，正当格萨尔王把箭扣在弦上要射死这只鸟的时候，大王的坐骑突然跳了一下，放出去的箭没有射中目标。那只鹞在一场虚惊中飞去，紧接着又飞回到大王的头顶上空盘旋。过了一会儿，那只依依不舍的鹞向格萨尔王唱出了悲歌，大王这才知道那只鹞原来是嘉察大将的转世化身。生为鹞的嘉察大将在悲歌中唱道：

弟弟格萨尔且听，
你去北方降魔时，
霍尔王国来发兵，
入侵我等之岭国，
丹玛大将杀敌勇，
数砍霍国勇士头。
嘉察我率众将士，
勇猛追杀霍尔敌，
霍尔来兵四百万，
归去只剩九万人。
自有内奸投敌后，
引来无数敌国兵，
敌军遍满我岭国，
长长茶庄悉遭毁，
岭国勇士遭屠杀，
桑江珠姆被掳走。
嘉察无欲苟且活，
宁愿死后入地狱，
砍死敌国九王子，
杀死霍尔无数敌，
最后死于辛巴手。
灵魂如羽随风游，
入于中阴受尽苦，

发誓要饮敌王血，
由此生来恶业果，
我心一直向往鹞，
故而投胎生为鹞。
从前所杀霍尔兵，
悉皆投胎生为鸟，
为解心恨我杀鸟，
清晨追鸟于山顶，
下午追鸟于险谷，
倘若杀得一大鸟，
视如杀一敌大将，
倘若杀得一小鸟，
视如杀一敌国兵，
至今妄见未灭除。
弟弟格萨尔且听，
你去北方降魔敌，
何故长久无归期？
……

嘉察大将还告诉格萨尔王说："今天早晨，我在霍尔国雅拉色沃山上的鹞窝里时，心里突然有了一种莫名的喜悦。我怀着兴奋的心情去追杀霍尔国士兵变成的鸟群时，看见了弟弟你的盔旗，于是就高兴地飞到你的身边，落在了你的神弓上面……"

格萨尔王听完嘉察大将的话，心想："哥哥嘉察虽然已经投生为鹞，但是思维还未发生丝毫变化。弟弟绒察玛勒死后投生为其他有情时，彼此相见还不一定能认识，就算我认识他，他也未必认识我。今天既然遇上了哥哥，我得把哥哥的灵魂送往清净乐土……"当格萨尔王把自己的想法唱给嘉察听了之后,嘉察告诉格萨尔王他现在不急于登入乐土,他要喝了霍尔国国王古嘎的血以后再作打算。后来,格萨尔王征服了霍尔国,他骑在国王古嘎的背上向嘉察发出信号,让嘉察喝了古嘎的血以后,把嘉察送上了清净乐土。

上面的史诗告诉我们,现在就在我们眼前活动着的各种动物,都是曾经做过我们父母和亲人的有情众生。但是,我们今天却把其中的部分有情当作敌人,还有些人为了换取衣食资具而杀死无数无辜的有情众生……想起这一切,悲痛的泪水就难以自制。无论怎样想,这个轮回世界就像恶魔造就的牢狱,上面的天、人和阿修罗虽说是三善趣,但还是在牢狱之中,只是相对来说痛苦少一点而已。而下面的地狱、饿鬼和畜生,那可是非常痛苦和悲惨的三恶趣。如果我们有办法从这个大牢狱中逃脱,那么现在不仅到了应该逃离的时候,而且已经晚了许多。那些有智慧的人,如果把全部精力只是用在创造此生幸福的小事上面,那么这样的人是把大事抛在脑后,把小事当成了最具意义的伟业,这样做很像小孩子在认真地用沙子堆造城堡。轮回作业永无止尽,什么时候你能放下它,什么时候便是轮回作业的尽头。人的一生就是在忙于做得到幸福生活的准备工作,我们起早贪黑,忙忙碌碌一辈子,最后连准备工作还没有做完就寿终命绝了,到那个时候,我们连再看一眼自己的所作所为的机会都不可能有了。

我们小时候,由于受父母的管教而没有多少自由自在的时光;到了青年时期,为了讨好心爱的人和创造物质财富而劳心费力,这时也很难拥有很多快乐和幸福;到了年迈力衰时,子孙后代又会把我们管起来,我们的自由和快乐更是有减无增。我们人类虽然是三善趣的其中之一,是这个世界上所有动物当中最高级的动物,但是我们谁都无法避免遭受以上三种痛苦。至于我们经常能够看到的畜生,和我们的肉眼看不到的地狱众生等,它们遭受的痛苦更是不堪忍受。因此,如果有人能够找到无需受很多痛苦并能得到恒久快乐的道法,那将是最殊胜的发明和最了不起的创造,是所有利益当中最殊胜的利益。这样的发明创造不仅有利于人类,而且可以使所有众生受益,使所有有情都欢喜。但是，在现实生活中众生一个比一个弱小无力，就算众生彼此之间具有很大的爱心，可是到头来谁也救不了谁，这就像断臂母亲的孩子掉进了河里，或者像两个人一起被水淹没的时候谁也救不了谁。如果在这个世界上，谁能够把我们从轮回的苦海中救出来，那么我们应该毫不犹豫地去寻找他、皈依他，这才是唯一正确无误的选择。

今天，有一些人只承认唯物论而否定唯心论。我认为，所谓唯物论说到底就是指科学的观点，既然是科学的观点就应该是正确无误的观点，如果只是把看得见、摸得着的东西说成是唯物的，把看不见、摸不着的东西都说成是唯心的，这种观点无论如何也不能和科学发生什么联系。把你我凡夫俗子小小的肉眼看不见的东西，武断地说成是不存在和不可能，这怎么能够遮挡得住真理的光芒和事实的天空呢？同样，就我们现在的能力和水平来判断佛说真言是否属实，简直就像伸手去摘满天的星星，是根本做不到的。

如果说非物质的东西不能发挥其能力和作用，那么诚如我在前面讲过的那样，人心情好时有说有笑，心情不好时悲伤流泪，这又怎样解释呢？研究微小物体的时候需要借助显微镜，同样，我们要研究潜在的不现前的事物，必须要有一个能够深入潜在事物当中的正确无误的智慧。

生活在这个地球上的人类，在最初原始社会时并不知道这个世界到底有多大，它的形状有哪些特点。当时，人们只知道地是平的，天高高地盖在上面像一口倒扣的锅，人类就在自己的周围活动着。除此之外，人们还看见了美丽的自然风光、听说了精彩的山外世界，至于其他，则一无所知。那时，人们认为这个巨大的自然界是比自己更伟大、更非凡的神所创造的，从而出观了很多假设臆造的万能神和造物主。另外，人们还认为天灾人祸也是比自己更强大的神在发怒降罪，人们猜想这些容易发怒的神就在大山、海洋、天空、日月等看起来巨大神秘的物体当中，这样人间又出现了很多山神、海神等神鬼。当人们把最大的神当作众神之主来崇拜和皈依之后，根据皈依对象和皈依方式的不同，这个世界上就出现了各种各样的宗教。宗教在人间立足和不断完善的过程中，出现了以常见和断见为主的各种世界观和宗教理论，其中部分观点和论说至今仍然宣说未灭。

宗教有多种教派，其中有主张利益他人的宗教，也有主张伤害他人的宗教，我们在其中无须维护哪一派或排斥哪一派，我们要做的仅仅是选择最正确的真理妙教，把此生和往生都能受益得乐的殊胜教法找出来，然后用公正无偏的心和远离迷信的智慧来仔细研究它，最终择取正确的皈依对象。

在分析研究各种宗教的过程中，我们将会发现部分宗教的创始人自己还未脱离轮回凡网，他和充满业力的世间有情没有任何两样。部分宗教的创始人虽然获得了少量的共同成就，但是依然没有完全从烦恼的束缚中解脱出来。部分宗教的创始人完全是无中生有，除了一个臆造的祖师和随之而来的胡说之外，我们找不出任何真凭实据。部分宗教则是创始人为了达到某种不可告人的目的而炮制出来的，这样的宗教带有很浓的欺骗色彩，是愚弄人的宗教。如此众多的宗教，从表面上看起来场面庄严，各自宣说自己的教理都是长篇大论，但是仔细研究之后你将发现其中有不少理论不符合真理、前后矛盾、言不符实、漏洞百出，依其理论反而会生出许多烦恼，甚至毁灭身心。

筛除那些教理不正确的宗教以后，我们要像提炼金子一样仔细研究剩下的宗教，从中找出正确无误的教法。具足改造和拯救两大功德、正确而没有任何欺骗愚弄成份的佛说教法，是佛祖释迦牟尼留给我们的真理妙语。任何渴望在此生和来生获得快乐的人，都应该皈依真理导师——释迦牟尼佛，奉修佛祖宣说的清净正教——四谛胜法。当我们认识并深信佛说教法是取得无量福德的源泉，以及修持佛说善法是唯一正确的选择时，我们人类未来的神圣事业便有了着落。我们能够拥有以上正确选择的机会是非常难得的，我们若能诚心祈祷自己选择的佛说正教，它就会像如意宝珠一样给我们带来祥瑞和快乐，所以我们要百般珍惜和爱护她，不让污秽邪法玷污她。

所有有生命的动物都在为得到快乐而忙忙碌碌，各种动物的活动虽有千种万样，但是众生追求幸福快乐的目的却是一致的。少数目光短浅的人，正在为争取今天、明天和今年、明年的短期幸福而奋斗着；具有长远打算的人，正在为创造一生的幸福而努力工作；只有具有智慧的人，才能够着眼于创造此生和往生的幸福，他们不会把全部精力都放在营造短期幸福上面，而是立志修取恒久快乐，其中拥有大智慧的人还能不顾自己的苦乐境遇，为利益他人、普度众生而尽心尽力。

所谓的快乐可以分为身、心两个方面，所有的有漏快乐都不能脱离行苦的范围，我们轮回有情把相对于大痛苦的小苦小难当作快乐，但这种快乐不是没有丝毫痛苦的快乐。在取得快乐的过程中，外在身体方面的快乐可以由物质条件来创造，但是要得到内在心里的快乐，除了殊胜善法之外，不可能找到其他的办法。要想得到身体和心灵两方面的暂时与恒久之殊胜微妙快乐，就必须修学佛说善法中的、能够得来微妙大乐的方法——禅定。

此生和往生在身心两方面的微妙大乐只有在殊胜善法中求取，除此之外，没有其他任何办法。殊胜善法是由佛祖释迦牟尼所宣说，“佛”是释迦牟尼通过修习正道善法所证得的妙果。为了让欲登解脱恒乐佛土的入门者知道皈依对象，了解你我将要修证的离苦解脱佛果的殊胜功德，我在这里讲述一个佛陀的利生伟业的故事。

从前，佛祖释迦牟尼在印度王舍城祇竹园中时，外道教主阿耆多次翅舍钦婆罗、迦罗鸠驮迦旃延、尼犍陀若提子、删阇夜毗罗胝子、末迦梨拘赊梨子和富兰那迦叶等六人商议说：“以前人们都尊敬和供养我们，今天他们都成了沙门乔达摩的忠实信徒，为了挽回尊严，我们要和乔达摩比试神通威力，让他败在我们手下。”于是，外道六师多次启奏频婆娑罗王，请求国王允许他们和释迦牟尼佛比试神通。频婆娑罗王告诉他们，释迦牟尼佛是全知全见、神通无碍的胜尊，六位大师与释尊比试神通犹如萤火虫要和太阳比谁最亮、狐狸要和狮子比谁最凶猛，比试的结果必定是六位大师惨败，到头来六位大师更丢面子、更没有尊严。但是，外道六师仍然执迷不悟地一再启奏国王，请求国王允许他们比试神通。六天后，佛祖释迦牟尼在一个吉祥的日子里前往异地传法，施行利生事业。这时,外道六师在有很多国王和几十万民众集会的地方,以无比傲慢的态度高声宣扬道:“乔达摩不敢与我们比试神通,现在逃跑在外,我们请求在场的国王,无论如何都要允许我们与乔达摩比试一下。”

于是,频婆娑罗王向释迦牟尼佛提出了与外道六师比试神通的祈求,佛祖接受了国王的祈求,并告诉国王他会择时比试。到了孟春时候的第一天,明耀王给佛祖举行了盛大的会供。首先明耀王把洗牙木供奉给佛祖,佛祖用完之后把洗牙木插在了地上。就在佛祖的手离开洗牙木的一刹那,洗牙木变成了一棵枝繁叶茂的大树,其高度和宽度均有八百由旬,树枝和树叶都由七宝构成,大树的上下周边全都挂满了鲜花和香果,花果的甘甜美味和芳香使人们得到了极大的快乐和满足。当微风吹动大树的枝条和花叶时,从中传出了美妙动听的法音,就在人们对此神通产生清净信心的当下,释迦牟尼佛宣说了微妙善法。听了佛祖说法以后,当场出现了很多得证胜果和生入天界的人。

第二天,乌扎亚那王给佛祖举行了盛大的会供。在供养现场,释迦牟尼佛金身的左右两边突然出现了两座宝山,两座宝山上又都长出了高大的宝树,树上挂满了花朵和香果,树叶和树下的草叶柔嫩香甜,这一切令在场的人和畜生都饱足快乐。就在这个神通让众有情心生喜乐的当下,释迦牟尼佛宣说了微妙善法,由此出现了很多发菩提胜心和生入善道天界的人。

第三天,辛支达那王给佛祖举行了盛大的会供。当佛陀的洗足水倾倒在地上时,地上顿时出现了七宝水池。水池宽二百由旬,里面铺满了七宝石子,水液具备八功德,水面上漂浮着如车轮般大小各异、五颜六色的宝莲,水池中飘来令人欢心悦意的香味,放射出耀眼夺目的光芒。就在这个神通让人们兴奋快乐的当下,释迦牟尼佛给在场的有情宣说了善法,由此出现了很多体证正果、生入天界和积累无量福德的人。

第四天,恩扎巴麻王给佛祖举行了盛大的会供。当佛祖释迦牟尼到达供养现场时,国中宝池里的水突然倒流至池边的八大水渠当中,池水围绕宝池流过之后又流回到原来的池子里。当池水异常流动时,水声中传出了殊胜动听的法音，体知法音本义的人和前面一样都当场证得了微妙正果。

第五天，赐净王给佛祖举行了盛大的会供。当释迦牟尼佛到达供养现场时，从佛祖口中放射出无数道金光，顿时照亮了所有三千大千世界，所有被金光照到的有情都脱离了烦恼，身心之中顿时生出了无限的快乐。此时此刻，释迦牟尼佛宣说微妙善法之后，体证殊胜正果的人和前面一样多不胜数。

第六天，里扎族人集体给佛祖举行了盛大的会供。在供养现场，依靠佛祖的加持威力，信徒眷众都获得了神通智慧，在场徒众大声赞颂了佛陀的无量功德，并且发愿要修证正觉佛果。释迦牟尼佛给在场的众有情宣说微妙善法以后，很多人和前面一样体证了殊胜正果。

第七天，释迦族人集体给佛祖举行了盛大的会供。在供养现场，释迦牟尼佛用神通威力让信徒眷众都变成了具足七政宝的转轮王，其他国王大臣见此胜景都纷纷行了大礼，以示对转轮圣王的尊敬。在如此庄严奇妙的坛城中，佛祖释迦牟尼宣说了微妙善法，很多在场的信徒和前面一样都体证了正果。

第八天，天王帝释天给释迦牟尼佛举行了盛大的会供。当佛祖登上狮子宝座，大梵天王和帝释天从左右两边供养释尊时，释迦牟尼佛用手轻轻按了一下狮子宝座，这时从宝座下面传出了犹如大象狂叫般的巨大声音，顷刻之间从中出现了五个大罗刹。那五个大罗刹冲到外道六师的住处，摧毁了他们的高大宝座。当五个大罗刹用手中的烈火金刚杵刺向外道六师的头顶时，外道六师失魂落魄地东奔西逃，当场丢尽了面子、失尽了尊严。外道六师的信徒们见此败局之后，有很多人当场改邪归正，皈依了佛祖释迦牟尼，后来成为真正的比丘圣僧而成就了阿罗汉果。接着，佛祖释迦牟尼从身体的八万个毛孔中放射出遍满天宇的光芒，每一道光芒的末端各有一朵盛开的大莲花，每一朵莲花上面都有一位化身佛在给徒众讲经传法。在场的信徒眷众，看到如此胜妙的奇观，心中生起了无比的亲近敬信之心，听了佛说善法之后，出现了很多发心得正果的人。

第九天，大梵天王给佛祖释迦牟尼举行了盛大的会供。在供养现场，佛祖用神通法力把自己的身体变得无比高大,大到释尊的头已经抵至梵天世界,接着,从佛祖身体里放射出耀眼夺目的光芒。此时此刻,所有见到佛祖胜身和听到佛祖妙音的人,都对佛祖释尊产生了更深更大的敬信心,待佛祖宣说微妙善法以后,体证殊胜正果的徒众不计其数。

第十天,四大天王给佛祖举行了盛大的会供。在供养现场,释迦牟尼佛显示出神通威力,把身体变得无比高大,头抵三界之顶,佛祖身中还放射出四道巨大无比的光芒。这时,佛祖给在场的徒众宣说了真谛善法,听了佛说善法以后,徒众中出现了无数发心得正果的人。

第十一天,给孤独施主给佛祖举行了盛大的会供。在供养现场,释迦牟尼佛进入了大慈禅定中。突然,释尊在狮子宝座上消失无踪,接着从一团光体中宣说了微妙善法。在场的信众听了佛法以后,出现了无数发心得正果的人。

第十二天,金达施主给佛祖释迦牟尼举行了盛大的会供。在供养现场,释尊贵体放射出耀眼夺目的金色光芒,光芒照遍三千大千世界。所有被金光照到的有情,当下断除了嗔怒恶心,众有情发心彼此要像父母兄妹一样和睦相处。待佛祖宣说殊胜妙法以后,信众中出现了无数发心得正果的人。

第十三天,辛支达那王给佛祖举行了盛大的会供。在供养现场,佛祖从脐位放射出两道巨大的光芒,光芒上端各有一朵盛开的大莲花,每朵莲花上面分别坐有一尊化身佛。两尊化身佛又从各自的脐位分别放射出两道巨大的光芒,光芒上端又分别坐有一尊化身佛,这样一个接一个的光芒和化身佛,遍满了所有大千世界。众生看见遍满天宇的化身佛以后,心中产生了无比殊胜的敬信心。这时佛祖宣说了微妙善法,徒众中像前面一样出现了无数发心得正果的人。

第十四天,又是乌扎亚那王给佛祖举行了盛大的会供。在供养现场,释迦牟尼佛显示神通法力,把国王供养的花雨都变成了宝石车,并让宝石车遍满所有三千大千世界。待佛祖宣说殊胜妙法以后,在场的徒众像前面一样出现了无数发心得正果的人。

第十五天，频婆娑罗王给佛祖举行了盛大的会供。在供养现场，频婆娑罗王供奉了丰盛的美食佳饮。待佛祖主眷享用完供品之后，佛祖用手轻轻拍了一下土地，这时，陷入十八层地狱中的无数有情都看见了佛祖如来，他们向释尊诉说了他们从前所造的罪业和如今所受的痛苦。看到这一切，所有在场的信众心中，都对佛祖产生了无比巨大的信心，对地狱众生生起了极大的慈悲怜悯之心。当佛祖宣说众多微妙善法以后，在场徒众都发了无上菩提胜心，其中部分利根者登上了不退妙地，其余徒众中拥有生入天人善道之福业者不计其数。地狱众生看见了佛祖并听到佛说善法以后，都对佛法产生了清净敬信之心，并由此胜缘使他们脱离了地狱，投生到天人善道中。

如此殊胜的导师所宣说的善法，是我们取得内心快乐的唯一源泉，她能带领我们登上快乐妙地，她是最殊胜、最微妙的方便法宝。我们要从上师那里听取善法秘诀，以闻、思、修三行来让暇满人身更具意义，要做到无畏于生死，就算天地合在一起也不能有丝毫的恐惧。我们要把所有的犹豫和疑虑都消灭在内心深处，以无比宽厚的心胸来努力求取殊胜内在的快乐，直至体证无漏微妙大乐，这是我们要做的千万件事情当中的最大、最殊胜的事业。我们已经到了该做出重大抉择的时候，我们再也不能犹豫和懈怠，以免日后生出莫大的悔恨和极大的痛苦。

细看此生的幸福快乐，都没有超出痛苦的本性。我们不能再贪恋物品、资具、眷属和亲友等诱惑，我们要像姑娘急于熄灭燃发之火、胆小鬼急于摆脱怀中之蛇那样，抓紧时间学修善法。我们不能把时间从明天推到后天，从明年推到后年，要从现在开始马上勤修能使自己和他人都得到快乐的方便善法。

佛祖释迦牟尼在《大悲白莲华经》中说道："脱离八无暇而具足暇满功德非常难得，所以要特别精进修善，不然就会后悔莫及。"佛祖在《清净戒律经》中还说道："为什么不持续精进修行呢？要知道老、病、死正在确确实实向你们逼近，佛陀的教法也在不断地向灭亡靠近，往后你们会后悔莫及呀！"

轮回苦海是无有边际的，我们既找不到它的开始，也找不到它的结束。在如此怖畏的轮回世界里，我们有幸能够获得像渡海木筏一样的修法人身，非常难得的。我们要抓住这个绝好的机会，一定要在今生今世登上解脱彼岸，摆脱让我们不堪忍受的轮回痛苦。今后我们很难再得到这样的暇满人身，所以就在获得如此绝好机会的今生今世，我们再也不能沉睡不醒，再也不能在迷妄中虚度一生，这是我劝告和我同样命运的人们的肺腑之言。

第五章　微妙正道的路径

人们都知道佛教最初是从印度传过来的。在这个世界最初形成之时，浩瀚的大海中绽放出一千零二朵金莲，由此祥瑞之兆令今天的贤劫拥有一千零二位传法佛陀。在贤劫一千零二位佛陀当中，释迦牟尼佛是第四个来世间传法的大导师。释尊的本性虽然在本原已经体证了正觉佛果，但是在化机众生面前，还是显示了开悟成佛的圣迹，以十二功业先后转了三次大法轮。在婆罗捺斯国的鹿野苑中，佛祖释迦牟尼给五比丘和八万天众宣说了最初四圣谛教法；在王舍城的灵鹫山上，佛祖释迦牟尼给佛子菩萨眷众宣说了中时无相妙法；在吠舍厘城和楞伽城等地，佛祖释迦牟尼给大乘部眷众宣说了最后微妙分别教法，针对上、中、下三士，把因位法相乘分成三乘次第而作了说明。另外，在天界、人间和龙国等无有固定的各处各地，佛祖释迦牟尼给有缘眷众宣说了果位密宗金刚乘的心法，把无数化机有情引入到了正道和正果的净地。

佛祖释迦牟尼涅槃以后，以迦叶等七代传承弘法大师为主的阿罗汉们通过三次集结把所有小乘法藏集结成为“经”，并且写下释说经义的法本以弘扬佛陀教法，从而使小乘教法兴盛至今。大乘般若经藏是由佛子文殊和受弥勒菩萨摄益的龙树、无著等八大论师诸众来发扬光大的。至于密宗金刚乘教法，在佛祖涅槃后的第二十八个年头，诚如佛陀事先所宣说的预言明示：妙称天、星面夜叉、安止龙王、慧便罗刹、无垢称人等圣种五贤和持密金刚手诸众将准时降临到人世间，由密主金刚手给圣种五贤宣说此前佛祖在天界三处所传的全部续部心法。当密主金刚手亲自传讲续部密法时，慧便罗刹把所传的全部续部法宝用金汁写在琉璃纸上，然后用圣意七力对其加持和合之后，把法宝加持成了如意虚空藏。

当密法就这样传播弘扬之时，其加持威力使扎国王意外地做了七种瑞梦，当扎国王全心全意修炼密法之后，七种瑞梦全部都变成了活生生的事实。在西方邬金国里，化身胜喜金刚从金刚萨埵的口述中听取了所有大瑜伽部心法。在婆罗捺斯国度里，所有事部心法都传到了那里。在火焰山上，所有瑜伽部心法都降落到了山顶上。就这样，密宗的全部内外续部法宝都在人间有了传承和弘扬。这里特别值得一提的是，所有密宗内部本续由文殊师利菩萨在天界传给了妙称天，这个传承法宝传到帝释天和十万眷众的耳中之后，通过诸天的共同修炼，最后都登上了金刚持的果地。观世音菩萨在龙国把密宗内部本续传给了黑颈龙王，这个传承法宝传到安止龙王和十万眷众的耳中之后，经过诸海龙王的精进修炼，最后都登上了持明妙地。密主金刚手在夜叉国把密宗内部本续传给了普贤夜叉，这个传承法宝传到星面夜叉和十万眷众的耳中之后，经过诸夜叉的共同精进修炼，最后都登上了持明妙地。

在雪域西藏，根据佛祖释迦牟尼在涅槃前留下的“佛法将向北传去”的预言中所说，佛陀教法确实以不可阻挡的愿力向北传到了西藏，高高的喜马拉雅山丝毫没能挡住佛法的向北传扬。吐蕃赞普拉托托日年赞在位时，佛教第一次传入了西藏。吐蕃赞普松赞干布在位时，佛教开始在西藏传扬开来。吐蕃赞普赤松德赞在位时，佛教在西藏全境已经非常兴盛。在赤松德赞在位的那段时间里，他亲自派人到印度，从遥远的南国请来了以世间第二佛陀莲花生大师和寂护法师为首的一百零八位大佛学家。这一百零八位化身大译师把许多佛经法宝全部翻译成了藏文，从此以后，雪域西藏拥有了光彩夺目的佛法明灯。

来西藏传法译经的众多印度大德当中，莲花生大师是无量光佛心际中的“舍”字降临于邬金国的达那郭夏滨海城之后，在那里诞生的无量光如来的化身。莲花生大师不是从凡胎中生下的俗人，而是从无垢宝莲花的花芯里化生出来的。莲花生大师降临到人间以后，做了邬金国国王的王子，后来，他用方便善巧的妙计舍去了国政王权，来到八大尸陀林中作了一名持戒修行者。当修行取得成就之时，他已经体证了无灭持明胜果，从那以后，莲花生大师用无敌至尊神通在印度施行了广大利生事业。在印度的利生事业告一段落后，他应邀来到西藏，降伏了西藏的众多天魔鬼妖，用殊胜法力加持了西藏所有的修行山地，把众多心法和珍贵伏藏埋藏在西藏各地，把九名受教心子与二十五名有缘王臣等诸多化机有情接引到了成熟解脱正道。另外，寂护法师把佛制戒律赐给了预试七人，他在西藏创建红衣僧团之后，把佛家戒律传承留在了雪域圣地。就这样，佛陀的显密教法不仅在西藏扎下了根，而且得到了发扬光大。

以上无比殊胜的旧密宁玛教法首先传到了娘氏手里，娘·加那古麻门下有瑞名八师等众多大成就者。旧密宁玛教法中途传到了努氏手里，努钦·桑吉益西门下出现了四大心子[①]等众多大德。旧密宁玛教法后来传到了苏氏手里，苏钦·释迦迥乃门下出现了四大高徒，苏琼·西绕扎巴门下出现了四柱八梁等大德，苏卓普巴·释迦森格门下出现了四大导师等名徒，上述三位苏氏大师被后人尊称为苏氏祖孙三尊。全知大师让松巴·曲吉桑波、全知大师龙钦巴·志麦沃色、全知大师吉美林巴以及吉美林巴的高徒“四无畏”，此等众多大德高僧均是旧密宁玛教法延续传承中的名师大成就者。旧密宁玛教法能够传承至今，完全仰仗于以上诸位大德的大力弘扬。

萨霍尔大法师巴丹·麻美则师徒在雪域西藏立足传法以后，噶当派教法正式在西藏传扬开来，由此树立了噶当传承的法幢。

印度的那若巴大学士把全部心法都传给了玛尔巴·曲吉洛珠，玛尔巴大师门下出现了号称“心子四柱”的高徒，后来又相续出现了声名远扬的米拉日巴大师、念麦冈波巴大师、其心传弟子康巴三大成就者等等。这个以弘扬实修传承为主的实修教法，人们称之为“噶举派”。

印度大学士嘎亚达热和西藏大译师喇钦卓弥等大德把法宝传给了文殊五

① 心子：即“心传弟子”。对于由上师口、耳相传。承接了上师的法脉传承的有成就的弟子，称为心子。——编注。

祖，萨迦文殊五祖把广大深奥的讲学法宝发扬光大以后，树立了萨迦派教法的传承。

宗喀巴·洛桑扎巴大师是所有新旧显密教法的持有者，宗喀巴师徒创立的法藏学说传承，在西藏又一次树立了佛法的庄严威仪，后人称其为“新噶当派”教法或格鲁派教法。

佛教在西藏的传扬过程中，先后出现了龙钦巴、玛尔巴、宗喀巴等多如繁星的西藏大学士和大成就者，他们以极大的慈悲利他之心，在雪域西藏树立了善法的讲修之风并建立了无数僧团寺院。就这样，经过历代雪域大师们的发心努力，众多讲修圣地在西藏各地先后建立起来，九乘次第的法门在西藏得到了圆满的弘扬，显密结合的无垢佛陀正教在西藏扎下了根，打下了坚实的基础，从此雪域西藏成了佛陀显密教法的讲修传播中心。

在这个世界上，佛教曾经兴盛过的地方很多，有些地方盛行小乘教法而没有大乘教法；有些地方虽有大乘佛法，但却没有大乘密法；有些地方虽有大乘显密二法，但却没有显密二法的讲修传承。没有传承则像没有钥匙的锁一样，不能充分发挥佛教显密二法的微妙作用。和上述这些地方相比，藏传佛教成了当今世界唯一圆满的法脉传承。佛祖释迦牟尼的教法传入西藏以后，虽然经历了几次大起大落的过程，但至今，佛陀的显密教法依然能够正确圆满地在西藏流传，这是世间众生累世累劫修来的福份。

在藏传佛教的各大教派中，旧密宁玛派具有“四大源流”的法脉传承：释论众经总义是教理源流；释说灌顶妙义是成熟四灌顶源流；直说密义心要是修习秘诀源流；修供护法猛咒是修习利业源流。这个具足四大源流的清净旧密宁玛派，还具备了三个或六个传承，其中三个传承分别是诸佛意传、持明示传和凡人耳传，这三个传承加上黄纸句义传承、奉教授记传承和宏愿灌顶传承，便出现了六个传承。如此具备四大源流和三个或六个传承的殊胜旧密宁玛教法，是我等有缘之人一生一世就能修证本觉佛果的深密秘诀，比世间任何宝贝都珍贵，非常值得我们去百般珍惜、万般奉持。

世间的财宝像金银、珍珠、绿玉、钻石等虽然多得不计其数，但是这些财宝并不能换来往生的快乐和内在心里的快乐。人们在今生今世所追求的有漏之乐，如果说它是一种快乐的话，那么它应该给人们的身、心两个方面都带来快乐，可是事实上这种有漏之乐虽然给身体带来了部分快乐，但无法从根本上给心里带来快乐，更无力阻止生、老、病、死等人们不愿面对的痛苦。人类目前的科技实力，虽然可以让人们飞到地球以外的其他星球上，可以用原子能和化学武器刹那毁灭这个地球，但却不能给人们创造恒久不灭的解脱快乐。因此，从方方面面来观察比较，这个世界上唯一最珍贵、最殊胜的宝贝还是微妙佛法，其中宝中至宝便是盛行在雪域西藏的藏传佛教。

无论从哪方面分析和研究，藏传佛教不仅是佛陀教法圆满俱在的象征，而且拥有完满的修学内容和完美的传承，具有独特的可贵之处和无穷的魅力。在学修佛法的过程中，仅仅依靠看经书和依书修炼是不能体证究竟佛果的，所以，能够有幸遇见灌顶、授记、开示、秘诀和修学经验都圆满具足，而且拥有无上传承加持的善法，是前世修造福德的结果，也可以说是前世曾经遇学此法，今世余缘再现，又能学修此法。

换一个角度看问题，将会发现世界和平的首要条件就是善法盛行。如今世界上之所以出现那么多足以毁灭整个地球的原子能和生化武器，其中不仅有科技进步的因素，更直接的原因是人们相互之间的嫉恨和竞争等怀恶之心。世界各国为了争得军事上的强国地位，先后投入大量的人力物力来研制各种威力更大、杀伤力更强的先进武器，这些公开和秘密的军备竞赛，正把世界推向持续不断的纷争和战乱边缘，世界和平离我们越来越远了。仔细想一想，将会发现微妙善法是推动世界和平的灵丹妙药，除此之外，很难找出比善法更好的良策。如果世界各国的人民和领导者都熟习四无量和具备菩提心，那么在这个地球上就再也没有必要组建军队和制造武器，也没有必要派军队去守卫边关，和平安宁的世界大家庭就一定能够变成现实。

在轮回世界里，由于众生各自的宿业不同，因而出现的结果也各不相同。

对于部分有情而言，就算佛陀真正出现在他眼前，也对他产生不了任何作用。而心向微妙善法、具足十八暇满功德之人，应该充分发挥暇满人身的殊胜作用，修好正道善法，就像到达黄金宝洲的人不能空手而归一样。从现在开始，我们要做好无畏于死亡的准备工作，因为时间不等人，我们不能把准备工作推到今后，要是浪费大好时机就会后悔莫及。殊胜善法就如同灵丹妙药能够治好烦恼顽症，对于一个病人而言，仅仅有好药并不能治好病症，只有亲自服用才行。同样，我们只是听闻佛法并不能够到达解脱彼岸，惟有修持佛法，并把自己的身心与佛法融为一体才能悟得解脱正果。如果把不良的品质藏在身心深处，把学法修法放在书本里，这样的人就像打仗的时候忘记带武器一样，其结果只能是一败涂地、一事无成。

我们之所以堕入轮回并遭受轮回诸苦，是因为我们正在遭受无明迷妄的控制，并且成了烦恼恶魔的奴隶。只有认识烦恼大敌，并与其勇猛战斗，用多种方便善巧的对治法武器消灭它，才能登上恒久快乐的果地。当我们入登了恒久快乐的果地、拥有殊胜功德时，就可以帮助他人脱离身心痛苦。所以，我们要振奋精神、精进修法，绝不能浪费一分一秒的宝贵时光。善法是内在的甘露、无上的乐源，是让所有苦乐皆入正道的秘诀。当我们熟练修习善法之后，就可以减少心中的恐惧和痛苦，在今生今世少得疾病并能延年益寿。最后当死亡来临时，我们已经做好了一切必要的准备，往生少受或无需受苦的基础也已经打好了。因此，所有具有智慧和关心自己的人，都应该在今生今世为自己做些具足意义的大事，要学修无迷快乐正道。如果现在懈怠不精进，那么最终将无法避免地产生无限的悔恨，这就与放出去的箭无法中途收回一样。

佛祖释迦牟尼的教法要经历初兴、中住和后灭三个阶段，到目前为止，十个五百年的住法时间还没有终结，佛祖降临世间后，给三部化机众生所传的三法轮诸法仍然驻存于世。尤其值得庆幸的是，正确圆满的大乘显密教法诚如佛祖金口说出的预言那样，在传入印度金刚座以北的雪域西藏以后，至今仍然持续在西藏传承弘扬。这是当今世界唯一具在的佛法显密双运讲修传承法脉。

今天，有很多人称西藏为“雪域佛土”，这是名副其实的称号。世世代代生活在广袤雪原的西藏人民，一直依靠佛陀的教证法宝来获取快乐和幸福。要使佛法长驻于世，就必须有佛教传人的努力弘扬。佛祖释迦牟尼的教证善法能够至今在西藏讲修奉持，历代雪域智者大师们的功德无量无边。在人类文明的海洋里，雪域大师们就如同耀眼夺目的珍贵如意宝珠。

所有惧怕死亡、惧怕死后受苦、希望除灭此生的逆缘和障碍、希望往生登上快乐果地的人们，哪怕一生马不停蹄地在世界各地的教堂、庙宇中寻找，或者是全世界几十亿人都去寻找，也找不出比雪域西藏更殊胜的善法圣地。世界屋脊的雪域西藏，是雪山围绕的一片净土，是几千名虹化大德的踏足宝地，是无数大学士和大成就者们的施业圣土。在世界古今文明的文化宝库当中，能够给今生和往生都带来利益的文化宝珠，只有藏传佛教一个，这是世间人天众生共同修造福德所得来的善业之果。

如今，这个世界上信奉藏传佛教的，并不都是文盲愚昧无知、年迈无力的人，恰恰相反，现在信奉藏传佛教的有很多是青年男女、科技精英和学术界的专家，而且呈现出高素质的信众越来越多的趋势。在全世界总人口里面，信奉藏传佛教的人已经占据了一定的比例，而且这个比例正在逐年上升。仔细分析研究，不难发现其中的奥秘和玄机。生活在这个地球上的人都渴望得到快乐、脱离痛苦。一个人如果不具备最基本的经济条件，那么这个人就得为取得衣食住房而努力工作；当衣食住房和所需资具都拥有以后，这个人又要为子女亲人和往后的幸福生活做准备工作；当一切准备工作都做得比较有成绩时，这个人的死期也就快到了。只可惜这个人一生忙忙碌碌、辛苦工作，到死后却得不到一点一滴的快乐和利益。一个人就算拥有全世界所有的金银财宝，也不见得有多么幸福和快乐，而那些金银财宝也不能令他逃避死亡，更不能帮助他避免死后要体受的痛苦。面对这么多的事实，无论是大智慧的人，还是小智慧的人，在他人生旅程的某一时段里，一定会想到自己往后的苦乐安危，到那时如果发现自己已经在不知不觉中虚度了许多人生年华，那么此人应该立刻从沉睡昏梦中醒过来，从此踏上善法正道，因为此时他应该很清楚地预见到善法正道才是有利于死后往生的唯一出路。

踏入佛门，学修微妙善法，这是真正关心自己的人做出的重大抉择。一旦尝到清净佛法的无漏快乐以后，将会更加精进地修持佛法，迫切希望早日登上解脱佛地。要知道这一切是信仰佛法之人心甘情愿的自发行为，从来没有人强行要人们皈依佛教，修持佛法。如果有人以高压手段强迫人们皈信佛教，那么结果只能是人们身入佛门而心不入佛门，到头来除了害人害己之外，没有任何实际意义。

诚心皈信善法以后，知道了众生都曾经做过自己某一世的父母，从而生起慈悲之心，并且在内心深处产生一种纯真无伪的欲行利益他人的心念，到那时整个人将会发生很大的变化，连看其他有情的眼神都与从前大不一样。当发生以上种种变化，并且身心言行之中充满慈悲感的时候，就再也不会有意伤害其他有情。不伤害他人就能免除他人向你做出报复性的伤害，身口意三门全力恭敬他人就能换来他人对你不请自来的敬重，这是很容易明白的道理。如果世间众生都能具备高尚的品性和利他的善心，那么随着信佛向善之人的增多，世界将会越来越和平安宁，在此基础上如果能够出现更多的修持正法之人，那么这个世界将可以很快地迎来幸福祥瑞的灿烂阳光。

但是，我们必须知道的一件坏事就是当正法兴盛的同时，这个世界上将会出现不少伪上师和假修法者。尤其是在今后一二十年到百余年的时间里，将会出现一些外行善法、内行邪法的伪上师，他们会声称自己是西藏某上师、某大德或某善知识的法脉持有者；还会有把佛教理论、其他宗教的理论和自己的观点糅合在一起著书立说，以此愚弄人们，把人们引向邪道的妖魔大师。这些浊时邪魔，个个不伦不类，他们将用奇装异服和离奇古怪的行为来破坏佛教的庄严形象。这类人不分东西南北、何种发肤颜色，他们的踪迹将遍及包括西藏在内的世界各地。因此，在未来佛教传人的承前启后过程中，保持佛教的纯洁清净显得尤为重要，这就像一个人需要讲卫生、勤洁身和预防疾病，以保持身体的健康一样。为了保持佛陀教法的纯洁性，应该把佛经作为佛法的惟一正确依据，以此衡量当今传法之人所传的法正确与否。这种做法将对我们人类产生极大的利益。坚持把佛经作为惟一正确依据的弘法大师是最伟大、最值得信赖的，我们可以毫不犹豫地判定这种贤人为诸佛的化身。

我们要把佛祖宣说的清净教法视为人类共同的文明财产加以保护，要努力防止佛教遭受破坏和篡改。作为上师，不能为了获取财物供养而随意传法。作为学法信徒，不能在没有修心和修炼前行法门的情况下修习正行心法。如果把密宗法宝当作捞钱的工具，不仅会造成害人害己的结局，而且会招来护法神的发怒惩治，使此人此生遭受众多的障碍和逆缘。与密法传播不当有关联的人，往生将会堕入无间炽热地狱，并且会造成佛法阳光快速灭亡消失的严重后果。我们要尽力防止这样的事情发生，与其传法不当和学法不当，还不如坐在家里念诵心咒和持有一颗善心。

居住在世界屋脊雪域高原的西藏人，在科技和工业文明方面虽然落后于其他民族，这是一个事实，但是西藏人却拥有世间最宝贵的佛陀教法。如果西藏的前辈大学士和大成就者们，把智慧和精力也用于世间作业的话，那么今天的西藏肯定已经被列入现代文明高度发达的地区之中。可是，西藏的前辈大师们根本不看重眼前的物质利益，他们认识到真正的快乐不能从外在的物质财富中求取，而是要从人们的内心深处获得。因此，他们把毕生的精力和智慧都投入到修持佛法当中，除了修好善法，没有更多地参与世俗作业。藏传佛教和西藏文化，不仅是藏族先辈留给西藏后人的宝贵遗产，也是全人类共同拥有的宗教文化瑰宝，全体雪域西藏人民应该为此感到光荣和自豪。

微妙善法是有利于内在心灵的养心甘露，善法可以帮助众生产生彼此都视为父母兄妹般的感情，而且这种感情从此不会发生一丝一毫的改变。善法是众生在今生今世和未来往生当中，从快乐走向微妙快乐的殊胜秘诀。正确圆满的深密善法甘露现在就在雪域藏民的手中，把这个善法弘扬传承至贤劫毁灭是全体西藏信教民众的神圣天职。西藏人民让佛法长驻雪域和令佛法利益众生的同时，为了使佛法永远保持清净纯洁，还要时时进行清理工作，通过清理来消除不纯的邪说，这将成为人类文明史上的伟大举措。我之所以多次强调要保护正法、清除邪说，是因为这项工作在当前已经显得非常重要。

乍一看普天大众，多得让我们无法一时数出大概的数目。仔细分析这庞大的人群，我们便能明白这庞大的人口数量中我们每一个人都是重要的组成部分，少一个人就可以直接影响整个人口的数量。如果每个人都能具备良好的品性并拥有一颗善心，那么人人都有份的人类大家庭就可以一直保持和平与安宁。同样，持法僧人云集的僧团寺院，也是由众多僧人共同组成的清净法门，其中每个僧人都是重要的组成部分，如果每个僧人和修法者都能通达全部教法三学的话，那么在世间传扬的佛法就可以长期保持清净无垢。

从前，在一个佛法盛行的地方，有一位修炼禅定的比丘坚持托钵化缘的生活，他少欲知足，具备了诸多善法功德。当时，有一位在家居士对佛教三宝怀有极大的敬信心，他一直坚持奉守应学五戒律。在家居士非常尊敬托钵比丘，发愿要给托钵比丘提供一生的布施供养。为了让比丘安心修炼禅定，以防走路时遇到天气突变而染上寒暑疾病，这位虔诚的在家居士经常把各种可口香甜的美食亲自送到比丘的禅修之地。

当时，另有一位在家施主也对佛陀教法敬信无比，这位施主的儿子就皈依托钵比丘，出家当了一名沙弥。小沙弥住在托钵比丘身边，依止托钵比丘过着修学善法的清静生活。

有一天，供养斋饭的在家居士因为办理要事耽误了按时给托钵比丘送食物，于是托钵比丘派身边的小沙弥到居士家中去取斋饭。临行前托钵比丘教导小沙弥说："你到城里去的时候，要遵照佛陀释迦牟尼的教旨来约束自己的言行举止，在取斋饭时不能对任何事物生出贪恋执着之心。"

小沙弥来到居士家时，那位居士出门办事尚未回来，只有居士的女儿独自一人在家。年仅十六岁而且美丽多姿的居士女儿把小沙弥请进屋内，并产生了与小沙弥亲热的想法。为了达到目的，她用尽各种美人招术，但是守戒如护眼珠的小沙弥丝毫没有动心。在无可奈何之下，居士女儿向小沙弥顶礼膜拜后说道："这个家里拥有像多闻天王财库般的金银财宝，请你答应做这家的主人，我愿意做你的贤惠妻子，甘心侍奉你一辈子，求你务必满足我的心愿。"

居士女儿的话像毒箭一样刺痛了小沙弥的心，小沙弥心想："我为什么会遇上这样的恶运呢？我可以舍去身体和生命，但绝对不能违背三世如来制定的戒律。现在，我如果逃离这个是非之地的话，那欲火烧身的居士女儿也许会不顾一切地追上来，抓住我以后在众人面前羞辱我……"想来想去，小沙弥最后决定就死在居士家中。

拿定主意之后，小沙弥请求居士女儿先在原地等一下，他要到另外的房间里做一件小事情，待事情做好以后再与她会面。那位女儿答应了，就在原地紧闭门窗等他。小沙弥来到另外一间房子里，把身上的僧衣挂在房梁上，然后跪在地上双手合十说道："我不能舍弃佛、法、僧、上师和戒律，为了守护戒律，我现在要放弃这个人身，往后无论投生到哪里，愿我能皈依佛门，出家为僧，常持梵行，最终体证无漏胜果。"这样祈祷发愿之后，小沙弥毫不犹豫地拿利剑割断了自己的脖子。

居士女儿发现小沙弥自杀身亡，产生了无限的悔恨和负罪感，她把家中所发生的一切如实地告诉了父亲。父亲把事情报告了国王，举国上下为之震惊。人们异口同声地称赞小沙弥守戒如护眼珠的梵行，小沙弥留下的一块小骨头都成了众人供奉膜拜的圣物。当时，小沙弥的上师也来到出事现场，在给众人宣讲了微妙善法后，当场有很多人出家为僧，发无上菩提心，上师也令其他人都得到了喜悦和满愿。

第六章　内在的寂静甘露

我们常说的甘露，是指既能治病又能救命的一种良药。甘露是天界众神靠前世福业得来的可延长寿命的圣物。我们把微妙佛法比喻为甘露，是因为佛法能医治并除灭轮回的痛苦。我们的这个由外四大和合而成的血肉蕴身，当四大不调时就会产生疾病。生病和饥渴寒暑都是外在的痛苦，对于外在的各种痛苦，我们可以采用生化药物和改善衣食等外在的方法来解除。

所有痛苦的根源是我们心中的无明烦恼，要治灭这个无明烦恼顽症，只能依靠寂静的佛法良药。到目前为止，除了佛法妙药，我们再也找不出第二个能够对治烦恼顽症的良方。佛法可以令我们从烦恼痛苦中解脱出来，让我们最终得到恒久不变的极乐果位。佛法就像除病免死的甘露圣药，所以，我们称佛法为医治内在心病的甘露。

所有堕入三界轮回世界的众生，是以俱生无明为直接前因，以遍计所执为间接条件，在迷妄的控制下来到世间的。我们都被三苦缠绕，这和落入黑暗的牢狱没有什么两样。我们正在遭受烦恼病痛的折磨，处境非常悲凉。微妙殊胜的佛法是我们脱离苦狱灾难的最好办法，她寂静温和的特性可以除灭内心烦躁不安的疾患，她和治病效果最好的良药妙方没有任何差别。

贪欲、嗔恚、愚痴、轻慢、嫉妒等烦恼如毒一般，是所有痛苦的根源。我们不能被烦恼毒根所控制，我们常说："拥有自由是快乐，受人控制是痛苦。"这句话不仅可以形容人与人之间的关系，也可以比喻心与烦恼之间的关系。如果我们的心被烦恼控制，那么我们不仅要受往生的痛苦，而且还要受尽此生的各种痛苦。

心被贪欲控制时，我们将会偷抢他人的财物、挪用公款或贪污受贿等，这样做的结果不仅这一生要受到法律的严惩，而且往生还要遭受业报的痛苦。欲望过度而做出邪淫等不合天理人情的坏事，不仅会招来身心上的负担和痛苦，而且因此负伤送命者也为数不少。破戒常会危害人的身体健康，使人失去外表的光彩，甚至有人因此染上哮喘病而死亡。

心被嗔恚控制时，我们将会不顾一切地咒骂别人，伤害别人的心，并且无故挑起争端。如果一个人因一时的愤怒而与他人打架，或是动手杀伤他人，最后自己和对方都会成为受害者，结果只能是让人后悔莫及。气愤还会使人患心脏病等疾病，在恶意伤害他人的同时也严重地伤害了自己，所以，骂别人一句和刺自己一刀并没有什么两样。一个病人一年精心治疗的效果，可以在一时的气愤中消失殆尽。

心被愚痴控制时，我们将会不知道善恶取舍，活像一个畜生，只知道吃、喝、玩、睡，在不明是非、无所事事中虚度一生。其结果是既枉费此生，又耽误往生，并且会引来众多轮回痛苦。

心被轻慢控制时，我们将会诋毁和侮辱别人，最终除自己以外周围全是敌人。轻慢是敌多友少的根源，会引来众叛亲离的悲苦。过度自以为是会造成无法忍受小挫折，遭受非比寻常的大痛苦。轻慢得意会使我们失去很多的快乐时光，令我们永远在过分满足虚荣和刻意强求自尊中痛苦挣扎。

心被嫉妒控制时，我们将会当面或背后辱骂他人，处处与人比高低，时时和别人过不去，其结果便是自取报应。诋毁别人会导致别人诋毁自己，辱骂别人同样会招来别人的辱骂。这种因果报应的自然法则就像照镜子，看到镜子里自己的脸又脏又黑，我们不能责怪镜子，只能怪自己太不爱干净。充满嫉妒心的人，不会有快乐和幸福的时光，他心里的痛苦，无法用任何药物和创造好的生活享受来除灭掉。

心被悭吝控制时，拥有金山银山也不会感到满足。我们西藏人常说“悭吝之人常贫穷”。过度贪婪造成的吝啬，会令人过分地节衣缩食，永远要过艰辛困苦的生活。吝啬的人永远受苦受累于积攒财产和保护财产,人生的美好时光都浪费在积财守财之上,这种人是现实生活中活生生的饿鬼。吝啬之人死亡时,将空手赤裸裸地进入往生世界,辛苦一生所积攒的财物一分都带不走,能够带走的修法善业也少得可怜。吝啬之人的一生没有快乐和幸福,他们白天忙忙碌碌,夜晚也很少能够安宁。为了积财守财,他们的身心每时每刻都在承受没完没了的痛苦。

从无始轮回伴随而来的妄念烦恼,已经习以为常地成了我们三界有情生活的一部分,我们要马上把这个烦恼除掉是很难做到的。但是,我们能够在产生大烦恼的当下,心灵不受其影响,并且找出消灭所生大烦恼的方便计策,这就是微妙对治法,我们把消灭烦恼的对治法称作甘露良药。医治身体疾病的良药妙方,可以在世界各地的医院里找得到,但是医治内心烦恼的良药妙方,只能求助于上面所说的对治方法。可以肯定地说,就是最好的医生也没法解除任何人的内心烦恼。

所有的过患和祸害都是烦恼直接造成的,烦恼既招来了往生的所有痛苦,也是造成这一生所有苦恼的罪魁祸首。就算有些人不承认往生的存在,但面对这一生的现实问题和为了保护倍加珍爱的自身,我们也应该控制和减少上述烦恼。如果任烦恼自由发展,我们必须具备不畏一切艰难险阻的勇气,并且带着这个勇气与各种痛苦进行顽强拼搏。在以往这样的拼搏历程中,被烦恼制造的痛苦所征服的人多不胜数,所以,想与痛苦拼搏还要有长期坚持的信心,不能指望哪一天能够很快战胜痛苦。

在藏医学的理论中,认为烦恼为生病之因。藏医学认为所有的疾病分为风病、胆病和涎液病三大类。其中贪欲会产生风病,嗔恚会产生胆病,愚痴会产生涎液病。根据这个理论就得出了一个结论:烦恼三毒成了产生所有疾病的根源。

风病、胆病和涎液病三个根本疾病的主要所在部位分别是:风病在腰部以下的下体部位,胆病在肝部等身体的中部,涎液病在脑内等上身部位。三者失去平衡协调后，疾病就散于肤外，遍布肉中，流过脉道，渗入骨骼，降至五脏，落入六腑。上述疾病细分共有四百二十四种，合起来则归入热、寒二病之中。风或气分为持命气、上行气、下行气、平住气和通行气五种。胆分为消化胆汁、容光胆汁等五种。涎分或涎液分为根基涎、研磨涎、尝味涎、餍足涎等五种。此外还有血、肉、脂肪、骨髓、精液等七种身体元气，以及大便、小便、汗液三垢。以上总共二十五种物质元素，如果各自的功能发挥正常，相互之间协调平衡运行，身体就会健康正常，身体外表也充满光彩。反之则功能紊乱、失去平衡而遭受疾病的折磨，甚至丧命死亡。

根据分析我们知道：导致最终丧命的疾病最初还是来源烦恼。任何一种烦恼炽盛过度，必将由此产生结果——疾病。我们生病之后，就像中毒一样难受，因此，我们把贪、嗔、痴三根本烦恼称作三毒。

烦恼既能毁灭众生这一生的幸福和快乐，又能导致往生遭遇种种难以忍受的痛苦。我们对此有了清醒认识之后，要像常言所道，在遭遇烦恼时分晓是否修好了佛法。如果我们能够从现在开始把烦恼除灭或转化在正道上，利用各种方便法门让烦恼远离你我，那么我们可以因此减少很多疾病和痛苦，我们的身体肯定会健康舒适起来。身体舒适能够令心情愉快，心情愉快可以进一步减少疾病，从而达到健康长寿的目的。

一个人贪欲小、易满足就能事事如意。概括起来说，健康长寿和万事如意都可以在消灭烦恼中得到，具有这种美好人生之后，可以使人人都自行具备高尚的品德。具有高尚品德的人，不会也不可能伤害他人。我们都知道，避免彼此伤害是众生都感到欢喜的事情，而令众生欢喜的事业恰好是最无上的利生善业，也是至高无上的离恶积德。在己心不受烦恼控制，在消灭无始轮回以来形影不离的烦恼敌人之中就能实现。“诸恶莫作、众善奉行”佛祖亲口告诉我们“自净其意、是诸佛教”，心不受烦恼影响而寂静自在就是“自净其意”，也是使身心充满快乐的灵丹妙药。

无论佛祖曾经宣说与否，只要有一个使身心能够产生暂时和恒久快乐的道法，我们就要毫不犹豫地依止这个道法，学习和修持这个道法。要知道身心快乐是我们长期梦寐以求的目标，所有的动物昼夜不分地忙碌不停，为的就是追求身心快乐。

当自己得到身心快乐之后，不能就此停止，我们还要想到家人和亲友也同样需要身心快乐，再进一步想到众生都厌恶痛苦，向往快乐。要对不知如何创造快乐之因、在无知愚昧中忙碌不停的众生产生慈悲怜悯之心，由此我们会希望所有众生都能步入快乐胜道，这种想法恰好与佛陀的教法不谋而合，其中我们还找到了佛陀展示的无上微妙正道。根据以上各方面的分析，我们得出了一个结论：所有追求快乐的有情，想要真正成就快乐，就必须走佛陀的妙法正道，没有比佛法更方便的捷径，这是明明白白的真谛。

从前，佛祖释迦牟尼在世时，印度有一个地方的国王不施行善法德政，国王草菅人命。他乘骑的大象踩死了许多无辜百姓，使这个国家的臣民苦不堪言，在悲愤欲绝中有五百名高贵种姓的女子出家当了尼姑。她们出家之后，经过多方寻找，遇上了大德比丘尼青莲相。她们向青莲相顶礼膜拜后诉说道："我们在家时整天忙于家务劳作，如今虽已出家，可还是无法摆脱贪欲烦恼的纠缠，因此，请求上师慈悲摄受，给我们开示让凡心远离贪欲的法门。"

青莲相开示说："贪欲如猛火，可以烧毁身心，身心被火烧就会发生相互伤害的恶事，其结果是长期堕入恶趣世界，永无解脱之日。"

青莲相接着说："在家如在牢狱，我从前是高贵种姓家的千金，嫁到同等种姓夫家之后，不久生下了第一个儿子。当我身怀第二胎时，我和丈夫带着儿子回娘家，中途因身孕不适，只好在一棵大树下过夜，半夜我生下了第二个儿子。到了第二天，我发现睡在我旁边的丈夫被毒蛇咬伤而死，这意想不到的飞来横祸，使我极度痛苦，昏倒在地。待从昏迷中苏醒之后，我只好背着大儿子，怀抱小儿子踏上了回娘家的路。"

"在回家的路上，我一直是孤身一人，没有找到同路的伙伴。回家的路要经过一条大河，我先抱着小儿子过了河，到了河对岸放下小儿子后，我又回来接大儿子。当我到达河中间时，悲剧发生了，大儿子看见我就跑过来跳入河中，河水像恶魔一样顿时淹死了我的大儿子，无可奈何之下，我不得不返回到河对岸。到了河对岸，发现小儿子已经被野狼吃掉，看着地上留下的血迹，我再一次痛苦地昏倒在地。从长久昏迷中苏醒之后，我孤独地踏上了回娘家的路。”

“当我来到离娘家不远的地方时，遇上了一位远亲。这位远亲告诉我家里发生了不幸的遭遇。原来我的娘家发生了火灾，一场大火不仅烧掉了房屋和全部财产，还烧死了全家所有的人。听到这个噩耗，我又因痛苦难忍而昏倒在地。待我再次从昏迷中醒来时，这位远亲扶我到他家里，给了我很好的照顾。在远亲家留住一段时间之后，我便嫁给一位同等种姓的男人。不久，我再一次有了身孕，就在我生孩子的那一天，我的第二个丈夫到一户人家去参加酒宴，丈夫酒醉归来时，我正在床上生孩子。丈夫见没人给他开门就撞开了门，他一进屋里，就怒气冲天地来到床边，对我拳打脚踢，无论我怎样解释，他还是对我大打出手。最后，丈夫疯狂地杀死了刚生下来的儿子，并把儿子的尸体煎在油锅里逼我吃下去。悲愤交加的我绝望地离开了那位凶残的丈夫。”

“当我离开第二个丈夫，准备漂泊异地他乡时，在一棵大树旁边遇上了一位年轻男子，他刚失去爱妻，正在亡妻的坟前痛苦地哭泣。我与他同病相怜，互相诉说各自的痛苦之后，我甘愿做了这位年轻男人的妻子。可是好景不长，不幸的事情又发生了，我和那位年轻男子结婚不久，他就染上重病而死。按照当地的习俗，我要作为陪葬品与他一起埋在墓穴里，就在我被活埋的当天晚上，盗墓人从地下把我挖了出来，并逼迫我做了盗墓人头领的妻子。此后不久，我那盗墓人头领丈夫被国王抓获，并且处以死刑，我再一次变成了陪葬品。我被埋在地下三天后，墓穴被野狼挖空，我又一次得以死里逃生。”

“这一切发生之后，我的心悲痛不已，彻底看破了轮回红尘。当时，我只想皈依佛陀，以求身心得到解脱。我向佛陀所在地走去时，佛陀看出我开化的时机已经成熟，亲自来到很远的地方迎接我。见到佛本是莫大的荣幸，可是我因赤身裸体而感到羞愧难当。我用双手盖住乳房，跪坐在地上，然后仰望佛陀。佛陀请阿难给我衣服，穿好衣服之后，我向佛陀顶礼膜拜，并请求佛陀恩准我出家。佛陀慈悲摄受了我，并把我交给众生母，让众生母领我出家，给我开示佛法。经过勤学苦修，我很快便证得了阿罗汉胜果，还能通达所有三时诸法。”

听到这里，众比丘尼请求青莲相说明发生上述事情的缘由，于是青莲相接着说道：“在我前世的时候，一个富有人家的男主人娶了一妻一妾，我便是那正房妻子。后来，小妾生下一个男婴，正房妻子因为嫉妒，用针扎死了那个男婴。事发之后，小妾为讨回公道要正房妻子承认杀害了男婴。正房妻子不仅没有承认自己的所作所为，还发誓说，如果是她杀死了男婴，那么她的往生往世里，丈夫要被毒蛇咬死，儿子要淹死在河里或被狼吃掉，自己反复被活埋，吃亲生孩子的肉，家里遭遇火灾，父母家人都被烧死。正是以上恶行和誓言，令我今世遭受报应，从而经受了种种痛苦和折磨。”

青莲相继续说道：“我有幸受到佛陀的摄受，得证阿罗汉果位。原因在于以前某一世的有一天，一位缘觉佛到一户人家门前化缘，那户人家的女主人对佛产生了真诚的信仰，并献上了丰盛的斋饭。那位缘觉佛给女主人显示了各种神通法力，让女主人发弘愿将来自己要成就像缘觉佛那样的法力功德，因此我在今世就获得了阿罗汉解脱果位。”

听了青莲相的开示，五百名尼姑当下就灭除了贪欲烦恼的痛苦，经过修持善法，都证得了阿罗汉果位。

佛陀善于方便说法，具足慈悲和智慧，针对众生八万四千个烦恼，宣说了八万四千个对治法门。所有烦恼的根都在三毒之中，因此，八万四千个法门也可以归入到三藏或四藏之中，贪欲烦恼的对治法有二万一千部律藏；嗔恚烦恼的对治法有二万一千部经藏；愚痴烦恼的对治法有二万一千部论藏；三毒共有的对治法有二万一千部密宗法藏。所有三藏法门宣说的内容都离不开戒学、定学、慧学三学，戒、定、慧三学可以包容一切显密道法。微妙佛法还可以归入到教、证二法之中，其中教法为三藏法门，证法为三学内容。

我们学习佛法，首先要闻学佛语经典和传承大师们的论述著作，其次要对所闻学的法义进行认真地思考和分析，然后要把思维分析得出的结论真义用于实践修习。这一切就像爬楼梯，要从低处一个台阶一个台阶地往高处爬。我们先要接受别解脱戒，这个别解脱律仪可以分为男居士和女居士、正学女、沙弥和沙弥尼、比丘和比丘尼、近住共八种。这八种戒律如果被殊胜愿心所摄纳，那就成了大乘别解脱律仪。

用厌离轮回之心来接受别解脱戒之后，我们要闻思和修持声闻法门，然后以圆满仪轨接受菩萨戒。菩萨戒有两种，即从弥勒佛传至无著菩萨的广行派和文殊菩萨传至龙树菩萨的深观派。我们在受戒时，可以接受其中的任何一派。受完菩萨戒，我们就要闻学中观法门，印证人无我和法无我。最后要接受无上殊胜密法的灌顶，闻学果位密宗胜法，并在努力修行中获得无上断证功德。

显密佛法的修学次第是先学显宗，再学密宗。对于显密佛法和大小乘佛法，我们不能把它们看成是几种互不相干、根本相反的不同法门。就像一种疾病根据患者的年龄大小不同，而采用不同的治疗药物和治疗手段一样，众多佛法也是根据众生不同的根基和悟性宣说出来的。但是，我们必须肯定，所有的佛法都能成为一个人开悟成佛的正道，其中从来就未曾有过相互矛盾的内容。如果我们不懂得这个道理，那么我们只能以盲人摸象的方式学法修法，其结果一定与迷失方向的外乡客一样，永远也到不了目的地。在没有任何得道征象和功德表现时，我们很容易丢失正道，偏离心法。

对于修学大乘佛法的人而言，主要任务就是修证二业任运成就的圆满佛果。修成圆满佛果的主因是微妙菩提胜心，诸佛的遍知智慧也是从慈悲心和菩提心中产生的，方便道法的作用只能是令其圆满成熟。产生菩提心的根本原因，在于认清轮回本性为痛苦，相信轮回众生曾经是自己的父母，知道众生父母与今世的父母一样恩重如山。如果我们只求自己一个人解脱，不为众生着想，那是自私自利的行为，因此，我们要有报恩于众生父母的心愿，要有使众生幸福快乐的慈心和让众生永离痛苦的悲心。如果我们自己没有产生真正的菩提心，那么，无论我们修学什么样的殊胜道法，都不可能得到任何正道真功德，这与纸老虎、假油灯一样徒有其表，没有什么实际作用。

修学佛法的人，首先要有厌离心、菩提心和清净正见。在此基础上积累二资粮，勤修三学，常具四无量心，坚持行十善、六波罗蜜多法。最后，可以把解脱无上佛果在即身即世修炼成就，并可以向污秽轮回苦海说一声再见。这便是无与伦比的永恒快乐之寂静。

第七章 迈向恒久快乐的步伐

从无始轮回到今天，我们在无尽的轮回流转中忙碌不停，从未有过闲暇时光。前生前世的所作所为，就像昨夜的一场梦，总是处在连续不断的迷惑和没完没了的行动中。我们可以试问一下自己，我到底是谁呢？在寻找答案的过程中我们发现自己的名字是父母取的，不能说名字就是“我”。我们身上的血和肉等物质成份，是各种微尘元素的聚合体，这和泥土塑造的人像没有什么差别，在其中也无法找出“我”在哪里。再看看我们的心识，它一直处于迷惑不醒悟的无明中，今世它投入到人的身体里，我们就认为它是人，前世它曾投入到狗的身体里，我们应该说它是谁呢？下一世它投入到蛇的身体里，我们又说它是谁呢？面对变化多端、辗转投身的心识，我们永远也得不出一个肯定的结论，更不能把广泛纳入轮回习气的无明心识说成是“我”。还有，对于“心识”我们永远也无法说明它是什么东西，我们怎么找也找不出它的形状、颜色和大小来。

其实，我们所执着和维护的“我”，就是由迷惑“心”假立产生的。我们认为是“我”的主要组成部分是身、口、意三门，其中身就像奴隶，口就像信使，意就像国王。如果我们的心能够进入无迷正道，那么我们的身和口，就可以随之自然而然地进入清净正道，并且可以消灭从“我执”迷惑中产生的所有痛苦。

在心向善法、破除迷惑之根——“我执”的过程中，首先要皈入佛法胜门。皈入佛门时需要知道佛法由灭、道二谛组成。所谓的“灭谛”，就是指涅槃成佛；“道谛”，就是指涅槃成佛的道路。要取得最终的觉证佛果，就必须首先学修得果之因——佛法。求取佛法，要依靠通达所有法门的善知识。在依止善知识学修佛法时，为了结下善缘，要对佛法和开示佛法的上师进行礼敬供养。在闻学佛法的过程中，特别重要的是要有三善（初善发心、中善无观、后善回向）胜因。

三善之中的初善是为方便修法而大发愿心。要发愿：我要让众生脱离痛苦因果，将众生置于圆满佛果位，为此我要闻学佛法。这个愿心就像铁钩，可以让善根胜种得到很大的提升。

三善之中的中善是为了使善业不被恶缘抵消而正行修无观。要领会基位大中观、道位大手印、果位大圆满三者的见解。初入佛门的人，其观点能够接近以上三见解，就可以视为正确。所有世间诸物，虽见其有但没有真实本性，一切就像魔术、梦幻、海市蜃楼、水中月影一样应视为不实之物。对佛法闻、思、修时，要集中身、口、意三门的所有精力。

三善之中的后善是为增长善业而进行回向。当修法行善告一段落时，如果不立即把善业回向给利他成佛之业，那么体受一次善报后善业便会消失殆尽。还有，累世累劫积聚的善业，会被刹那的怒气破坏消灭掉，对善行产生懊悔或炫示善业，也会使善业减少或毁灭。为使善业不受破坏，回向时要有修法者、所修的法、修法行为三轮虚无、空性的领悟心，在此心与慈悲菩提心无二和合中回向、发愿。换句话说，就是在正见的引导下以三轮体空之清净心回向，这种回向法是无毒清净回向。

接近无毒回向的回向法：观思我在三世累代中所积累的善业、佛与佛子们所拥有的无漏善业，以及众生具有的全部有漏善业都合为一体，为了使众生都取得圆满佛的果位，遵照从前佛与佛子们以三轮清净之心回向善业的方法，我也把善业回向给众生。

以上三善，是皈入大乘法门者修取解脱佛果的微妙三法宝。

产生广大愿心菩提心，等起利乐众生、具足二业的微妙菩提心之后，要生发广大方便深密等起之心，即宣听密宗金刚乘法门时，要观想上师、眷众、法、处、时五者圆满。

如果视上师为普通凡人，那么这个人将不会修出任何成就，所以，在五圆满之中首先要把上师视为真佛。上师的智慧密意为法身，其智慧幻化相为色身，法身和色身无二和合为双运金刚身；明空为身金刚，响空为语金刚，觉证为意金刚，如此具足三金刚本性之上师是九皈依境的性相。

眷众圆满：因为众生都具有佛性，未来都可以成佛，所以，我们应该视学法眷众为空行勇士和空行母。处圆满：清净上师和眷众不可能在不净之处安住，所以，我们应该视师徒传法学法之处为无上密刹佛国。法圆满就是光明大圆满法等。时圆满就是恒常无断时轮。

这五圆满本原具在，我们要做的就是认识它，并且于其中观修万物清净圆满。

具足以上等起心的人，其行为之中应断除闻法三过：不听取之过、听而不记之过、法与烦恼和合之过。

不听取之过就像容器口朝下，无论从上面倾注多少水，都不会进入容器内，这种人无法听受所传善法。因此，上师讲经传法时要认真细心听取。

听而不记之过就像容器有漏洞，无论往容器内倾注多少水，都会漏光无余，这种人不能领会佛法的深密要义。因此，要在心中深刻领会和记住佛法的心要义理。

法与烦恼和合之过就像在美味可口的食物里放进毒药，吃得越多中毒越深，这种人听闻到的佛法不能成为烦恼的对治法，相反，法学得越多烦恼越多。因此，听法学法不能有烦恼邪执。

听闻佛法时还要断除傲慢、无正信、无欲乐心、心识外散、内收昏沉、疲厌等六垢，还有记词不记义、记义不记词、不解句义而记、错记、前后混淆而记等五不记。

听法学法要依止四想，这四想分别是：把自己看作病人之想，把佛法看作良药之想，把依法修行看作治病之想，把传法善知识看作良医之想。

听法要听取六波罗蜜多法，学法也要学修六波罗蜜多法，这样宣说和听闻佛法将能得到无量不可思议的功德。一个畜生若能听到传法的螺号声，也可以从恶趣中解脱出来。如果有机缘能够闻法思法、依法修行，那是最有福份的人。

修学佛法不能只做表面文章。自己宣称我要奉修佛法，别人也把你当作修法之人，这样从表面上看来你算是个修法之人，但是，作表面文章并不能断灭过障，也不能增长功德，更不能取得解脱佛果。一个具格的修法者，最终要用领悟无我的智慧来破除我执，用验证慈悲藏空性二谛无分的胜义智慧来取得二身双运的佛果。要取得这样的佛果，必须积累福慧二资粮，而且，最重要的是先要有信心。信心就像种子，如果种子被火烧过，就不会生根发芽，没有信心的人，不可能生出菩提之绿叶，更不可能结出妙善白法之果。

佛祖教导我们“胜义”要由信心来领悟证取。信心分为清净信、现求信和胜解信三种。

清净信是欢心于上师三宝，乐于随上师三宝修学，净信上师三宝的功德，在心中没有丝毫的疑心杂念。这个清净信就像年轻人遇见红颜知己，爱慕之心顿时从心底深处涌现出来，任何阻力都抵挡不住。

现求信是在渴望脱离轮回，渴求涅槃之恒久快乐的前提下，乐于求取世俗所见善法、胜义智慧善法和双运无别善法，并且对万法能够正确取舍，这个现求信就像商人求利经营。

胜解信是对基、道、果诸法深信不疑，坚信宣说基、道、果法的教言是无伪真言，然后在这个基础上学修基、道、果诸法。胜解信就像秋天的果实，人们在确信硕果累累的前提下，才进行秋收劳作。

具足以上信心有许多功德：信心就像肥沃的土地，有了沃土才能使菩提种子生根发芽、开花结果；信心就像大海中的航船，乘船可以渡过轮回苦海；信心又像保护神，护送你安全越过烦恼敌阵；信心像千里马，送你到解脱佛国；信心像如意宝珠，让你心想事成；信心像勇士，能够战胜所有恶业。没有信心，功德再多也像美女失去双眼。所以，信心是生长一切善法的基础，有了信心，才能得证诸佛智慧。

首先，要以信心来依止指明正道的上师，以信心来依靠随上师修法的道友。其次，要用信心来听闻佛法，然后把听到的法义进行认真地思辨和修持。最后，要用信心去求取微妙菩提——诸佛的智慧，并且引导有缘众生进入解脱正道。在大海中航行要依靠好的舵手，同样，修法路上要依止指明正道的导师，才能证取无上解脱佛果。我们从用信心依止上师，用信心朝拜佛像、佛经、佛塔三佛田，用信心礼敬和绕转等来积福除障开始，直至修习究竟道法，要用非盲从迷信的理性胜解信心去寻求无伪难得、得则具有殊胜意义、此生能够心想事成、往生得到恒久快乐、胜过传说中如意宝珠千万倍的皈依对象是一件非常重要的大事。

从轮回到涅槃的所有因果万法都包括在苦、集、灭、道四谛之中。就像不食有毒物不生疾病一样，如果没有集因——恶业与烦恼，就不可能产生三界轮回的痛苦苦果。同样，如果能够修成道因真谛，那么就可以证得涅槃智慧灭谛。

在进入恒久快乐之门的路途中，我们可以采取多种方法行路。下士或勇气小的人，在认知三恶趣为痛苦世界的前提下，有了出离三恶趣的心愿，并在此基础上断舍十恶和修取十善，或者修炼禅定，从而修得天人胜果，脱离三恶趣痛苦。中士或勇气中等的人，在认知三界六道轮回为痛苦世界的前提下，用出离心和戒律严格约束自己，通过修炼禅定和断除烦恼垢障后证得人无我，断除部分所知障后证得部分法无我，从而取得阿罗汉果位，步入解脱涅槃妙道。上士或勇气大的人，在出离痛苦轮回和独自解脱有寂二边的前提下，了知业、烦恼、所知及习气都是应断垢障，用体证道谛、胜义二者无我的智慧来成就佛果法身，这是唯一的无垢正道。

产生轮回痛苦的根本原因、毁坏解脱种子的恶敌、集谛业缘和烦恼的根源就是——我执。所以，我们要努力修学我执的对治法——无我智慧，这就像没有魔术师后所有魔术幻相自动消失一样。尤其要修学无上极乘妙法大圆满究竟离戏本原法性，要超越以念治念，要在智慧本原解脱法界中断灭业缘、烦恼、所知及习气，从而即身成就佛果法身，这是最殊胜的修行方法。在修法历程中的远道、近道、捷道和最快妙道的快慢分别，就像我们爬行、步行、乘车和坐飞机，有着很大的差别。修习捷径妙道之法，可以让我们在较短的时间里获证佛果。

第八章 魔术游戏般的无常

我们的眼、耳、鼻、舌、身、意所对应的境界色、声、香、味、触、法，都是无常而且必将灭亡的东西。我们的眼睛所看到的色物，无论大小都是由“四大”作为基本因素的聚合体，而且都是无常、不断变化的物体，就连物质的基本组成成分“四大”也是在不断地生灭变化之中。由微尘堆积而成的坚固高山大地和大海湖泊围绕的世界都会有毁灭的时候，同样，日月星辰等所有无生命和有生命的万物，都将会发生变化直至毁灭。

为什么一切万物都要发生变化直到最终毁灭呢？因为它们都有从初始到形成的过程，有成必有坏，有生必有死，世间万物都必须遵循这个自然规律，无一例外。万物的生灭过程，不仅有开始生的时候和最后灭的时候，还有刹时不停的变化过程。我们从儿童到老年的巨大变化，是众多刹时变化积累的结果，是在长期不断变化的过程中逐渐变老的，而不是突然有一天变成了老人。

在谈论以上问题时，我和你的寿命又失去了几刹那，我们又向死亡迈进了一步。其实我们的这个血肉身躯非常脆弱，它无法忍受微小的寒暑变化，碰上锐器它会划破，撞上硬东西它会破碎，强力拉扯它会撕裂，就算小心放置也会染上四大疾病而死亡。甚至有时候，吐完一口气之后无力再吸纳另一口气而中途死亡，顷刻间活人变成了死人。不仅我们脆弱的躯体如此变化无常，就连坚硬的岩石，和此劫形成以来所有的山河大地，也在刹时之中变化生灭。

眼睛所能看见的大小色物在变化无常中生灭的同时，我执的对象——身体也在无常中不停地变化生灭。同样，耳朵所听到的声音就像空谷回音，也是变化不实，还有香、味、触、法也无一例外地不可靠、不坚固、不恒久。我们自身的意识活动和上述色、香、味等一样没有任何真实可靠的成份，就连我们每个人的人生旅程也像昨天的梦，昏沉不醒，一片迷妄。

如果我们是朝着同一目标前进的旅伴，而且我们都是被迫踏上这个旅程的，我们的路又是伸向虎豹之穴，那么我们一定都很害怕，一路上我们都会想着前面即将遇上的凶猛虎豹。而我们即将面对的死亡，其实要比凶猛的虎豹可怕得多，在这种情况下，我们不去思考怎样迎接死亡，反而无忧无虑、悠闲自在地生活，这种迷妄和勇气是无论如何也不应该有的。

在这里，我想说一件我自己亲身经历的无常事实。

我小时候身体比较瘦，眼睛又大又亮，突出的两颊格外显眼。到了中年，我的身体结实健壮，面部圆黑发亮，牙齿洁白整齐，一双明亮的眼睛炯炯有神，人们都说我长得很英俊。但是，一桩意想不到的突发事件在一九八二年的秋末发生了，一场车祸把我伤成了丑陋的模样，从此我便成了看起来令人生畏，听起来让人悲伤的人。母亲倍加爱护的宝贝，佐钦寺僧俗信众敬仰喜爱的活佛，成了身上有终身残缺的残疾人。

那年秋天，为了完成佐钦寺的弘法利生大业，我准备起程前往印度。在没有上路之前，我在大雪山前的岩石上烧了柏香净烟，并且在供塔上挂了适应自己属相的蓝色彩旗，以及其他各种颜色的风马彩旗。我还大声诵念经咒，围着供塔右绕了三圈。当我向空中抛撒五色风马彩纸的时候，看见东边的彩云正伸向南方，有一只雄鹰在彩云边展翅翱翔，我的心顿时激动起来，顷刻间想起了很多悲喜交加的往事。待我重新镇定心神时，我提醒自己不要忘记所肩负的弘法重任，并在心中暗暗向佛与佛子发愿、祈祷，我还以虔诚之心暗暗领受了微妙菩萨胜戒。

在烧供净烟、祈愿顺利的那一天，我以无比真诚的敬信心呼唤十方三世诸佛与善法护法神众、吉祥天地山神，祈求诸佛诸护法神助我一臂之力，保佑我早日完成弘法利生的事业，不负前辈大德们的重托。之后，我便乘坐北京吉普车，驶向了高山峡谷中弯弯曲曲、坎坷不平的土路。

我和驾驶员以及几位同伴上路的第二天，当我们在黎明前的熹微中开车行驶时，遇上了前方一位黑脸姑娘，她正好背着空木桶去背水。按照我们藏族人的传统习俗，行路人遇上空木桶是很不吉利的征兆，但我们都没有把这件事放在心上，我还平静地念诵着藏人常念的本尊禳解文。当我们越过高山，进入异地他乡的那一刻，一股强烈的西北风忽然吹得天昏地暗，当时我们的吉普车正疾速往山下飞奔。突然，一辆解放牌货车也以飞快的速度迎面向我们冲了过来……撞车之后，我们的车被挤压成了一个铁球，致使伤员从车里取出来也非常困难。

就在撞车的那一刹那，我只听到了一声铁与铁相互碰撞的巨大咔嚓声，瞬间我便感觉到全身的血液往头部涌去，一阵剧烈难忍的疼痛，使我立刻昏死过去。在昏迷中，我感受到了快速展现出来的死亡次第，一时的休克濒死中我还体验到了本原光明的显现。就在智慧与心念分离，距生死之间只差一步的那一刻，由于蒙受上师本尊的加被、诚心净谛的护佑和从前发愿的助力，使我又从昏死休克中苏醒过来。当我以明、增、得的次第从昏死返回到世间之后，我经历了从昏迷模糊到神志清醒的全过程，并有了一生当中生死不止一次的无常体验。

没有撞车之前，我的四肢五根功能发挥正常，身体非常健壮。撞车之后，我满脸的伤口流血不止，勉强能够睁开的右眼只能看见一片红光，而左眼用力睁都睁不开。当时，我用鲜血写下了一首“无常”诗，我要用这首血诗提醒后人常思无常。现在，我的左眼已经残废了，左腿因骨折而落下了行动不便的后遗症，这是降临到我身上的、真实演示无常规律的无常上师。

作为接受过上师的教导和熟悉佛法义理的人，我没有怨恨自己遭遇的不幸，相反，我时常发心用此遭遇把我的快乐和善业布施给众生，把众生的痛苦和恶业转移到自己的身上，让一切如母众生的所有痛苦，从此消失净灭，并且在众生的心中植入解脱的种子，使众生能够很快往生到极乐世界里。尤其是那个开车冲向我们的货车驾驶员，他和其他众生一样渴望快乐、厌恶痛苦，我发心祈愿他不要在这一生和往生遭受业报。我进一步大发愿心,愿所有与我结下善恶因缘的众生,都能获得菩提心的滋润。为了把愿心实践在行动中,我多方请求免除驾驶员的所有责任,不要给他任何惩处。

经过一段时间的治疗以后,我拄着拐杖拖着残疾的身体继续上路,没有退缩,没有畏惧,终于完成了肩负的使命。

无常就是这样,一个健康正常的人,顷刻间就可以变成皮开肉绽、伤筋断骨的残疾人。这个地球上的很多人,过的是富足的生活,年轻而且充满朝气,他们根本不会想到无常和死亡。但是,当一次又一次的突发遭遇降临到他们身上时,他们当中的很多人便会突然丧命,这样的实例举不胜举。我所经历的濒死经验告诉我:无常存在于随时随地,死亡每时每刻都在召唤着我们。

我们因为有前世累积的福德,所以能够在今世获得暇满人身如意宝。与其他众生相比,在数量上人类是非常稀少的,在智慧上人类是超群的,能得到人生就像在针尖上累起豆子一样稀有难得。来到人世间之后,我们与业缘相互关联的父母、亲友和子女共同生活在一起,这期间虽然有许多快乐和幸福,但也有很多失意和痛苦。当与父母亲友短暂离别时,我们的心便会忧愁伤感,当我们得了重病或即将死亡时,我们的心又会悲痛欲绝。因此,我们要经常想到自己将会有生病和死亡的时候,并且要考虑如何才能圆满结束这个自己倍加珍爱的生命和躯体。

我们当初由于父母的精卵结合而被生下来的时候是小孩子,然后经历了少年和青年时期。今天,我们当中的许多人已经进入中年或迈入老年。随着岁月的流逝,我们将一天又一天地走向衰老,我们身体的变化将越来越大,我们机体的四大平衡协调能力将越来越差。当四大失衡而生病时,我们已经临近死亡了。虽然死亡很可怕,许多人甚至害怕提起“死亡”二字,但是,我们必须面对死亡,因为任何人都无法回避走死亡之路。从前来到世间的皇帝、皇后和宰相等人中显贵,虽然他们拥有至高无上的权力和主宰一方的能力,但他们却没有办法不走死亡之路。就连任意驾驭气心的大成就者,也显示了涅槃人灭之相。我们的这个躯体就像水泡一样的脆弱,经不起任何大风大浪的冲击,对此我们还能找到什么可信赖之处和能够恒久不变的东西呢?

当然,我们都知道我们终有一天会死亡,但是,我们却把死亡的那一天想得很遥远,我们总是认为现在还不是自己死亡的时候。如果我们固执地把死亡当作遥远的未来事情,那是非常危险的,因为人生的寿命谁也无法猜定,当死期到来时,谁也得不到事先通知。我们不知道自己是明天死还是明年死,我们也没有把握不会在今晚就死去,我们无法肯定死完一个月后不会投生为可怕的畜生。尽管如此,我们就像被牵进屠宰场的牲畜,除了等待死亡,没有任何其他可以改变现状的办法。

在《佛说胜军王所问经》中这样说道:"胜军大王,如果四周坚固高大的山都往内坍塌,那么其中的草木和动物,很难从灾难中快速逃离,或用武力征服灾难;或用财宝收买灾难;或以药物制止灾难。同样,众生也很难从生、老、病、死四怖畏中快速逃离,或用武力征服怖畏;或用财宝收买怖畏;或用药物制止怖畏。"诚如佛祖所宣说的那样,我们的寿命流逝得很快,和闪电、滚石、瀑布一样一瞬即逝,我们确实没有很长的时间可以安心居住于人世间。因此,我们一定要努力实现暇满人身的重大意义,这件事情已经迫在眉睫,必须赶快行动。修习善法之初,需要修学的秘诀便是观思人生无常。在大圆满龙钦心髓妙法的经典中,遍知大师吉美林巴宣说了如下开示法语:

如果我们之中的某个人,突然来到一个大沙漠的中央,沙漠中不仅见不到行人的踪影,而且看不到任何飞禽走兽。狂风肆虐中,只有枯木干草在作响,干旱广阔的沙漠显得异常荒凉恐怖,孤独的人一定会感到伤心和绝望。

就在这时,这个人突然看见有两个人朝自己走来,他不知道那白色的男人和黑色的女人来自何方。待他们走近时,两个人同时告诉他有一个叫做六聚幻化城的地方,那里有许多如意宝贝,希望他能够一起乘船过海,前去取宝。这个人同意了。

当他们到达海边的时候,只见大海广阔无边,海面上波涛汹涌,海里有许多鲨鱼等众多凶猛可怕的食肉海兽，遇上这些海兽，人人都必死无疑。惊恐之余，这个人很想马上逃离，但又想得到宝贝，想来想去他还是心惊胆战地上了船。

当船到达大海中间时，海面上突然刮起了狂风，令人恐惧的狂风把他们手中的双桨顿时吹成了碎片，巨大的海浪把船抛入空中之后，又好像要把船拉入海底。此时此刻，他们想逃离却无处可逃，高声呼救也没人应答，想抓住船只不放又无济于事，死亡以迅雷不及掩耳之势强行降临到了这个人的头上。以前虽然知道死亡终将到来，但他并没有为死亡积修善法，如今子女、财产、家人和亲友即将与他永别，世间所有的一切都不能给他带来一丝一毫的帮助。在恐惧和无助中，束手无策的他只有绝望地嚎啕大哭。

就在这千钧一发的时刻，对面当空，恩重如山的上师化作莲花生大师的威仪之相出现了！上师告诉这个人说："你从前视轮回苦海为如意宝洲，根本不会想到为死亡积修善法，如今你的攀缘执着是从根本无明中产生出来的，引诱你的一男一女是俱生无明和遍计心识，你身处的大海是无边轮回苦海，你乘坐的船是犹如水泡般的有漏幻化身躯。划船的双浆突然破碎，是日夜相续的人生寿命到了尽头，再也无法弥补延续。善男子，今天你不仅要面对死亡，而且要接受先前所积的黑白善恶二业的果报，你准备如何面对这即将发生的一切呢？"

于是，这个人就在痛苦和惊慌中诚心诚意祈祷上师，祈求上师恩赐加被。绝望的人终于得到了上师的护佑，上师从心际放射出绳索一般的光芒，当光芒照到这个人的心际时，船彻底翻在了海里，同时他的身体与心识分离而死亡。这个人死后，就在三身宝莲光明宫中，证得了与莲花生大师无二无别的佛果。

吉美林巴大师要求我们：对遭遇同样厄运和遭受恐怖折磨的众生，要有救度之心和能够修成救度能力的宏愿。今后，我们要把三时诸念置于无执无著的境地，让念想自由放松，不加取舍执著。我们还要在各境各域，都分别放置守护神——正念。

邬金莲花生大师要求我们这样观修：在一个山口朝北的大山沟里，自己不知道自己来自何处，那里既没有行人，也没有任何生命活动的声音，四周一片黑暗恐怖，只听见瀑布河水哗哗飞流，狂风呜呜吹扫，枯草在风中凄凉地颤动。太阳快要落山了，高耸入云的山崖边，不知从哪里飞来的乌鸦在呱呱乱叫。人在其中，忍不住大喊大叫起来，面对空谷诉苦道："孤独的我，没有朋友作伴，不知道该往哪去？我的故乡、父母、子女和所有的财产，此时此刻都在哪里呀？我还能回到家里吗？"

悲伤迷惘之中，踉跄走路的自己，一失足从悬崖上掉了下来。就在往下掉的过程中，看见崖石缝里长有一把青草，于是拼命用右手抓住了那把草，吊在了悬崖中间，从未有过的惊恐令全身上下都在不停地颤抖。往下看是万丈深渊，往上看是直指云天的悬崖，陡峭的悬崖侧面平滑得就像一面镜子。

狂风还在呜呜地吹个不停。突然间从右边岩缝中出来一只白鼠，爬到那把青草边，啃下一根草后叼着走了。接着从左边的岩缝中又出来一只黑鼠，它和前面的白鼠一样啃下一根青草后叼着走了。就这样，两只老鼠轮流啃草，眼看着青草越啃越少，马上就要啃完了，自己很清楚这样等下去不会有什么好结果，但又没有任何能力赶走那两只老鼠。

死亡已经在一步一步地向自己逼近，心中害怕至极，身体颤抖得越来越厉害。这时心里在想："可怜呀！今天我就要死了，没有任何逃脱的机会。只可惜此前没有思及死亡之事，也没有积修善法，往后要去的地方一定非常可怕，如今我没有任何准备，而且根本没有料到今天就会死去。现在，死亡已经突然降临，从今天起，我不得不和子女、亲友、财产等世间的一切永远分离，再也不可能相聚了。我就要进入到从前未曾到过而且又非常可怕的陌生地方，这一切将是多么恐怖呀！我还能想出办法避免一死吗？"想着想着，自己便忍不住尖叫号哭起来。

正在痛苦和绝望中垂死挣扎时，对面当空，突然出现了自己的根本上师。上师慈眉善目，端坐在莲花宝座上，手里拿着鼗鼓和金刚铃，身穿六种庄严骨衣。上师对自己开示说："有为之物皆无常，都在顷刻间变化生灭。人生寿命就像从山上滚下来的石头，一瞬即逝，很快便会寿终命绝。不明白这个简单道理的众生，实在是愚痴到了极点。如今，你无法免此一死，还望你能够对上师产生清净的敬信。"

听到开示以后，自己顿时醒悟。心想早知有今日的下场，当初一定会努力积修善法，事到如今，后悔也没有用，无论生与死，一切愿听上师三宝的安排。自己还暗暗祈祷，希望上师能把自己从悬崖边救走。想到这里的时候，只见上师从心际放射出一道光芒，光芒照至自己心际时青草断了，自己立刻被那道光芒送入极乐世界。到达极乐世界之后，从自己的心际再放射出无数道光芒，把三界众生也全都带入极乐世界。这样观想时，心中要充满慈悲感。

如此观思各种死亡情景之后，对待死亡再也不能仅限于有所耳闻或知道会死，要时常观思死亡。观思死亡的做法可以视为心法的修持，没有修成这个心要法门，就不可能修成其他任何殊胜道法，所以，一定要经常用心观思死亡。

第九章　虚妄和欺骗

我们从早到晚、从年初到年末、从出生到死亡一直在不停地忙碌着，目的只有一个，就是希望给自己创造安乐。我们积攒大量衣食财物，希望享用它来给自己带来快乐。我们用一生的时间做准备，却在准备工作还没有做完之前，生命就走到了尽头。忙碌一生并没有给我们带来快乐，到头来一切准备工作成了枉费工夫，临死的时候后悔已来不及。

如果可以用钱财去购买寿命，那么我们首先应该购买永生不灭的寿命，然后再努力积攒大量的财富，这样才有足够的时间能够享用它。除此之外，在不知道自己能活多长时间的情况下，利用大量的人生寿命来做长远目标的前期准备工作，是自己欺骗自己的行为，而自己欺骗自己的危害，远胜过任何他人欺骗自己的危害。

我们所追求的幸福和快乐，归根到底就是想要保护好自己的身体，给身体创造舒适的外部环境。但是，一直忙碌不停地工作，不仅不能保护好自己的身体，而且还会直接伤害身心的健康，伤害身心健康就会危及生命安全。我们不停地忙碌和工作的目的，就是为了创造条件，延长寿命，享受人生快乐。但在实际生活中，我们的忙碌却总是无有止境，伴随而来的痛苦也就多如繁星。我们为寻求难以得到的东西而受苦，我们为担心失去已有的东西而受苦，我们为遭遇仇敌而受苦，我们为与亲友离别而受苦，我们为弱小无力而受苦，我们为失去高贵地位而受苦，我们为与人竞争而受苦，我们为夫妻不和而受苦……众多痛苦成了剥夺我们生命的杀手，而这一切都是自作自受。

我们居住的地球从形成之日到现在已有很多亿年的时间，其间曾经在地球上留忆下足迹的人不计其数，除了遍知佛能够知道具体数目外，谁都无法确切知道。逝去的人中肯定会有很多大学者、大权威、大富翁和大勇士等，前人和我们一样一生都在为轮回作业忙碌不停。当死亡降临到他们头上时，他们不仅要舍弃一生辛苦积攒的财物和父母子女、亲朋好友，还要抛弃自己的身体，两手空空赤裸裸地步入死亡大道。我们的祖辈也和先人一样，一生都在日夜不停地忙碌，从来就没有脱离轮回迷妄，他们一直都在做有利于此生的工作，可是还没等工作做完人就死亡了。现在，我们又步古人的后尘，正在向死亡迈进。

众生死后要面对什么样的苦乐境遇，取决于此前所积累的善恶业因，除此之外，没有其他任何能起作用的因素。我们今天在世的时候，为了达到经营盈利、得到荣誉或抗敌扶亲等目的，从贪欲和嗔恚出发，造出了很多迷妄罪业。想尽办法积攒的钱财引来了盗贼和敌人的贪欲，认为是享受的美味佳肴变成了毒物而招致死亡，倾力相助的亲友反目成仇，视为怨敌的仇人最后又变成朋友……轮回世事真是又多变又不可靠，一切就像昨夜之梦，都是虚妄和欺骗。在执着于毫无意义的虚妄假相而产生的贪嗔、苦乐、烦恼和悲伤中度过时光，是愚昧无知的轮回过患。

一切世间法就像魔术师表演的魔术，都是虚假不真实的迷妄诱惑，对此视为恒常不变的实相是我们的无知和终将后悔的愚痴。我们要在理性思辨的基础上，认清消灭我执恶魔和依修佛法才是正确无误的选择，要突破仅仅是认识或知道的范畴，要反复认真地观思自己的所作所为是在制造痛苦之因。这种观思方法在大圆满龙钦心髓法典中有如下的描述：

自己走到一个遥远的不知名的地方后，就在大山沟里迷了路，接下来不知道该往哪里走？就在这时，有八名陌生壮汉突然出现了，他们告诉你说："我们来自人称阿赖耶的黑暗世界，听说有一个离此地很多岁月路程的地方，叫做珍宝世界，那里有取之不尽的宝贝，我们要排除万难，到珍宝世界去取宝。"

对此，你没有表示反对，经过考虑之后，你决定跟随八位壮汉前去取宝。

在取宝的路上，你经受了寒风的吹打，闯过了猛兽出没的险关，渡过了大江大河。你空着肚子，拿人生寿命作赌注，日夜兼程地赶赴珍宝世界。在极度劳累中，你就要走到生命的尽头，头发和胡须洁白如银。就在生命的最后关头，你终于如愿以偿，到达了珍宝世界，并且得到了很多宝贝。

你万分高兴地返回家乡，走了离家只剩三天的路程之后，在一个叫做四相和合平野的地方，遇上了凶残可怕的强盗七兄弟。他们抢走了你辛苦得来的宝贝，扒光你的衣服，捆住你的手脚，并举着弓箭刀枪对你大声吼道："可怜的人，如果有上师就祈祷吧，如果有本尊就唤请吧，如果有空行护法就求助吧。你如果什么都没有，那就想想死亡大敌吧，今天你已经到了生死离别的时刻了。"

听了强盗的话，你吓得六神无主、呆若木鸡，心想："天哪！我以人生寿命作赌注，经过千辛万苦所做的取宝大业，如今已经成为枉费工夫，现在看来，我还要赔掉最宝贵的生命。在荒郊野外遭遇如此可怕的强盗，实在是无处求救，此前付出的沉重代价现在看来已经毫无意义，我还没有到寿终命绝的时候，可是死亡却以无法抗拒的力量强行到来。"想到这里，你忍不住放声痛哭起来。

就在痛哭之时，于对面当空，突然出现了具足四手印的邬金莲花生大师。大师首先以放收光芒的神通法力赶走了强盗七兄弟，然后对自己开示说："哦！可怜的有情，你把剧毒般的事情当作百味甘露而生出贪欲心。你遇见的八位陌生壮汉是心识八聚，你的心性智慧受到了心识八聚的欺骗。你所看见的珍宝世界是此生的快乐，它就像梦幻泡影，不是恒乐不变的东西。你所经历的艰辛和苦难是自取痛苦，是在制造迷惑之根。你的头发和胡须变成银白色，是在视痛苦为快乐中生命走向终结。你在四相和合平野遇到强盗而即将丧命，这是四百零四种疾病正在把你送入死亡的境地。哦！可怜的人，你因为贪恋世事而辛苦一生，但是到了今天，你所作的这些事情对你没有任何帮助，反而让你吃尽了苦头。你看看，你都做了些什么呢？"

听到开示之后，自己对此前的所作所为产生了极大的忏悔之心，领悟到此生的一切都是痛苦，于是，立即诚心祈祷邬金莲花生大师。这时，从莲花生大师的心际放射出犹如铁钩般的光芒，光芒照到自己心际的同时，自己立刻往生到宝莲光明佛国，并且成为救度众生的怙主。最后，把自己的心念置于轻松自然的境界。

我们要反复认真地观思以上内容，并且要领悟到为了此生快乐而做的事情，都是在制造痛苦之因。要把以上观思坚持修炼到厌恶此生尘事为止。为了断灭对此生的贪恋，邬金莲花生大师给我们开示了以下的观思轮回痛苦的方法：

最好是独自一人到非常荒凉的地方去，如果不能做到，也可以在自己居住的附近找一个地方，那里到处是残垣破壁，野草在风中摇动，四周充满了阴森恐怖的气氛；或者到一个到处是病人和乞丐在痛苦哀叹的地方；还可以到从前繁荣快乐、现在衰败痛苦的地方去。如果这些都做不到，也可以独自一人到一个安静的地方，身体安坐于垫子上，半盘腿而坐，即右脚足心着地，左脚盘曲而坐，右手手肘置于右腿膝盖之上，右手掌托起右腮，左手手掌盖住左腿膝盖。这个痛苦的坐姿可以于心中突生悲心。

之后，要观思众多轮回痛苦，并且要大声喊叫：“哦哟！轮回是痛苦，涅槃是快乐。”心里要反复默想：“堕入火坑般的轮回真是可怕，三恶趣的痛苦不堪忍受，而且无穷无尽，更没有一丝一毫的快乐，所以，从现在开始，不能再迷妄呆坐，要找出办法来脱离苦境。”然后要观想以下内容：

这个轮回世界变成巨大的火坑，广阔而深邃，滚烫如火山岩浆。以自己为首的众生在里面哭声震天，并以极度痛苦的声音喊道：“从无始轮回到今天，我一直在轮回火坑中焚烧，真是痛苦至极呀！”

这时，在头顶上方的对面当空，突然出现了自己的根本上师。恩师身着六种庄严骨衣，手持铁钩形光芒，对自己开示说：“哦！自从堕入无乐火坑般的轮回以来，现在是第一次有机会逃离苦海。三恶趣的痛苦无有边际，其中没有一丝一毫的快乐，现在正是逃离轮回火坑的时候。"

听到开示之后，自己立即思维："就在这轮回火坑中，自己从前被焚烧了很长时间，现在，应该听取上师的教导，由此使自己从轮回火坑中解脱出来，而且还要把众生也从火坑中救出来。"这样发大愿心的时候，上师手中铁钩形的光芒立刻照到自己的心际，刹那间光芒就把自己送入了极乐世界。之后，自己手中也有了一道铁钩形光芒，并用这道光芒把所有有情都送入了极乐世界。

另外，我们还要经常认真详细地观思一切轮回痛苦。

诚如莲花生大师所开示的那样，我们要坚持不懈地观思轮回痛苦，直至生出厌恶轮回之心。当对轮回世界产生出离心时，我们必然会修学殊胜善法，这可以看做是得生厌离此生的觉证。如果我们没有厌恶轮回，那么我们所修的法不会产生任何重大意义，不能算是清净的正法，从而很难令我们脱离轮回痛苦。

第十章　三苦囹圄

我们的所有感受都可以归入到乐受、苦受和舍受之中，这里要谈的痛苦也可以归类为三苦。我们平常视为快乐的东西，其实都不是快乐，而且最终都离不开三苦的范围。因此，"轮回无乐，厕里无妙香"这句话，成了含义深刻的哲理名言。

快乐和痛苦是相对的，二者相互转换时，不是快乐就是痛苦，上面所说的舍受，其实可以归入到痛苦的范畴里。我们轮回众生，从来就没有体受过无漏殊胜的快乐，所以根本就不认识什么是真正的究竟快乐。相反，我们还把痛苦视为快乐，在暂时减轻痛苦中获取快乐。俗话说得好，当身上疥疮发痒时，以挠痒痒来求得快乐不如不生疥疮真正快乐。

但是，自从恶业之因造就恶业果身以来，我们一直把痛苦视为快乐。譬如，狗吃人屎在狗的感觉里并不觉得肮脏，它肯定是把人屎当作美味佳肴来吃掉。同样，我们这些从未体验过真正快乐的人，根本就不认识痛苦的本来面目，反而常常执着地视痛苦为快乐。就像《格萨尔王传》中嘉察大将对弟弟格萨尔所说："无病之乐病时知，人生宝贵死方明。"我们与身边常见的畜生相比虽然很快乐，但与我们没有见过的天界相比，就如同畜生与人的差别。天界虽然是轮回世界中无与伦比的幸福乐园，但与佛国净土相比又有很大的差距。再者，禅定带给心灵的快乐也远远胜过衣食享受的快乐。所以说，我们要努力修学能够脱离三界轮回牢狱的方便法门，直到最终得证恒久快乐的解脱妙果。

三界轮回之中上有天、人、阿修罗三善趣，下有地狱、饿鬼、畜生三恶趣，这六道轮回的任何地方从本质上看都没有丝毫快乐，一切都是痛苦。佛祖释迦牟尼说：“轮回如针尖，永远无快乐。”虽然天人从表面上看好像有些快乐，但往深处看，还是没有一丝一毫的快乐。从共性方面看，我们人都有生、老、病、死之苦，针对个人来说又有各种不同的痛苦，比如：拥有时需要保护的痛苦，没有时渴望获取的痛苦，遇上仇敌的痛苦，与亲人分离的痛苦，父母先后去世后苦上加苦的痛苦，早乐晚苦导致坏苦的痛苦，三界轮回无乐行苦的痛苦等。细看轮回，一切都无一例外地处在三苦之中，没有一样超出三苦的范围。

我们自认为是快乐的东西，如果细心研究分析，都可以认定为痛苦。如果看一看三恶趣的痛苦，更是不堪忍受，可是业因造就的后果谁又能回避逃脱呢？

对于所有受苦的众生，我们要同情和可怜，要对众生发起清净无为的慈悲爱心。修持微妙道法的人，尤其不能只把慈悲爱心放在耳边和嘴边，要用真心去分别观想六道众生的痛苦，直到在自己的心中生起永恒不变的慈悲爱心。至于观想方法，大圆满龙钦心髓法典中有这样的开示：

到一个僻静之处，观想自己走进大雪山之中，那里遍地都是厚冰，暴风雪铺天盖地，雪山里的白天就像黑夜一样阴森恐怖。极度的寒冷使自己产生渴求温暖的念头，此念一起，刹那间自己便进入到热地狱之中，这个突然变化犹如做梦，令人难以置信。

在复活地狱里，四周平地都由烧铁筑成，四面八方都在燃烧熊熊烈火，和自己一样来到其中的有情，多不胜数。那里的有情要在火焰烧铁之中受尽反复生死的痛苦。复活地狱中的有情嗔恚炽盛，长期互相仇杀，刀砍矛刺的结果是全身伤筋裂骨，疼痛难忍；甚至有时候，因为疼痛过度而昏迷、死亡。但是，复活地狱中的有情不能一死了之，天空中会突然响起雷鸣般的吼声，这个声音刚一说出“复活”，地狱有情就能复活，身体也能恢复原貌，然后再重新开始仇杀、死亡和复活。复活地狱的众生寿量：人间五十年是四大天王的一天，三十天为一个月，十二个月为一年，四大天王所在的天界五百年是复活地狱的一天，这样计算复活地狱：三十天为一个月，十二个月为一年，此地狱众生需要感受五百年的痛苦。

当自己进入黑绳地狱时，凶猛可怕的地狱夜叉会在自己的身上弹上墨线，然后用锐利的锯子顺墨线锯解身体。在遭受剧烈难忍的疼痛中，自己不停地尖叫哭喊直到死亡。黑绳地狱的众生寿量：人间一百年是三十三天的一天，三十三天的一千年是黑绳地狱的一天，此地狱的众生需感受长达千年的痛苦。

从黑绳地狱逃离之后，自己又进入到众合地狱。在形状为象头、狮子头、山羊头和绵羊头的大石头中间，自己被夹挤成肉泥，就连细小的毛孔里也挤出了鲜血。剧烈的疼痛和所受的极苦，无法用语言表达。众合地狱的众生寿量：人间二百年是夜摩天的一天，夜摩天的二千年是众合地狱的一天。此地狱的众生需要感受二千年的痛苦。

从众合地狱中逃离之后，自己又进入到号叫地狱。当自己进入大铁房之后，铁门自动关闭，四面八方顿时变成火海，身体很快被大火烧成灰烬，在无法逃离的火烧苦受中，自己只有痛苦地号叫哭喊。号叫地狱的众生寿量：人间四百年是兜率天的一天，兜率天的四千年是号叫地狱的一天，此地狱的众生需感受长达四千年的痛苦。

受完号叫地狱之苦后，自己再进入到大号叫地狱。自己被关进双层大铁房内，完全无法从比单层铁房坚固一倍的双层铁房内逃脱，其中所受的苦也比单层铁房加剧一倍，是非常悲惨的地狱之一。大号叫地狱的众生寿量：人间八百年是乐化天的一天，乐化天的八千年是大号叫地狱的一天。这样，此地狱的众生要感受八千年的痛苦。

烧热地狱中的有情要在地狱中遭受长达一万六千年的痛苦。其中有烧铁戈从顶门直穿肛门，七窍中生出烟火。有时候还把地狱有情放进熔解的铁水之中，骨肉顿时熔化无余，剧烈的痛苦难以忍受。烧热地狱的众生寿量：人间一千六百年是他化自在天的一天，他化自在天的一万六千年是烧热地狱的一天，此地狱众生需感受长达一万六千年的痛苦。

极热地狱中的有情要在地狱中住上半个中劫，其时间无法用年数计算。当三刀串戈从头顶穿入时，中间一刀直穿顶门，左右两刀从左右肩膀插入；有时把烧热的铁片贴在有情身上；有时把有情放入熔岩铁水之中，骨肉分离之后顿时变成骷髅。进入极热地狱之中，痛苦加重百千万倍，更是不堪忍受，号叫哭喊声此起彼伏。

脱离极热地狱之后，又进入无间金刚地狱。金刚地狱中的有情在地狱里要住上相当于世界一次成、住、坏、空的时期，这个时期是由四小劫组成的一劫。金刚地狱里到处是火焰腾空、烈火燃烧，身陷其中被烈火焚烧，痛苦的叫声震天动地。在那里只是听见痛哭声，看不见有情身在何处。金刚地狱是极度痛苦的地狱。

在遭受以上难以忍受的痛苦之后，对面当空，突然出现了邬金莲花生大师，大师开示说："哦！可怜的有情，你嗔恚炽盛，从嗔恚之因出发，制造了众多可怕的恶业。由于你仇视胜境，对殊胜的人和事发泄气愤，所以现在正在接受苦果报应。今天，你要忏悔已做的恶业，对与自己一样受苦的众生大发慈悲爱心，要有自己一人承受其他有情所有痛苦的勇气，这样，你才有可能从痛苦中解脱出来。从前，佛祖释迦牟尼生为地狱大力士而拉车时，同伴因筋疲力尽无法拉动车而遭到地狱夜叉的毒打，佛祖释迦牟尼产生了极大的慈悲爱心，甘愿独自承受拉车的所有痛苦，请求地狱夜叉把同伴的拉绳拴在自己身上。地狱夜叉拒绝了他的请求，告诉他众生要各自承受自己的业报。地狱大力士被当场打死后，立刻往生于三十三天善趣，并且脱离了痛苦。"

听到莲花生大师的开示，要真诚发心：甘愿独自在地狱中为众生得到解脱而受苦，直到众生都脱离地狱痛苦。发心结束后，观想邬金莲花生大师从心际放射出一道白光，光芒照到自己，自己立即与莲花生大师和合无二，从而证得佛果，获得二业任运成就的威力。然后，再从自己的心际放射出光芒，刹那间救度所有众生都脱离地狱痛苦，于是，地狱里再无一个有情。

观想自己又走进炎热难受的大漠之中，当心中产生渴求凉爽的意愿时，周围刹那间变成了雪原冰山。四周大雪纷飞，狂风呼啸，到处是高耸入云的雪山。在雪山中间的狭长山谷里，和自己一样堕入寒疱地狱的众生，在严寒中全身上下都生出了疮疱，周身皮肉寒缩如泡。之后，渐渐进入更加严寒痛苦和寿命更长的寒地狱，其中分别有裂疱地狱、紧牙地狱、阿啾啾声地狱、呼呼声地狱、青莲裂地狱、红莲裂地狱和大红莲裂地狱等。观想受尽寒地狱诸苦。

在八寒地狱和八热地狱的周边，有近边地狱。在地水火风等住处无定的地方，有孤独地狱。然后，要继续观想自己在近边地狱和孤独地狱中受尽各种痛苦。

有些人因为深深贪恋自己的衣食财富，故而没有供养财物于福田，也没有给应该布施的对象布施财物，辛苦积攒的钱财没有发挥任何作用和意义。而对财富生出吝啬心之后，自己便投生为饿鬼。

观想自己已经投生为饿鬼，外障饿鬼偶尔看见远处有美丽的河水在流动，经过艰苦步行到达河边时，河水却由手拿各种武器的夜叉守护着，或者是河水变成脓液等脏物。

内障饿鬼长年累月得不到一点一滴的饮食物，要承受饥饿难忍的痛苦。即使偶尔得到一点食物，却因小如针眼的口中无法容纳而受苦；当少量的饮食进入口中时，又因细如毛丝的喉管无法吞食而受苦；当少量的饮食通过喉管时，又因无法满足巨大如山的肚子而受苦。此外，还要经受腹大如山、手足细如草、举步艰难等痛苦。

饮食障碍的饿鬼，当食物吞入腹中时，顿时变成燃烧的烈火而受尽痛苦。还有饿鬼吃饿鬼、冬天寒冷时太阳光也冰冷、夏天炎热时月光也照出热浪等很多痛苦。

然后，观想自己在承受畜生的痛苦。生在大海中的海洋生物和陆地上分散居住的动物，它们都要经受互相啖食、以大吃小、受别人驱使等许多悲惨的痛苦。

投生于善趣的有情也没有什么快乐。生入天界的天人到了临死前的七天会出现各种衰相死兆，天人具有的天眼神通能够预见自己即将堕入的恶趣世界和恶趣痛苦，从而痛苦不堪。

投生于人间的人，脱离不了生、老、病、死的痛苦，此外还有求不得苦、怨憎会苦、父母一起亡故等痛苦，人要承受的痛苦无法估量计数。

生入阿修罗道的有情，心中时常充满嗔怒和嫉妒，投入战斗之后互相割截肢体等等，受尽各种痛苦。

我们要分禅座次第观想六道轮回的各种痛苦。当自己受苦号叫时，观想对面当空出现了体相为莲花生大师的根本上师。莲花生大师对正在受苦的自己开示说："哦！可怜的轮回有情，你随意造作烦恼五毒业因，惟独不能放弃我执我重，由此造出的各种罪业现在得到了报应，正在遭受如此多的痛苦。如今，你要断除造作痛苦业因，认识到自己所受的苦是自己造出来的，是自作自受，要对恶业灭尽生出喜悦之心。你还要对受苦的他人生出慈悲爱怜之心，要修学殊胜菩提心，把别人的痛苦转移到自己身上，然后依修对治法。如果这样做，你将拥有解脱的机会。"

听到开示之后，自己开始深深地同情承受众多痛苦的轮回有情，发愿由自己在累世累劫中承受六道众生的所有痛苦，让六道轮回有情早日解脱成佛。就在发心结束的一刹那，观想自己顿时从遭受痛苦中解脱出来，一切怖畏和痛苦犹如幻梦一样消失于虚空，并且与邬金莲花生大师和合无二，证得正觉佛果。观想由自己放射的光芒，照至所有恶道众生，把恶道众生都领入四持明果地。然后，断舍一切心念，让心在无观法界中轻松安住片刻。

在观想轮回痛苦的过程中，我们不能成为观看别人割截受苦的旁观者，要亲自投入进去，让自己真实体验受苦的滋味。当观想轮回痛苦时，如果心中能够产生忧伤悲痛的感觉，那么就有了厌离心。如果再于心中生起脱离轮回痛苦的渴望，那么便有了出离心。所以，我们要对六道轮回中的如母众生产生慈悲爱怜之心，要断除罪恶黑业，供养三宝，努力奉行惟一白法善业。

为了观修暇满难得，邬金莲花生大师要求我们到虫穴蚁巢等有众多生物的地方去看看，然后在那里端坐身体，双足结金刚跏趺坐，双手结定印，观想以下内容：

外器世界犹如广大的天宇无边无际，其中处处都有遭受痛苦的无数六道有情。中央一座高大的岩山上面，静坐者只有惟一获得人身的自己。在陡峭的悬崖上面，危机四伏，自己随时都有掉下去的可能。此时此刻，心想：“在如此众多的受苦有情中，获得暇满人身的惟有自己一人，这都依赖于前世积修了善法，才能获得如此难得的人身，如果枉费虚度人生，那么将会堕入山下的痛苦世界中，而这难得的人身不久便会失去，之后的去路仍然只有山下的痛苦世界。”想到这里，心中顿时充满了恐惧和惊慌，嘴里忍不住哀号起来。

就在这时，头顶上空出现了自己的根本上师。上师的双手结施依印，对自己开示说：“哦！能够获得暇满人身的机会就只有这一次，所获得的人身虽然美好，但是不能长久不灭，因此，要想到即将堕入恶趣轮回的危机。今日得获人身之时，如果不能成就大业，那么今后再想得到暇满人身就非常困难，所以，你要利用这个人身，修证圆满佛果。”

听到上师的开示之后，自己要发愿心利用独自拥有的难得人身来脱离轮回痛苦，证得解脱正果，然后要救度山下的受苦众生，让他们都证得解脱正果。此刻从上师的心际放射出一道光芒，照到自己身上，自己顿时往生于极乐世界中。之后，再从自己的心际放射出无数道光芒，照至山下众生，把山下有情都领入到极乐世界里。这样观想的过程中，自始至终要对众生大发慈悲爱心。

经常具有慈悲爱心和努力修习善法，就一定能得生证觉和改变凡心，因此，发心修法一定要努力精进。一个有情修道和成就佛果，说到底就是彻头彻尾地改变这个有情的身心。

我们这些充满过患和一直处在迷妄中的人，当从受尽折磨和痛苦的迷梦中醒来时，所有的痛苦便会就地消失。修法成佛的过程如同噩梦苏醒，在成就正觉佛果的那一刻,所有的迷妄便会全部消失,展现在佛面前的新景象就是:清净智慧中具有的功德圆满和任运成就利业。因此,我们一定要把握好现在用小努力就能得到大成就的绝好机会,努力修法,争取即身成佛。

第十一章　永恒解脱的指路明灯

三恶趣的痛苦是不堪忍受的，三善趣里也有很多难以计数的痛苦。但是，我们不能在痛苦中感到绝望，不能认为没有办法脱离痛苦，因为佛陀有能力和办法把众生从轮回世界的各种痛苦中解救出来。

总的来说，众生各自的业果只能各自承受。一个有情的业债，即使由一千尊佛陀来帮助清洗，也不能洗脱掉。这不是因为佛陀没有慈悲心，而是无法破除众生各自的因果业报规律，就像一个人睡着以后，他所做的梦谁都无法阻挡。假如众生不必遵循因果业报的规律，佛陀也能随意救度众生，那么，具足慈悲爱心的佛，肯定早已散发慈悲光芒，在很多劫之前就把众生全都度完了。这样看起来，难道佛陀的慈悲爱心对众生不能起到任何有利作用吗？那当然不是，诸佛自从最初发菩提胜心以来，一直在施行利生事业，从未受阻和间断过。虽然佛陀无法用水清洗众生所造的宿业，也无法用手拿走众生的痛苦，更无法把佛陀自己的觉悟智慧移植到众生的心里，但是，佛陀弘扬的微妙善法，就像甘露妙药一样能够治疗灭除众生的烦恼五毒，使众生从轮回痛苦中解脱出来。如果有人问：佛陀现在不在人世间，甘露妙药般的善法向谁求取？那我可以明白地告诉你：甘药般的善法不在天界和魔界，也不在梵天等三界神仙和世主的手里，更不在世间的国王和大臣权贵们的手里。要求取甘药般的善法，就必须依止善知识上师和依靠善法良友，只有他们才能宣说微妙善法。

我们学法修法时，不能只是看经文和做样子，要像搅奶提取酥油和烧柴生起烟火一样，在学修佛法中通过实修实证取得实际成就。要得到取得实际成就的方法，就要听取上师的开示秘诀。诚如佛祖释迦牟尼在《显密大集经》中所说："要经常依止有学识修养的众上师，为什么呢？因为学修功德从中而来，这就像为医治疾病而依靠医生，所以，要毫不懈怠地依止善知识。"依止上师要依止具格上师，要在认真观察后选定具格上师。如果只是把具有上师名号和穿着红黄僧衣的人当作具格上师，那是非常可悲的盲目行为，因为其中一定会混有不少灭佛灭法者。佛祖曾经告诉我们："我的教法，一定由不是我而外表像我一样的人来灭掉。"

那么，我们应该依止什么样的上师呢？

可以依止的具格上师，首先应该是身心被三学调伏开化，在此基础上具足博学教法的教证功德，对众生大发慈悲爱心，施行利生事业无忧无怨、努力不懈。尤其是传授别解脱戒的上师或善知识，一定要具足戒律，并且受戒已过十年，在十年中未曾间断，戒规没有遭到破坏，还要具有博学净行的功德。传授不共菩萨戒的上师或善知识，在具有心地善良和举止温和等功德的前提下，应视众生为兄弟姐妹般充满爱心，把众生当作未曾相识的亲密好友，具足无量无边的慈心和悲心。传授密法的上师，要受过灌顶、恪守三昧耶戒、具足十真性和八自性等功德。

这里，特别需要说明的是传授大圆满法的具格上师。这个上师必须是大成就法脉传承的继承者，具有耳传听闻得度法的传承，熟悉前辈上师施行二业的方便德行，经过努力修炼之后获得大成就，把握自见之后能够任运驾驭他见，慈悲俯视轮回而引领众生于解脱佛地，得证诸佛密意之后具足三宝功德。尤其重要的是这个上师必须受过大圆满心法的灌顶，三昧耶戒清净无染，身心开化成熟，修持本原立断法和如意顿超法之后，证得修习法性四相的各种觉见，在此基础上还要有传承法脉的加被力。

在观察上师时，我们还可以采用惟一的办法，那就是观察他有没有菩提心。如果你所观察的上师具有真正的菩提心，那么与其结缘的人都能具足意义，所以，这个上师可以视为具格上师。

在现实生活中，我们可以把上师分为几种：一种是善于破除伪装的上师；

一种是传授不共密法秘诀的上师；一种是传授深密无生心性的根本上师。此外，还有本性本原上师、清净己心上师和明见示意上师等。

遇见具格上师之后，依止上师也要具备一些条件。这些条件是：有信心、能努力、有智慧、贪欲小、有礼节、行密法、守三昧耶戒和勤修习。具格上师和合格徒弟的会合就像拥有双翅的鸟一样能够轻易飞上蓝天，师徒二人修炼菩提胜法不会有很大的困难。

在依止上师的过程中，不能见谁依谁，要认真仔细地观察，认清是不是具格上师。常言道："不察上师如跳崖，不看徒弟如食毒。"徒弟观察上师和上师观察徒弟都非常重要。上师是带领我们走向解脱正道的导师，如果我们依止的上师是魔头，是带我们误入邪道的向导，那么我们不仅误了此生，而且还会造成永远无法弥补的巨大损失，使我们在很长的时间里，无法实现永恒解脱的目标。因此，我们无论如何要先仔细观察上师，这一点非常重要。

经过仔细观察而决定依止上师时，我们要有清净皈依的正信，要把上师的所作所为都视为微妙善行，永远不能有任何邪见。如果我们看见上师的某些言行欠妥，那是因为我们自己从无始轮回以来所具有的习气而产生的邪见，就像看见花绳误以为是蛇、患胆病的人看见白色为黄色一样。我们还要想到善星比丘对释迦牟尼佛生邪见的报应，以及无著观修弥勒菩萨时，因为没有净灭全部垢障，而看见弥勒菩萨是一条半身腐烂、浑身布满蛆的狗。

我们应该明白的是：佛的法身内明童子瓶身本原怙主，除了具足圆满断证功德的智慧才能觉见外，其余谁都看不见。佛的圆满报身除了十地菩萨能看见外，其余十地以下的任何圣人都无法看见。虽然佛陀从来没有抛弃和远离我们，但是我们现在还没有福份能够看见化身释迦牟尼佛，就像住进面向北方的山洞就没有机会沐浴阳光，我们的处境和根基决定了我们现在还没有机会得见三身佛。可是我们无需悲观和失望，佛祖在经续法宝里多次宣说，就在浊时，为了调伏刚强众生，将会有很多由佛陀化现为凡夫俗子相的上师。由此我们可以肯定，我们现在所依止的上师，从了义慧见的角度而言不能看做凡夫俗子，从给自己亲自传授秘诀而言，上师的恩德就已经超过了佛祖。就算佛祖亲自来到我们面前，他除了给我们传授步入遍知妙道的佛法之外，也不能做出任何更了不起的利生事业。所以，我们要以明事理的思想和虔诚的信仰来依止上师，从身口意三个方面行三喜来服侍上师。

从身体的行动方面，我们不能走在上师的右方和前方，不能踩踏上师的身影，不能踩踏上师的头发，不能踩踏上师的枕头和坐垫，不能拉上师站立时的手，不能听受上师的几句秘诀之后便坐入首席等；从口的说话方面，不能说上师的是非，不能污蔑上师，不能讥毁上师等；从心的思维方面，不能持与上师竞争的心，不能有伤害上师的心等。如果上师没有恩准，就是行善法也不能做，如果上师有要求，不管吉凶是非我们都要做到。我们要有听取深密秘诀并修习后，能拥有与上师同等觉悟的信心。在此基础上，我们首先因蒙受上师的加持而生起出离心，其次智慧显露，最后显现俱生妙证而胜义本原智慧脱离增益。从生起出离心到悟见心性智慧，我们一要做的事就是以行三喜的供养来服侍上师。

修学佛法不像学习一般的文化知识，学习一般的文化知识和科学技术，我们可以任意选择学习。在学习的过程中，我们可以通过拉关系和付金钱来多学知识，然后用学会的知识创造财富。在修学佛法的过程中，具格的上师和徒弟是为了救度众生脱离迷妄痛苦，是为了微妙佛法长驻于世而宣说和听学佛法的。皈依佛门和修学佛法不是为了短暂的此生幸福，而是为了灭除自己和他人世世代代的痛苦。仅仅有利于此生的文化知识学习的意义和重要性远不及学佛法的千万分之一。

今天，佛祖释迦牟尼的教法还在弘扬，还没有到灭亡的时候。就像过大河需要依靠善于掌舵的船长、盲人走路需要引路人一样，我们寻找和依靠善于指导正道的上师是非常重要的。在寻找具格上师的过程中，我们要在认真观察的前提下依止上师，不能先依止上师，然后再去观察上师。现在虽然没有真佛释迦牟尼在世，但是真佛的化身和真佛的法嗣还在世间，佛祖曾经亲口说过：

“阿难陀汝莫悲哀，阿难陀汝莫叫号。吾于往后末时中，化身显为善知识，将行利益汝等业。”为了调伏浊时化机众生，诸佛有意亲自化显成了善知识之相。

如果我们怀疑上师与普通人没有任何分别，认为上师的血肉之躯与我们的身体一模一样，上师和我们一样也要吃饭、穿衣，同样能够感受到冷暖苦乐，上师也一样要受生、老、病、死之苦……那么，为了调伏我等众生，以前佛陀也化显为人的身相，以顺应人的形相来教化人类。如果对于这一点没有任何疑问的话，那么现在如佛上师化现为普通人相，我们也不应该有什么怀疑。

人们非常看重金子、钻石等稀有金属和宝石的价值及高贵性，所以，我们通常把这些稀有金石镶嵌在密宗续部本尊圣众的佛像上，还把无量天宫想象成由七宝筑成的世界，这些都是顺应化机众生心理需求的应化施法。

如今，佛陀教法清净显密二道的讲修圣地，只有西藏一个地方。西藏不仅是佛法的老家和源头，而且还是出现很多善知识上师的宝洲。在世界范围内的各种文化学科中，能够圆满解决往生大业的理论，还没有能超过藏传佛教的，或者能与藏传佛教相提并论的。学修藏传佛教不能仅靠书本上学来的文字理论，还要有灌顶、授教、开示的传承和上师善知识的秘诀指点。在此基础上修学习炼，才能使自己与他人的身心得到成熟和解脱，最终取得法界佛果。因此，具有上述传承加被和修习觉证的善知识上师，可以当作佛祖的法嗣、佛法的宝藏和僧众的主尊，这是很难得的稀世珍宝。如此光彩夺目的珍宝，现在就在世界屋脊的雪域高原中，虽然数量很少，但任何无价之宝都无法与其相比，一切智者能人都应该清楚这一点。无论这世上有什么样的无价之宝，如果与善知识上师相比，都会暗淡无光。所以，在认真观察的基础上，依止一位具格上师，其意义是非常深远的。

在依止上师的过程中误拜伪上师的情况很多，所以，首先认真观察和仔细寻找是非常重要的。在藏传佛教这一世界明珠当中，根据时间先后和各自开山祖师传承的不同，分为以下几种传承教派：

从菩提萨埵、莲花生大师、法王赤松德赞师君三尊于西藏会合后传下来的法脉是旧密宁玛派。旧密宁玛教法的传承，根据续部和修部的分类分为远传经典部、近传伏藏部和深密正见部三种，根据口传和耳传的分类分为心性、法界和秘诀三部。

从觉沃杰·巴登·阿底峡尊者传下来的噶当教法，经库、鄂、仲三尊者的传扬，直至后来的宗喀巴大师重新点燃佛教明灯时的大力弘扬，形成了新噶当教法或格鲁派教法。

从大瑜伽师巴登曲雄传下来的道果妙法传承，经萨钦·更噶宁波与嘉贡·萨迦班钦等大师的传播弘扬，形成了道果法脉的萨迦派教法。

从洛扎·玛尔巴·曲吉洛珠到米拉日巴，直到达波·达沃雄努等传承下来的法脉，形成了现在的噶举派教法。噶举教法内部又分为四大派八小派，其中自大德琼波郎觉传下来的法脉称为香巴噶举。

还有从帕当巴桑吉和玛吉拉准等处传扬下来的希杰教法；从吉觉大译师传扬下来的学珠（六合）教法；以及从大德邬金巴传扬下来的三金刚修诵教法等，形成了现在西藏的八大派修法传承和法脉。

以上八大派传承法脉，均是具足显密二法的显密双修传承。这个格局就像夏天花园里开满了五颜六色的鲜花，各个都散发出诱人的芳香，蜜蜂根据各自的喜好到各个花朵中采蜜一样，善根人根据自己的善缘，修学适合各自根基的佛法。如果有人去区分八大派传承法脉的好坏优劣，那是幼稚无知的行为。我们必须明白：所有八大传承都是清净正道，都是佛陀的方便善法，都是能够除灭痛苦的法药。这八大传承就像锻炼切磨后提纯的金子，是从如来无垢教法里总结出来的精髓心法。

八大派传承法脉是西藏历代高僧大德留给我们的珍贵遗产，是未来佛教发展的基础和未来众生的福份。西藏八大派传承教法是前人经过修炼得到成就后被证明为深密殊胜的心法，是成就无灭持明妙果的传家法宝，是无变恒久妙道的心要，是传承秘诀的精华，是众多大德圣贤曾经走过的胜道，是成就虹化光身的捷径。我们要以无比虔诚的敬信心，去接受适合各自根基的正宗传承胜法。所有希望开悟解脱的众生，要真心礼奉坛城之主遍轮王（上师）宝足，这样才不会虚度年华。

第十二章　如意宝藏

从首先善于观察上师、其次善于依止上师和最后善于学习心法的原则出发，我们要依止善知识，学受深密广大、犹如甘露般能够治灭烦恼百病的良药善法。在学法修法时，我们不能停留在只是听受佛法的阶段，就像有了良药之后还要吃下去才能达到治病的疗效一样，我们要把所听受的善法，在无有散逸懈怠中一心一意地修炼才能取得解脱成就。如果只是求求法、听听法，而不把所求到的法切实修炼，那我们就不可能得到圆满清净的佛果。

为了让身心之中本原具有的深密智慧展现发光，我们必须依止善知识，学习根本上师心中的无上心法。依止上师，其实就是学习上师。我们可以把上师比喻为麝，把善法比喻为麝香，要用这种观点和信仰来依师学法。我们要以虔诚的敬信心来依止上师，努力学习上师心中的深密心法，这个过程就像用模具印造小泥像，我们一定要把上师心中的心法如是不变地学习修取，不能偏离其心法正道。

找到具足功德的如意宝善知识上师之后，在依止上师的过程中，我们要不惜一切艰辛、甚至以付出身心性命的代价来依信到底，要像常啼菩萨依止法胜大师那样不畏一切艰难困苦。在依止上师时，要像将宝瓶里的水注入自己的肚子里那样把上师心中的微妙善法全部学到手。我们依止上师不能只是在表面上建立师徒关系，这种表面行为对自己没有任何益处。

我们进行皈依和积福时，没有比上师更殊胜的微妙福田。尤其是上师在灌顶和传法的时候，所有三宝、三根本和十方三世诸佛都可以由上师一人来代替，其加被力和慈悲爱心与诸佛没有丝毫差别。所以，在此时此刻供养上师积累的福德非常巨大,其他时候供养百千元钱不如此时供养一口美味斋饭,这是很多大德贤师常说的无伪真言。

在所有生起次第有相法的观修过程中,虽然所观想的外相是各种本尊和佛菩萨之相,但是在内在和本性上我们还是要认其为自己的根本上师,这样才能得到殊胜的加被。要悟见圆满次第觉证的殊胜智慧,也要依靠自己的敬信和上师的加被,惟有这样做,才能达到修法的目的。

在一切经续法宝中,都多次强调上师为真佛。上师的密意虽然与诸佛无二无别,但是在化机人类的面前,上师还是显示出人的外相。当上师真身在世的时候,我们要以服从师言等三服侍来让上师生喜,为达到自己的心境与上师的密意无二和合而精进努力。如果不这样做,而等上师圆寂之后才恍然大悟,就为时已晚了。

所谓"首先要善于观察上师",指的是在没有接受灌顶传法之前进行观察。如果先接受深密灌顶传法,然后才去观察上师是否具格,那是倒行逆施的行为,是严重的过患。如果已经依止了上师并且接受了上师的灌顶传法,那就要以上师的所作所为皆属善行的敬信心来依止上师到底。在依止的过程中如果产生邪见,就是自己害自己。要以上师的所有言行都是功德的清净观来修炼清净行,要用自己的净信和敬意来迎接诸佛的慈悲和上师的加被,这也可以产生积福灭罪的功德让自己受用。这一切都非常重要。所以,我们不仅要在认真观察寻找的基础上找到一位指路上师,而且要如是地执行上师指示的取舍正法,然后经过实践修炼之后,方能得到正果。

渴望尽快成就佛果的有情,为了累积福德资粮和智慧资粮,需要依靠善巧方便的慈悲和空性无垢的智慧。仅仅依靠慈悲,无法从轮回世界中彻底解脱;仅仅观修没有慈悲的空性,那也不是清净正道。只有修习慈悲和空性双运的道法,才能出离有、寂二边,从而成就正等正觉佛果。

佛祖给我们宣说了不了义、了义和大、中、小三乘等顺应化机心意的各种法门,我们现在所需要的是了义当下成佛的捷径妙道。但是,进入解脱胜道不是由上师像捡块石头那样随便把信徒强拉进去，而是要靠人们自己积福灭障等一步步依序修习次第道法来实现。这里，守护上师所传的别解脱戒、菩萨戒、密宗三昧耶戒和应学三昧耶誓言等是非常重要的。

刚开始皈依三宝时，要受皈依三宝的居士戒，在遵守所受居士戒开遮规定的前提下，再依次接受别解脱律仪的八斋戒。受戒之后，要遵守一戒、多戒、圆戒和梵行等男女居士的戒规，遵守沙弥戒的四根本和六分支等戒规，遵守比丘戒的二百五十三戒等各自所受戒律的开遮戒规。在此基础上接受内菩萨戒，并且要遵守应学律仪——由愿、行菩提心和二谛所包容的律仪戒、摄善法戒和饶益有情戒等，然后要受守密宗三昧耶戒，遵守外寂静续事瑜三部、内方便续三瑜伽和殊胜大圆满法的根本与支分三昧耶誓戒。

受完诸戒和遵守各自的戒规之后，我们要勇猛精进努力修学，放弃对此生世间作业的贪恋。我们应该进驻大德持明传人住过的佛土、凡人成就虹化光身的圣地或者像雪域高原西藏那样具足神秘加被力的地方。我们进驻修法的地方要具有静地所具备的功德，一定要是殊胜的地方。我们可以选择人烟稀少的幽静圣地：背后为洁白美丽、高耸入云的雪山，前面是碧波荡漾、清亮如供水般的湖泊，中间有很多岩石岩洞的地方；或者是在树林翠绿、鲜花盛开的大山中，有天然形成的美丽岩洞石房，弥漫的云层不时洒降甘雨，太阳的光芒照射其间；或者是长满药草的草地里，周边的山顶云雾缭绕，犹如穿上了洁白的云衣，可爱的禽鸟和野兽在其间漫步嬉戏，涓涓的溪水令人轻松愉悦，东边日月初升的地方开阔明朗，南边轻风吹拂，令人凉爽舒适，夏天能够听见杜鹃悦耳的鸣唱，秋天能够闻到草木结果的芳香，冬天一片银装素裹，溪水在厚冰下汩汩地轻流，春天绿草铺地、繁花似锦……这样的环境能让瑜伽士心中自然而然生起禅定妙智，一切散逸昏沉自动减少消失，外界一片寂静，没有痛苦和哀号，内心充满禅定的快乐。

我们还可以和法友一起进驻修法静地，这个法友应该具备三昧耶誓戒、五毒稀少、意志坚定、心胸宽广、勤于修炼、自有爱心。然后我们要依止上师，从共同与不共前行法门开始学修佛法。在充分知晓传承历史和佛法来源的基础上，接受灌顶，使身心成熟；接受正行心法秘诀的开示，使身心开悟解脱。一切开示修炼的次第要符合传统例规，对于自己产生的觉证要不失时机地与上师、与法友交流，通过交流体证来除障纠错并且令觉证增长。

在长期精进修炼之后，最终要达到不分入定与出定、不分白天与夜晚，光明觉证不修自现，每时每刻都在光明智慧中入定安住。还要与三时诸佛的法嗣——上师的密意无二无分，就在本原大乐法界中安住不动，这样能够任运成就此生与往生、自业与他业的恒久大业。

第十三章 缘起因果的规律

我们照镜子看自己的脸时，随着心中产生高兴、忧伤、得意或失落等感觉，面部表情也跟着发生明显的变化。在镜子里，我们还会发现自己脸上的黑痣、斑点、污垢和散乱的头发等，镜子里所照的一切物体都自然清晰可见。其实，镜子里呈现的物体，我们可以在现实生活中找到它的原形。人的一生要经受遭遇敌人的痛苦、与亲友分离的痛苦、事与愿违的痛苦等等，虽然这么多的痛苦不是全由现在的“我”来制造的，但也绝不可能是没有任何原因的突发事件，究其原因，我们将会发现这一切原来是有了业报有漏身之后产生的结果。

就像是火便是热的，是水便是湿的一样，从性质决定一切的角度来看，苦谛之蕴必然为痛苦，这是事物的客观规律。产生痛苦的原因在于集谛业障和烦恼，集谛业障和烦恼的源头就是我执俱生无明，因此，十二因缘中处在首位的便是轮回迷妄之根——无明。无明的反面是明，获得明智就是脱离迷妄，所以，如果我们没有受无明的控制，那就可以免去最初迷妄和堕入轮回。迷妄炽盛的时候，如果能够获得智慧，迷妄便会自动消除，这个过程就像做梦的人从梦中醒来之后梦幻自动消失一样。

产生痛苦的根源是无明，从无明中次第产生了行、识、名色、六入、触、受、爱、取、有、生和老死。这十二因缘的反复流转就是轮回不断流转的过程，从而产生了漫长的痛苦流和迷妄。在经受由前世的业障和烦恼产生的痛苦的同时，我们又制造了来世痛苦的业因，其结果是再受业报的痛苦。从无始轮回到现在，我们所经受的痛苦不计其数，如果把痛苦哭泣的泪水汇集起来，可以形成很多个大海，其水量能够超出四海之水。如果把世世代代的尸骨堆积在一起，可以堆成比须弥山还要高大的骨山。但是，直到今天，我们依然还在不停地制造痛苦之因，我们还没有摆脱迷妄愚痴的控制。

种下一粒青稞，就会长出青稞的幼苗；种下一粒小麦，就会得到小麦的果实。同样，有了邪见和嗔恚等业因，就会产生痛苦业果；有了修持十善等善因，就会得到天人之乐善果；修持胜因三菩提道法，就会得到胜果三菩提佛位。由此看来，我们发现诸法都离不开有因生果、无因无果的因缘规律。而一切因缘诸法又不是真实成立的恒久不变之物，缘起诸法都是无常变化、本原虚无的空性之法，因此，缘起的本质就是空性。

如果没有邪见和嗔恚等业因，就不会有痛苦的业果。佛祖曾经明示："一切有、寂、道所包容的法都从因中产生。"因此，所有不愿经受痛苦的有情，必须要破除痛苦之因。就像食毒必生疾病，除毒能治疾病一样，释迦牟尼佛以一句偈颂明确指出了圆满三士正道，这句偈颂云："诸恶莫作，众善奉行，自净其意，是诸佛教。"偈文告诉我们要断灭伤害他人的恶行，时时调伏己心，修学佛法就在其中。想知道自己身上的因果业报现象也不难，前世生在何处可以看今世人身，来世投生何处可以看今生造业。

我们堕入轮回世界的众生，痴迷于分别取乐舍苦，虽然都渴求快乐，但却敌视修造快乐之因；虽然都厌恶痛苦，但却乐于修造痛苦之因，如同贪恋色相的飞蛾扑入火中而死、贪恋妙音的野兽倾听笛声而遭猎人射杀、贪恋美味的蜜蜂在采蜜时死于花开复合、贪恋凉爽的大象进入湖水中溺死……我们这些贪图享乐的众生，看见美味佳肴便垂涎三尺，狼吞虎咽，待知道食物里有毒时只有死路一条。因为我们贪求妙欲享乐，所以投生到轮回世界，并且受尽了痛苦。

在我们的心灵深处，具有从无始轮回以来相伴不离的潜在烦恼，这个烦恼的存在就像盐溶于水。烦恼变成明显行为的过程，犹如吃禁忌食品导致旧病复发，当烦恼炽盛的时候，我们便贪恋外在五境，从而造出堕入三恶趣之因——恶业。这个有意制造能生苦果的恶业的做法，就像吃有毒食品。因此，渴望得到快乐的众生，要努力积修善业，断除罪障恶业。

医术再高的医生，在给病人治病时，首先也要诊断病人的具体病症，在认清病症后再给病人对症下药。我们在消灭罪障恶业时，也要像医生一样首先找出罪恶之根，待找到罪根之后再修学相应的对治善法来消灭恶业。所有的恶业可以归入到杀生、偷盗、邪淫三个身恶业；妄语、离间语、恶语、绮语四个口恶业；贪欲、嗔恚、愚痴三个意恶业共十恶业之中。与十恶业相反的身口意作业就是十善业。

以上业因造就的业果可以分别生出异熟果、等流果和增上果。例如杀生的异熟果是堕入地狱等恶趣轮回；等流果是即使投生于善趣，寿命也不长；增上果是吃食物和药品不能发挥作用。偷盗的异熟果是堕入恶趣轮回；等流果是贫穷无受用；增上果是种田无收成，经营无利润。邪淫的异熟果是堕入恶趣轮回；等流果是配偶不忠；增上果是投生于肮脏凄惨的环境里……各种业因的业果有多种多样，可以说是不可思议。

让我们再看一看善业的果报：救有情一命的异熟果是投生于善趣；等流果是寿命长久；增上果是健康、性情善良。不偷盗的异熟果是往生善趣；等流果是具足受用；增上果是成为富豪。不邪淫的异熟果是投生于善趣；等流果是爱人关怀自己；增上果是投生于幸福快乐的地方……这样的例子还可以举出很多很多。总而言之，我们造什么业就生什么果，没有造业就不会生出业果，造了业就无法回避业果。我们所造的业，不会跟随亲友或他人生出受用之业果，只能跟随造业者自己，并且生出业果。

业果为什么都生在有灵魂意识的个体身上呢？

因为现做现报之业、往生报应之业和未来报应之业都不是无意识的产物，一旦造了业之后，业就不会腐烂变质，也不会自动消失。我们所造的业，要么在饱受业果后消失，要么在具足四力的忏悔中逐渐减少，忏悔罪业的过程就像阳光融化积雪。有一个例外就是，如果我们生起菩提胜心，罪业就会自动减少甚至完全消失，这就像太阳出来时黑暗随之消失一样。

在饱受善恶业果的过程中，我们首先要体受业力最重部分的果报，然后依次体受业力较轻的果报。如果两个或两个以上的业力轻重一样，那么我们首先体受的果报要由临终业力结合的先后次第来决定，诸如此类的因果报应规律还有很多很多。

我们在忏悔罪业的过程中，首先要观察和认清自己身上业力最重的罪过，然后要想到这样的罪过自己从前造了无数个，到今天罪业已经无法计数，悔恨自己此前没有察觉罪过的严重性，并暗下决心：从今天开始，一定要断灭所有大小罪业，要依修对治法——十善，要精进快速地忏悔灭罪如同扑灭燃眉之火。这样的观思要一直坚持到乐于灭罪修法时为止，这样做能够使我们清楚地认识到若不灭罪修法，就只能往生于恶趣世界而受苦受难。所以我们要以恐惧罪业的心情充分认识业的过患。

在灭罪修法时，不能仅仅局限于畏罪和认识罪业的过患，还要以具足四力的忏罪修法和悔过之心学修菩提行。对于罪过虽然没有任何功德可言，但是值得庆幸的是罪过可以忏悔净灭。龙树大师曾经说过："有谁从前大放逸，其后又能不放逸，犹如难陀指鬘王，利见以及乐行王。"我们要像龙树大师所说的难陀、指鬘王、利见和乐行王一样，从今日起，对自己从前的所作所为生起忏悔心，对将来的罪过行为有戒忌心。我们还要对世间作业生起彻底的厌离心，就像患有胆病的人看见油腻食物就想吐一样。

要把以上畏罪厌罪的观想一直坚持到生起厌离心为止，绝不能消极等待和不思悔过。

第十四章　西方极乐净土

为使初入佛门的人精勤修法，并对修证佛果产生喜悦向往之心，佛祖释迦牟尼在众多显密经典中称颂了庄严极乐世界，并宣说了往生极乐世界的四胜因。

这四胜因分别是：

一、要反复观想极乐世界的庄严净土和无量光佛；

二、要经常从各方面积修善业；

三、要大发微妙菩提心；

四、要把所修善法回向于往生极乐世界的胜因之中，并不断地发愿祈祷。

在观想极乐世界时，可以把极乐世界的方位确定在自此娑婆世界往西，越过无数佛国净土的那一方上空。在极乐世界里，大地由七宝铺筑，柔软而富有弹性。双足踏上极乐宝土，感觉舒适柔和，顿生无穷无尽的快乐。极乐世界的地面宽广平坦，无边无际，光明照耀全境。由各种宝物生成的宝树，色彩缤纷，赏心悦目，天界的华美宝饰和璎珞挂满枝头。微风吹拂，花雨飘零，美丽的花雨白天降三次，夜晚再降三次，那美到极致的景色，令人叹为观止。当清风送走飘降的花雨，大地的功德令人心旷神怡。宝树丛中，各种艳丽的化身珍鸟轻声鸣唱，美妙悦耳，自然和谐，宛如悠扬动听的乐曲，从中还会传出宣说深密广大佛法的妙音。极乐世界的宝树有多罗树、沉香和蛇心旃檀香，树下及七宝绿地之间，清泉池水纵横交错，水质清澈透明，池底铺有金沙，池水具有澄净、清冷、甘美、轻软、润泽、安和、饮时除饥渴等无量过患、饮后长养诸根四大、增益种种殊胜善根等八种功德。

极乐世界到处都有华美的宝池，均由珍宝砌成，金梯入池，甘甜的池水随意冷暖。在布满七妙宝池和宝树的花园里，盛开着白莲、青莲、黄莲等各种莲花，五彩缤纷，散发出奇异的芳香。各色莲花都光芒四射，光芒顶端有无数化身佛在施行利生事业，示现各种神奇法力。

在极乐世界里，像地狱等恶趣和无暇等不圆满之事，连名称都无法听到。贪欲等烦恼五毒，四大失调而产生的疾病，以及战乱、魔障等各种痛苦，根本无从听闻。在那里，没有任何痛苦，有的只是永恒不变的快乐，不论白天还是夜晚，光明永照不灭。极乐世界里没有生儿育女的平凡女人，也没有怀胎生产的平凡生育，往生其中的有情都是从莲花中化生出来，而且生来就具足金光身、三十二相和八十种随好。极乐世界里的众生神通无碍，智慧圆通，具有神境智证通等奇异神通，还有肉眼、天眼等五眼。其间众生能在一刹那间，依靠神通法力飞往百千万亿佛国宝土，眼睛也能够同时观看百千万亿佛国宝土。西方极乐世界里的众生能够听到所有有情的声音，还能通达所有有情的心意。人人都具有利乐有情的妙意，他们的智慧总持力和勇气深广如大海，具足无量无边的功德。

在极乐世界里，由七宝自然形成的堂舍楼台不计其数，在无量宫与七宝座上，铺有无数质地细腻柔软的天衣仙被。所有的衣饰五妙欲受用，都能随着意想自然而来，不需要生产劳作，所有供品资具也能随意取用。

往生极乐世界的人们，都能够听到无上微妙善法，他们都是菩萨勇士。众多化生天女给每个人都供养丰盛的供品。各类珍鸟传来的美妙动听的鸣唱、微风吹动树枝后发出的悦耳之声、以及泉水流动发出的天籁妙音，都变成宣讲三宝、十地、波罗蜜多诸法的讲经法音。当心向内入定时，所有的声音都会自然消失。

在极乐世界的中央，有一棵名叫宝莲光明的菩提树，树高一千六百由旬，树叶覆盖了四周八百由旬。这棵菩提宝树，繁花硕果恒满枝头，各种摩尼宝珠琳琅满目装饰其中，金丝、璎珞和珍宝做成的铃铎，红色、绿色等各色珍珠宝链，七宝璎珞和宝伞华盖，饰满枝条之间。所有看见菩提圣树在风中摇曳、闻其声音、嗅其芳香、尝其果实或者被菩提圣树之光照到的众生，都可以免除一切疾病。能够看见菩提圣树或观想菩提圣树，直至得证菩提的众生，心中永远不生散逸和退却。

在菩提圣树的前面，由八只孔雀托举的高大宝座，饰有众多摩尼宝珠，上面铺着宝莲和日月轮垫。宝座上的世尊如来正等正觉无量光佛，全身清净无染，法体彤红，像阳光照射的红珊瑚山。无量光佛慈眉善目，双手结定印，手中托钵盛满智慧甘露，身穿三法衣，双足金刚跏趺坐，佛身具足三十二相和八十种随好。无量光佛全身充满光明，放射出无数道光芒，光芒照遍无数佛国宝土，所有被光芒照射到的众生，都会身体舒爽，心情愉悦。

放射微妙快乐光芒的无量光佛右边，有诸佛慈悲化身的观世音菩萨。观音菩萨洁白的法体犹如阳光照耀下的美丽雪山，报身佛的装束中饰有华美的天衣和珍宝饰品。观音菩萨双足站立，右手结施依印，左手结三宝手印、握有白色宝莲，宝莲花枝直指心际，花朵在耳边盛开。

无量光佛的左边有诸佛威力化身的大势至菩萨。大势至菩萨的蓝色法体犹如琉璃须弥山一样湛蓝，具足报身佛装饰，双足站立，右手结施依印，左手持蓝色宝莲，宝莲花心立有大力象征的金刚杵。与主尊无量光佛一样，站立在左右两边的观世音菩萨和大势至菩萨也大放光芒。

无量光佛、观世音菩萨和大势至菩萨主尊三圣犹如星辰中的日月和群山中的须弥，他们的法体具足庄严相好，口中传出美妙法音，圣意充满智慧光明。三圣尊周围有无数菩萨和比丘圣众，他们个个身穿三法衣，正在听闻三圣尊传法。如此庄严美妙的极乐净土中的圣尊，慈悲牵系众有情，他们的喜悦法相面对着我们，微笑的法眼注视着我们，是我们轮回众生的导师和指路人。

以上的观想要长期坚持，无论是行、住、坐、卧都不能忘记。这种观想修学必将成为往生极乐世界的主要善因。

能够往生极乐净土的第二个胜因是积修善法。总的来说，要努力积修身口意三门善业，尤其要修炼积福七支法。

第一支法：身体恭敬有礼地双手在心际合十，口中恭敬有礼地念诵礼敬文和祈请文，意以敬信之心生起信心和敬意，然后，身体面向西方，行大礼拜。

第二支法：根据自己的能力供设实物供品，如妙香、净水、明灯、食品等。在供设实物供品的过程中，内心一定要虔诚，不能有丝毫的吝啬之心。意观供品可以观想无量无数的天人妙欲以及三界所有的珍贵妙物都用来供养。

第三支法：依靠四对治力，忏悔净灭我等众生从无始轮回以来所积造的罪业，要在身口意三门同修对治法中忏罪灭罪。

第四支法：对圣尊和众生在三世中所积修的善业生出随喜心。

第五支法：祈请十方诸佛与佛子恒转深广善法法轮。

第六支法：祈求持法菩萨善知识于所在地长住不灭。

第七支法：把所有的善法善业回向于往生极乐世界的胜因之中。

能够往生极乐净土的第三个胜因是生起微妙菩提心：为了把众生置于永恒快乐的佛果位，我们要生起具足愿行二法的微妙菩提心，还要如法地修习菩提学。

能够往生极乐净土的第四个胜因善法是回向，我们要把所有的善法善业回向于往生极乐世界的胜因之中。要如同圣尊文殊菩萨回向善业一样，我们也要在无观、无有执着中回向善法善业。我们要如此发善愿："愿我等众生断灭所有对此生的贪恋，在离开这个世界而死亡的一刹那，往生到西方极乐净土。在极乐世界里，从莲花中化生之后，顿时具足所有微妙相好。之后，得见佛陀法相，能够听闻佛说善法。具足无碍神通，所需受用和供品随意可得。能够走遍无数佛国净土，学修菩萨众行，得到如来的何时何地以何名号成佛等预言。到那时，自己就有能力把曾是慈母的普天众生救出轮回苦海，引入解脱佛地。"

像这样修造往生极乐净土的四胜因，死后就能往生到西方极乐净土，这是佛祖在众多显密经典中多次宣说的真言。因为佛从不说妄语，所以，我们完全可以如是修持。

第十五章　正确永恒的微妙皈依

皈依三宝是所有大小乘的基础，是学修佛法的入门和全部戒律的根基。需要皈依的原因是我们畏惧轮回痛苦，而只有三宝才能够把我们从轮回苦海中救出来，不皈依三宝则脱离轮回无望，因此，为了从轮回痛苦中解脱出来，我们必须皈依三宝。

我们所畏惧的对象总的来说就是六道轮回，轮回中存在的主要问题是生、死两件大事，生死二苦的根源是有漏之业和所有烦恼，所以，我们应该视有漏业和一切烦恼为敌人。如果我们不修慈悲而仅仅修炼惟一空性，将会远离诸佛的无量功德，而惟一寂静的涅槃也很不圆满。因此，我们应该视惟一寂静的涅槃如同掉入险境。在修炼佛果的过程中遇到的有背正道之非分心念，我们应该视它为毒。我们都害怕敌人、险境和毒，为了脱离这些可怕的东西，我们必须皈依三宝，这一点从开始修法的时候起，就要有明确的认识。毫无思想认识地念诵皈依文，不会有殊胜的加持威力，只能作为在微妙皈依境中积修福德，于最终有利于解脱成佛。只是口中念诵皈依文的皈依，不能算作真实增长道证的具格皈依。

学修佛法的大门是由皈依启开的，皈依的大门则要由正信启开。正信分为三种：从前迷妄愚痴之人，在见到诸佛身口意所依之像、上师善知识和听闻到圣贤传记等时，心中如果生起清净喜悦之心，这就是清净信；知道三宝功德之后，心中渴望自己和他人都能修取如是殊胜功德，这是欲乐信；知道只有皈依三宝才能使自己脱离轮回痛苦，从而视三宝为恒久无伪的皈依对象，这是胜解信。就这样，在具有殊胜信心和敬仰的前提下，以把一切都交给皈依对象的不变心念来皈依三宝，这是必须具备的皈依条件。佛祖释迦牟尼在经典中说过：“没有敬信心的人，不能修出善妙白法，就像被火烧过的种子不能长出嫩芽一般。”三宝虽然具有不可思议的慈悲和加被力，但要把加被引入自己的身心之中，还得依靠惟一的敬信心。

皈依的本质就是服从。要承认和服从具足智、悲、力的佛陀为导师，并立下誓言：只皈依佛祖，不皈依其他教主，这是因位皈依；承认佛是我们修行的终极目标，修法只求证得佛果，不求其他的道果，这是果位皈依。同样，我们把微妙教证二法和殊胜僧众，视为正道和益友，决心除此之外不另找道友，这是因位皈依；承认善法和圣僧为最终修取对象，待自己体悟证法之后，再把相应的教法传给他人，并且培养殊胜僧众来延续三宝传承，这是果位皈依。其他的皈依分类是：知道暇满难得的人身在世时间不久而生起出离心，因为惧怕往生恶趣，为了修取善趣而皈依三宝，这是下士道皈依；知道陷入轮回世界后始终脱离不了痛苦，为使自己证得寂静乐果而皈依三宝，这是中士道皈依；生起大慈悲心之后，祈愿自己具有把众生引入圆觉果位的能力，由此殊胜愿心而皈依三宝，这是上士道皈依。在这个皈依法里，根据大小乘共有的理论，要相信佛陀为导师，法为正道，圣僧为修道益友，从而皈依体悟证法者——佛和佛僧心中具有的善法。

在不共密宗法门里，身口意三门都要供养给上师，要依靠本尊，视空行为助友，用这种方式皈依三根本。尤其在大圆满妙法中，要皈依这样的捷径胜道：把“脉”依为化身，“气”修为报身，“明点”净为法身。然后，观想因位粗气脉明点为三昧耶行者，观想智慧微细气脉明点为智慧勇识，依靠这样的皈依对象来修取清净佛果。本生金刚皈依是：在以上皈依对象圣意具有的二智所包容的智慧或本性空性、自性光明、慈悲遍满这三者无有分别之体，作为修取果位来皈依。总之，要用以上种种心愿和修习来进行皈依。

观想皈依福田或皈依境时，要把自己所在的地方，由原来的不净山河大地和房舍等观想为七宝筑成的清净佛土。这个净土美丽华贵，七宝大地平坦宽广，前方中央有一棵五个枝头的如意宝树，那宝树花叶繁茂，果实累累，树枝覆盖了东南西北天宇，树上布满了多宝璎珞和銮玲。中间稍高的枝头上有八只狮子托举的宝座，宝座上铺陈宝莲和日月轮垫，轮垫中央坐有三世诸佛的聚合体、无与伦比的慈悲之源、与圣主根本上师无二无别的邬金莲花生大师。

莲花生大师法体洁白红润，一面二臂，双足以国王游舞式安坐于八大狮子抬举的莲花宝座之日月坐垫上，右手以期克印握持金色五股金刚杵，左手定印之上平托内供颅器，内供颅器内有盛满无死本智甘露的长寿宝瓶，瓶口以如意宝树严饰。莲花生大师法体从内到外分别穿着白色金刚密衣、蓝色咒士衣、红色法衣和紫色披风，头上戴着得见解脱宝莲帽，帽顶金刚杵上插有雕翎，挂有五彩缨子。莲花生大师与象征无变大乐和微妙净空双运无别的佛母益西措嘉空行母双运，佛母尊身洁白、左手托持盛满甘露的内供颅器，右手握持弯刀。

在莲花生大师的头顶上方有大圆满传承诸上师法身普贤如来、报身金刚萨埵、化身极喜金刚、将巴谢宁大师、熙日森哈大师、加那苏扎大学士、比玛木扎大学士、邬金莲花生大师、赤松德赞法王、毗卢遮那大译师、益西措嘉空行母、龙钦绕江大师、仁真·吉美林巴、吉美·加卫尼固、白玛班扎大师、邬金·丹增洛布、先盘·却吉郎瓦、吉美·拥丹贡布等圣尊具足华贵装束，层层叠坐（上者的坐垫未接触到下者的头部）。

前方枝头上面坐有佛祖释迦牟尼、贤劫一千零二佛和无数十方三世诸佛；右方（莲花生大师的右方）枝头上坐有以佛子三部圣主为首的八大菩萨，以及围绕主菩萨的菩萨僧众；左方枝头上坐有舍利弗和目犍连声闻二胜子，以及围绕二胜子的声闻、缘觉僧众；后方枝头上面有法宝经典和虹光普照的书架，最上层为大圆满六百四十万品续部法宝。

如意宝树四枝头下面的众多枝叶上面，坐有智慧化身和业现成就的护法神众。众父系护法神面朝外，正在施行阻止外障侵入的利业。众母系护法神面朝内，正在施行阻挡成就外流的利业。

皈依福田中的诸佛、菩萨和护法神都在放射光芒，都在向我们展露慈喜法相，他们用慈悲法眼注视着我们，以具足智、悲、力的悲心牵系着我们，以美妙动听的梵音使我们脱离恶趣苦海。

接着，观想自己的右边有此生父亲，左边有此生母亲，前面有以怨敌、魔障和宿业债主为首的显为人相的全部六道众生。自己领头念诵皈依文时，众生都跟着大声念诵。身体要礼敬膜拜，心里要恭敬发誓：直至普天如母有情都证得菩提胜果，除了三宝福田之外没有其他的皈依对象，我等将诚心皈依惟一利乐之源——三宝佛众。

在积修皈依次数的过程中，能闭关修习最好，至少要积修十万次皈依。闭关结束或修习告一段落时，我们要以敬信之心再一次观想皈依福田，观想从诸佛诸众身中放射出无数光芒，光芒照至自他众生的刹那间，自他众生都融入皈依境诸佛众身中。然后，皈依福田中的诸佛众都融入上师莲花生大师体内，与莲师和合无二。最后，莲花生大师化为光，消失在无观法界中，让自己的心在无观空性法界入定片刻。这一切结束之后，要把善业回向给利乐众生的事业。

我们要在恒具正知正念的基础上，长期观想以上皈依福田的诸佛众。走路时，观想皈依福田就在右肩上方，成为我们围绕礼转的圣依；静坐时，观想皈依福田在头顶上空，成为我们祈祷的圣依；睡觉时，为了把重复迷妄摄修成光明，观想皈依福田就在心际中央；吃饭时，观想皈依福田就在喉间，成为我们供养的圣依。就这样，在所有行坐食卧等生活中，我们都不离明观皈依境佛众，并把一切都托付给三宝、诚心皈依三宝、努力念诵皈依文。

在皈依三宝时，我们不仅要诚心皈依，而且要修持皈依戒学。

皈依戒学中的三应断戒分别是：皈依佛宝后不皈依世间神天；皈依法宝后不伤害众生；皈依僧宝后不与外道邪见者交往。

三应修戒分别是：皈依佛宝后，视如来佛像为真佛而礼敬供养；皈依法宝后，视如来法典经文为真法宝而礼敬供养；皈依僧宝后，视出家僧人为真僧宝而礼敬供养。

三类似戒分别是：经常供养三宝；经常念诵皈依文；依止圣人贤师学习善

法和依法修行。

如此皈依和修习戒学虽然有无量无边的功德，但最根本的收获就是自己已经成为合格的佛门弟子。皈依三宝之后，可以除灭疾病的痛苦，断灭人与非人的侵害，净灭前世的垢障，世世代代与三宝光明不分离，直至三宝帮助我们证得佛果，所以皈依三宝具有无量无边的功德。

皈依三宝和承认四法印的佛门弟子，与非佛教徒和皈依外道邪法者之间，无论从身心快乐和此生与恒久的利益等方面相比，都会有很大差别。真正的佛门信众无论在何时何地，都能做到不寂寞、不绝望、不说他人是非、不与他人结怨、不胡思乱想、不在散逸无记中虚度年华，他们经常会诵唱佛经、持修心咒，并且心中充满敬信、勇气和喜悦。佛门信众无论走到哪里，都会带着祈祷发愿事业成就和快乐的心情踏上路途；无论做什么事，都会想到因果取舍，不会为求眼前利益而做出不合情理或背离人道佛理的坏事。佛门弟子吃饭时，会供养三宝而积修福德；睡觉时，会观想三宝总集本体上师于心际而使加被不离。幼年时能诵修增智心咒而聪明智慧；少年时期具有善法言行而成为优秀高尚之人；青年时期不做背离因果规律的坏事而使自己和他人都相安无事；老年时期具足修行福德而有备无患。当死亡来临时，熟悉死亡的佛门弟子不会有任何恐惧心理。死亡之后，具有善法修德的佛门弟子，能够依靠善法而踏上解脱妙道。

在日常生活当中，修行佛法可以帮助我们乐极不生悲、痛苦不绝望、孤独有伴侣。没有比三宝更好的皈依对象，所有苦乐摄入正道之后，不会为小小成就感到骄傲，也不会因小小挫折感到气馁。相反，那些不承认因果报应的人，不知道造罪要体受报应，故而遇到对自己有利的事，就会毫无顾忌、不择手段地去做，不管是否破坏了他人的快乐。如果两个自私自利的人相遇在一起，他们之间将会尔虞我诈、你死我活地明争暗斗。如果这样的风气盛行下去，那么人人都会只顾此生利益，贪恋此生轮回，不会有人想到往生大乐。他们只是痴迷于毫无意义的轮回小作业。最后，当死亡来临时，只能两手空空身无遮蔽地进入往生世界。

不思因果报应的人，从小就学会杀生夺命，少年时期和恶友交往，中年时期做自私自利的事情而害人害己，年老无力时，整天无所事事地喝酒、吸烟、玩麻将。这种人正在造罪等死，待他们不久被放进棺材之后，将要体受的痛苦无须再多说。

现在，当我们口渴时可以喝到各种可口的饮料，肚子饿时可以吃到各种美味佳肴，身体冷时可以穿上舒适保暖的衣服，天气炎热时可以享受空调带来的凉爽。还有，我们病了可以医治，累了可以休息。现代科技也给我们创造了很多便利条件，有舒适的床垫沙发、快速的电梯和便捷的飞机等等，此生所需物品实在是应有尽有，而且还在不断地丰富和完善。

我们活着的时候有父母亲友作伴，有大量的物质可以享用。但如果把此生的万两黄金和念诵一次六字大明咒的功德在死后的中阴世界做个比较，那份量将会大不一样，万两黄金根本不及诵咒功德的千万分之一。

当我们身患绝症时，病痛使身体骨瘦如柴，口鼻中不断流出黏液，没有力气吃饭服药，屎尿和呕吐物污满全身，最后，在张开双唇、紧闭牙齿中走向死亡。此时此刻，我们不仅不能带走一针一线的财物，也不能带走珍视为“我”的血肉身躯。在绝望中进入死亡次第的时候，我们所贪恋的财物不仅不能提供任何帮助，反而会使我们产生贪欲心而制造不好的业因。

我们用毕生造业、受苦或欺诈换来的财产，死后却不能享受其中的一点一滴，只会被后人瓜分占有。如果那时后悔就已经晚了。我们死后除了求助于善法之外，其他任何东西都帮不了我们，因此，善法一词一句的功德和作用远远超出世间全部财宝的价值。如果到死后才知道善法的价值，那就只能怪自己生前没有头脑、愚痴迷妄。

三宝是最殊胜的怙主、救星和皈依所在，三宝永远都平等对待众生，没有丝毫的偏颇之心，三宝能给我们永恒的救助。世间的权贵，如果我们给他进供钱财或贵重礼品，他也许会为我们做点事情；如果不给他好处，他不仅不会给予帮助，甚至还有可能祸害我们。亲人和朋友，在我们富足显赫时，会争相拜访来往；相反，当我们贫穷落难时，他们会躲得远远的，很少会有几个亲友来登门探望。还有，当我们青春年少时，会有很多人愿意和我们交朋友；但是到了暮年，你会发现朋友越来越少。等到我们死亡之后，就会有很多人不愿再提起我们的名字，甚至有人不愿走进我们住过的房子，他们害怕你变成亡鬼。

当我们活着时，如果皈依和祈求三宝，就能脱离世间八畏惧等痛苦，能得到很多快乐。等到死亡来临之时，我们早已有了帮助自己不受恶趣痛苦的皈依所在，因此，我们可以满怀信心地面对死亡。有了以上的信心和喜悦，我们会活得幸福快乐，活得健康长寿。当我们认识到所有的美好事物都依赖于三宝的慈悲和上师的加被，到那时我们会对三宝和上师信心大增。当我们认识到所有的遭遇都是前世业缘的报应时，我们就可以把恶缘转化为修法的助缘。

在日常生活中，我们要发愿：自己拥有的快乐愿众生都有，自己遭受的痛苦愿众生都能免除。除此之外，我们还要有慈悲善良的心。这样，不仅我们自己能够得到此生和往生的快乐，而且还能净化周围人们的心灵，使人人都生活在快乐和幸福之中。譬如，家庭里面长辈的思想和言行就能够直接影响到晚辈人，如果这个长辈心狠手辣，那么他的晚辈很可能和他一样心狠手辣，经常伤害他人，这样的人中毒刺会使左邻右舍都无法过安稳的日子。还有，如果一个地方的君主或领导具有利他之心，那么，他管辖区域内的法律政策就能服务于民、造福于民，那个地方的百姓自然就可以过上幸福快乐的日子，国泰民安也就随之而至了。相反，君主伤害人民，人民就会起来反抗，国家就将陷入一片混乱之中。

修学佛法的人，当吸纳气息时，要观想把众生的全部痛苦都吸入到自己体内；当呼出气息时，要观想把自己的全部快乐都施予众生。这样的人，在所有的见、闻、思、触当中，都在发愿救度众生，故而与其结缘者，都能免入邪道。因此，我们要努力学做时时发愿度化众生的佛门善众。

第十六章　微妙心宝

在远离邪道而皈依无伪三宝的基础上，要放弃下士小道，大发微妙菩提心。学修菩提心之初，要观修慈、悲、喜、舍四无量。在观修四无量的过程中，为了防止慈、悲、喜三无量分别走向片面化，首先要观修犹如仙人请客般的舍无量。传说仙人请客时，来宾不分高低贵贱一律热情招待，我们修习舍无量时也不能有分别取舍之心。

从无始轮回到今天，我们在迷妄愚痴的控制下，以分别敌友远亲的心念贪恋亲友和憎恨敌人，从而造出了各种三毒之业，致使我们堕入了无边轮回的痛苦牢狱之中。如果我们仔细研究的话，我们所憎恨的敌人也不一定是真正的敌人，因为在轮回中有很多这样的现象：有人前世是自己的儿子，这一世投生为自己的敌人，往生靠业缘又投生为自己的儿子。即使就在这一生当中，我们早年的敌人到晚年变成好友，早年的好友到晚年变成怨敌，等等这些都没有任何定数。

普天下众生曾经都做过自己的亲生父母，只是在一死永别之后，我们便无法认出自己的前世父母。但是曾经为父母时，所有有情和现在的父母一样都用慈爱之心养育了我们。认识到这一点之后，我们首先可以观想自己憎恨厌恶的人为前世父母，再把他们看成普通人，然后，观想所有普通人为前世父母，于是，我们的前世父母就多不胜数。这样的观想要坚持到对所有众生就像对今世父母一样的感情为上。观想的最后，要对敌、友和普通众生产生与今世父母同样的珍爱之心。这就是舍无量的修习。

接下来观修慈无量：我们要像雌鸟养育雏鸟一样，雌鸟会让雏鸟依偎在自己温暖的怀中,喂食物给雏鸟,直到雏鸟展翅飞行。我们要用身、口、意三门来对众生修学慈无量。当舍无量修习成熟之后,观想三界众生在慈心无限的境域里平等无有分别。思维众生虽然都渴望得到快乐,却像消灭怨敌一样破坏快乐之因,而且还在努力修造痛苦之因。愿这些倒行逆施的众生都能得到各自所求的快乐与幸福。这样的观想要坚持到使众生得乐的心愿与自己求乐的心愿相同为止。要在经常不离慈心的基础上,身体以调柔平静的行为不伤害他人,口中以远离辱骂讥讽的美言善词不伤害他人,心意以远离仇恨和虚伪的利他诚心不伤害他人,并且要发利乐他人的愿心。

接下来观修悲无量:我们要处于断臂母亲的婴儿被洪水冲走时的心境。当断臂母亲的婴儿被洪水冲走时,母亲对婴儿产生的悲痛之心使她感觉比自己被洪水冲走还要难受,但因为没有双臂而无法挽救婴儿,此时此刻母亲对婴儿的悲爱之心一定是无量无限的。我们观修悲无量就要修出断臂母亲那样的无量悲爱之心。

修证佛果的不共胜因——微妙菩提心的根基就是悲心,菩提心来自于悲心之因。所以,若想生起菩提心,就一定要修悲心。这个悲心不仅产生于关爱众生的慈心,也产生于知道众生曾为母亲和感激母恩的心情,故而要观思众生都是母亲和母恩浩大。首先,要观想自己这一世的母亲,思念她慈祥的面容和关爱的表情,知道自己今天充满青春活力的身体、成熟的思想、得遇佛法、被善知识摄受、能够修习正法等等,都是缘于母亲的恩惠。母亲自从怀上我们以来,就用血肉精华养育着我们。刚出生的我们,柔弱无力,双脚不能站立,用尽全身的力气也抬不起头来。母亲怜慈看护、柔声呼唤、温暖体贴、不分昼夜地照顾我们,把全部的心都给了我们。当我们生病时,母亲的心比自己临死还要难受。母亲把好吃的食物给我们吃,舒适的衣服给我们穿,还经常为牵挂我们的安危而坐卧不安,母亲为了我们造出的罪业足以使她无法脱离恶趣。如果我们的母亲还健在,她仍会不停地为我们操心劳累,完全陷入于患得患失的迷妄和痛苦的牢狱之中。如果我们的母亲离开了人世,那么,具有恶业之因和垢障恶缘的她，只有堕入地狱之中。在地狱里，母亲也许正在遭受烧铁灼烤或在刀林中被鬼差猛兽砍杀等痛苦，也许就在寒地狱、饿鬼或畜生道里受苦受难。我们要观想让自己来承受母亲的痛苦和苦因，并且要长时间这样观修。

我们不能仅仅停留在观想母亲痛苦和自己承受其苦的原地，因为能够除灭轮回痛苦的圣尊只有正觉佛，所以我们还应努力证取佛果来报答母恩。就这样，把这种观修的方法依次用于爷爷、奶奶、兄妹、叔叔、姨妈等亲友和普通人的身上，最后把敌人和众生全都纳入其中，观想他们前生前世曾经做过自己母亲的情形，从而生起无量悲心。

我们还可以针对即将被宰杀的动物观修悲心，想着这个动物即将被屠夫用利刃砍断脖子而死去，观想由自己来替受动物被砍死的痛苦。心中暗想："在临死之际，想飞离死亡现场却没有翅膀，想躲进地下却没有能够挖洞的利爪，想用武力反抗却无力做到，想逃跑却找不到地道，想得到救助却找不到怙主。从此以后，自己再也没有机会和慈祥的父母、亲爱的妻儿相聚，不仅如此，还要抛弃倍加珍爱的身体，空手赤裸裸地进入无依无靠的中阴境界，真是可怜呀！"想到这里，要发心让自己替动物承受巨大的痛苦。这种思维观想方法也可以作为修心法门之一。

另外，我们还可以把即将宰杀的动物观想为自己此生的母亲，心想："我的亲生母亲用慈爱之心把我养大，喂养我甘甜的乳汁，心中挂念的也只有我。今天，刽子手硬要宰杀没有任何罪过的母亲，就在此时此刻，母亲马上就会被杀死，下一刹那，母亲将会变成一具尸体。可是就在临死之际，母亲还用慈祥的目光注视着我，真是痛心呀！"然后，我们要观想把母亲的痛苦转移到自己的心里。就这样，生起无与伦比的悲心，眼里近乎落泪。这时又继续观思："此时将被宰杀而受苦的动物，虽然不是自己此生的父母，但是可以肯定曾是自己前世的父母。以前做我父母的时候，和现在的父母一样对我充满慈悲怜爱。这些被愚痴控制的动物，在迷妄中造出了痛苦之因，现在正在体受不堪忍受的苦果，父母众生真是可怜呀！"然后，要次第发心让地狱和饿鬼道众生等普天有情都能脱离痛苦因果。

接下来观修喜无量：我们要像雌骆驼找回了丢失的小骆驼一样。骆驼在动物当中，属于特别疼爱自己孩子的，当雌骆驼找到丢失的小骆驼时，会欣喜若狂。我们看见众生快乐幸福时，心中要生起无限的喜悦。有人拥有爱子、亲友、财富、权力和才华等好境况时，我们要从心里深处为这个人高兴和喜悦。当看见我们身边的人健康长寿、亲友成群、富足幸福和得到众人的尊敬时，我们要放弃攀比和嫉妒之心，诚心发愿此人更加富足幸福、永远健康快乐。对待怨敌和嫉妒的对象，也不能有伤害身心的忿怒和嫉妒，要对怨敌的富足和幸福快乐产生特别的喜悦。最后，我们要把欢喜置于无观空性之中。

这样观修四无量前行之后，在正行发菩提心时，我们首先要知道发菩提心的含义。发菩提心指的是没有丝毫的自私自利之心，全心全意为他人着想，诚心为利益众生而修取正觉佛果。菩提心从根本上可以分为两种：世俗菩提心和胜义菩提心。世俗菩提心又可以分为愿菩提心和行菩提心两种。渴望众生都能获得圆觉佛果的殊胜心愿就是愿菩提心；为把众生置于圆觉佛的果位，正式学修布施等六波罗蜜多法的行为就是行菩提心。初修发心的人，经过长期学修愿菩提心和行菩提心之后，当有一天证见真谛或诸法的本性胜义智慧时，胜义菩提心便修成了。

这里，我们首先要接受菩萨戒。在受戒时，我们可以任意择受广行派或文殊菩萨传至龙树菩萨的深观派这两种菩萨戒当中的一种。受了菩萨戒之后，我们的菩提心就不会减退，而会有很大的增长。因此，我们要经常反复多次地接受菩萨戒。受戒时，观想对面天空出现与皈依境相同的发心福田，然后要思维："就像天宇无边无际，众生的数量也无有穷尽，这些无量无数的有情从无始轮回以来都曾经做过我的父母，在做父母时他们和现在的父母一样用爱心把我养大，对我恩重如山。现在，众生父母在无明愚痴恶魔的控制下，不能分辨自身快乐之因的正道与非正道，不会取舍正道与邪道。他们没有指示正道的善知识，一直在轮回苦海中找不到怙主和救星，如果自己只修独自快乐的方便法门，那是自私自利的行为。所以，我要为众生都能证取圆觉佛位而学修从前佛与佛子们所奉行的利生伟业。”我们还要诵修心要法中的发心念诵文。最后，观想福田佛众融入与上师无二无别的莲花生大师体内，莲花生大师再融入自己体内，自己心中顿时生起胜义菩提心。之后，让心入定于无观法界，要尽力延长入定时间。最后要修回向和发愿。在佛与佛子众前接受菩萨戒之后，心中要经常具有微妙菩提心，做到菩提心不离身心。我们不能停留在仅仅接受菩萨戒的原地，还要学修菩萨戒的应学律仪。在修愿菩提心时，根据发心力量的大小可以分为自他平等、自他交换和重人轻己三种。在修习行菩提心时，要修持六波罗蜜多法。

观修自他平等菩提心：首先要知道自己和他人都在求取快乐、厌恶痛苦，在此基础上，再发起自己和他人平等得乐的愿心，通过观修这样的愿心来断灭爱己恨人的心念。在实际行动中，我们也要这样努力奉行。

观修自他交换菩提心：观想自己的前面有一个痛苦悲惨的有情，当自己呼出气息时，观想自己拥有的快乐与善业都变成白色气体传送给前面的有情，这个过程就像是把自己身上的衣服脱下来给他穿上；当自己吸入气息的时候，观想前面有情所有的罪障与痛苦都变成黑色气体吸入到自己体内，整个观想过程要具有虔诚心。反复观修以上自他交换菩提心之后，我们再把观修对象从一个有情扩大到全部众生。

当自己生病难受时要发愿：把众生的疾病痛苦转移到自己的身上，使众生脱离痛苦并具足快乐。当自己富足幸福时，要观思众生也都具足同样的幸福。

以上是所有进入大乘佛门之信众的最终主要观修法门。如果能够生起一次自他交换菩提心，就可以净灭多劫的罪障并积累大量的二资粮。在实际行动中，我们要努力把自己的快乐和善法布施给别人，把别人的痛苦和不幸由自己来承担。

观修重人轻己菩提心：要放弃从前自私自利和不顾他人死活的恶习，要发愿哪怕自己今后受难、往生受苦、堕入恶道、生病疼痛和失败落难，都要奉行利乐众生的事业。我们要诚心观思以上内容，发起自己一定要修成重人轻己菩提心的愿心。在实际行动中，我们也要努力奉行重人轻己的菩提心事业。

修学行菩提心六波罗蜜多法时，我们首先应该知道布施、持戒、忍辱、精进和禅定为方便行为五波罗蜜多法，智慧为般若智慧部，总共为六波罗蜜多。

第一，布施：布施的含义是把自己拥有的财宝、福德、好运等全部美好的善业毫无吝啬和执着地布施给所有众生。布施分为给予众生衣食财宝等实物的财布施；给予众生灌顶说法等让众生领悟善法的法布施；以及救有情一命等使众生脱离恐惧的无畏布施三种。财布施又分为布施小东西的小布施；布施马、牛、妻儿等的大布施；以及不顾自身安危而布施四肢与身体器官等的非常大布施三种。我们要从小布施修起，次第修成以上种种布施。

在修布施之初，我们可以这样思维："求财积财永远不会有满足的时候，而且现在自己所拥有的财产在死后也不能带走，如果对其过分贪爱必将成为堕入恶趣轮回之因。就现在而言，为了求财护财就要受很多苦，这个虚无缥缈的财产其实并没有什么意义。"如此思维之后，我们就可以把财产上供下施，由此发挥拥有财产价值的微妙意义。在此基础上，我们还可以修习布施身体器官等布施波罗蜜多法。

第二，持戒：在修习持戒波罗蜜多法时，我们要用正知正念来学修别解脱戒、菩萨戒和密宗戒的应断应修律仪。持戒分为断灭恶业及恶业之源的律仪戒；修取大小善业的摄善法戒；以及修四摄法等饶益有情戒三种。从身口意三门断灭损害他人的十不善业及其源头、修行利他事业、用对治法来治灭罪业、从各方面利益众生和具足正知正念的守戒是所有功德的源泉和基础，因而要努力修习持戒波罗蜜多法。

第三，忍辱：忍辱就是忍受痛苦屈辱而不散乱。忍辱分为对待他人的伤害不反击、不仇视的耐怨害忍；能克服艰辛学法修法的安受苦忍；以及心中能容纳深密胜义的谛察法忍。皈入佛门并立志修证解脱胜果的人，对待他人对自己恶意辱骂和痛打等伤害要有忍耐心，不能生怒反击；为了学法修法，要有赴汤蹈火的决心；在参禅修法时，要有不受任何干扰的毅力。这些都非常重要。

第四，精进：精进就是喜欢善业并坚持不懈地修持善业。精进分为不受逆缘干扰的擐甲精进；向前进取的加行精进；以及不满足于小成就的无餍足精进。在修证解脱胜果的道路上，我们要有毫不懈怠和永不后退的长期精进心，要用坚持不懈的精进心去修证最恒久的微妙圆觉佛果，要对佛果具有欲乐心和信心。

第五，禅定：禅定就是远离尘世喧嚣，进入清净静地而专注静心入定。禅定分为参禅入定时具有乐明无念等觉见的凡夫行禅定；虽无觉见但有空执对治法的义分别禅定；以及连空执对治法也不存在的法性无念定的如来善法禅定三种。在修习禅定的过程中，我们要做到身体具足毗卢七法、眼睛做三观看和选择三坐姿等，在此基础上让心静住于无念想、无执着的境界。以上便是方便行为之五波罗蜜多法。

第六，智慧波罗蜜多法：分为听取善法词义的闻所成慧；思维所闻法义的思所成慧；以及修习思维得出的法义而领悟本性胜义的修所成慧三种。首先，要从正确的闻、思、修当中通过闻与思来确定究意胜义，然后在正行修习中体证：非真迷妄的外相虚无见有、见其外相的内意除灭执着，就在脱离有无是非相网的本性胜义法界明空如天之处，觉心不分根本与后得地静住。这便是智慧波罗蜜多法。

在我们的六根面前所显见的从色相到遍知智慧的所有诸法，无一不是从心中产生的。把心领证为明空无二无别的自性就是正见；对所得的正见无有散逸地观思就是正修；在正修中积行梦幻般无有执着的二资粮就是正行。充分熟习以上见、修、行之后，根据梦境可以证明修习进度的规律，在梦里将不会再生出真正的迷妄。如果能够昼夜不分地观修除离迷妄的正智，那么在关键的死亡时刻很可能不生迷妄。如果有把握在死亡时刻不生迷妄，那么在法性中阴和世间中阴都不会迷妄，不迷妄便是解脱。所以，能够脱离轮回痛苦的唯一方便胜法，就是以空性、慈悲为根本总义的佛说八万四千法门。知道这个道理以后，我们要努力修习，让空性、智慧在自己的心中生根发芽，这是学法修法的关键之中的关键。

第十七章　清净的明月

佛家常说的烦恼，是与无明迷见同时产生的。我们因为有烦恼，所以出现了各种各样的痛苦。能够脱离烦恼和痛苦便是快乐，而且是殊胜的快乐。所有追求快乐者的目标是一致的，为求取快乐而努力劳作也是一样的，惟一不一样的就是求取快乐的方法。有的人在修造快乐之因，有的人在修取快乐之果，两者之间的差别就是一个在彻底除灭苦因，一个在短暂消灭痛苦。

佛祖释迦牟尼劝告我们说："要认识如同疾病一样的痛苦，要断灭如同病根一样的集谛烦恼。"对于生病的人而言，有的疾病痛得很厉害，但不会导致死亡；有的疾病虽然不很痛，但会夺取病人的生命。无论得的是什么病，首先必须诊断出具体的病症，在确诊的基础上再采取正确的治疗方法。无论我们得的疾病是风病、胆病、涎液病，还是综合性疾病，其病根都是由烦恼三毒所造成的。如果不砍断毒树之根，只砍一些树枝树叶并不能完全铲除毒根。同样，要修取脱离所有痛苦的快乐，就必须首先消灭苦根——烦恼，这是修取快乐的最好办法。

在治灭烦恼疾病的过程中，我们要依靠良药般的寂静清净道法，然后要证得破除烦恼的乐果灭谛。佛祖释迦牟尼在世间初转法轮时，首先给我们宣说了"四圣谛"。现在，我们这些立志修取恒久快乐的入道善人，在得果速度不一样的各乘法门里选择了大乘法门，在大乘法门里又选择了密宗胜道，在密宗胜道里最终选择了九乘极顶大圆满龙钦心髓法。对于修习大圆满龙钦心髓法的人们，积修福德、除灭罪障和于己引入上师心传的加被是不可缺少的，我们必须依修这些法要。诚如一个天生健康美貌的人，当把身体清洗干净之后，再穿上华美的服装，佩戴漂亮的珠宝首饰才会显得美丽动人。众生虽然具有完美无瑕的如来佛种，但要用方便胜法洗净能够断灭的暂时的二取二障污垢，积修珠宝首饰般的二资粮，这样才能显见殊胜美妙的本初佛性。我们要依靠除灭障垢的力量和具足资粮的力量，来体证诸佛的智慧。所以，要得到前所未有的内在功德，就需改造好自己的身心，这是唯一的途径。

获得深密法性觉证的主要障碍是从无始轮回以来累积的罪障和罪障习气。忏悔灭除罪障要依修四对治力。罪障虽然一无是处，但有一点值得庆幸的一点就是能够通过忏悔来灭除。在忏灭罪障的过程中，如果只是用嘴念诵忏罪仪轨，那么无论多么努力，都不能把罪障清除干净，最多只能是减少或减轻罪障。忏灭罪障虽然有多种方便法门，但观修金刚萨埵是其中非常殊胜的深密妙法。

忏灭罪障一定要具足四对治力。在观修金刚萨埵时，皈依金刚萨埵和不背离愿、行菩提心是所依力；对从前所造的罪业认识到是罪恶，以无限忏悔之心毫无隐瞒地忏悔是弃舍力；对从前所造的罪业产生忏悔心之后，决心今后即使舍命也要断灭罪行是离恶力；修习忏罪对治法，尤其是观修无上深密胜法菩提心和本体心，在其基础上观修本尊和念诵心咒是对治力。

在具足四对治力中观修金刚萨埵的详细方法是：

首先观想所依力，在自己平凡人身的头顶一箭或一肘上方的空中，有千瓣白色莲花，莲花上面铺有圆满无缺的月轮，月轮中央有白色的“吽”字在放射耀眼的光芒。然后，刹那间“吽”字变成本性为三世诸佛总集之根本上师、外相为报身佛白色的金刚萨埵。

金刚萨埵洁白的法体犹如阳光照耀雪山，又如洁净的白色水晶一般。圣尊一面二臂，右手在心际持有明空五股金刚杵，左手在腰部持有现空金刚铃，双足金刚跏趺坐，全身具足报身十三庄严饰品。其中五法衣分别是宝冠、白色上衣、飘带、腰带和下衣；八宝饰分别是头饰、耳环、项链、臂环、长链、双股项链、手镯和足钏。明妃白穗天女具足庄严宝石饰品，与主尊拥抱和合。金刚萨埵佛妃的法身能见非实有，智慧悲心常系我等众生。

接着观修弃舍力，想到我等众生从无始轮回到今天，由身口意三门所造的罪业无量无数：十不善、五无间、近五无间、四重罪、八邪恶、渝违外别解脱戒、违背内菩萨律仪学、违反深密持明密宗三昧耶、不奉行上师教旨、与金刚兄弟反目相斥等罪业，全部都要毫不隐瞒地诚心忏悔。要祈求宽恕，祈求帮助我等众生就在此时此刻灭除全部罪过和障碍。之后，要念诵忏悔文。

接下来观修离恶力，想到从前因为无知而积造了很多罪业，决心今后即使舍弃生命也不造罪。在这种清净的正念中，念诵修法文，观想金刚萨埵佛妃和合无二的心际，犹如芥子般微小的月轮之上，清晰明见白色微细的“吽”字。当念诵百字明咒时，观想以“吽”字为中心的周边，百字明咒显现为字字紧挨的咒环向右绕转。以念诵祈请文的方式诵唱百字明咒之后，观想从咒字中降下智慧甘露，犹如冰雪溶化后流下来的净水。那甘露从金刚萨埵佛妃身中流到和合之处，再从和合密位注入自他众生的头顶之内。甘露流进体内之后，使自他众生都得到一次大清洗：疾病都化为脓水，邪魔都化为蛇蛙蛛蝎等，罪障都化为烟汁炭水，从两个下门、足心和毛孔中流出去，流进脚下的地缝里。在地下，阎王主眷和冤亲债主都伸手张嘴等待还债，流进地缝里的脓水等变成甘露后使他们心满意足，业债和怨仇得以清净。之后，地缝闭合，观想消除非时之死，念诵百字明咒。

如此观修之后，再观想自己的身体变得内外透明。身体中间有笔直的中脉，中脉顶部有头顶大乐脉轮，由三十二根支脉组成，形如盖在上面、伞口向下的伞架。喉间有受月脉轮，由十六根支脉组成，形如伞口向上的伞架。心际有法脉轮，由八根支脉组成，形如伞口向下的伞架。脐位有幻化脉轮，由六十四根支脉组成，形如伞口向上的伞架。

接着观想：金刚萨埵佛妃身中和前面一样降下甘露，次第注满头顶大乐轮到脐位幻化轮的四脉轮，再继续注满整个身体，被甘露注满后的身体就像装满牛奶的玻璃瓶，洁白晶莹。当甘露注满头顶大乐脉轮时，获得宝瓶灌顶，生出喜乐智慧，消除业障，证得化身。当甘露注满喉间受用脉轮时，获得秘密灌顶，生出胜喜智慧，消除烦恼障，证得报身。当甘露注满心际法脉轮时，获得智慧灌顶，生出极喜智慧，消除所知障，证得法身。当甘露注满脐位幻化脉轮时，获得句义灌顶，生出俱生喜智，消除习气障，证得自性身。

继续观修念诵忏悔文，观想金刚萨埵露出微笑慈相，以无限的喜悦悲心告诉自己说："善男子，你的一切罪障、过患等悉皆清净。"然后，本尊化为光融入自己的体内，因此自己也变成了金刚萨埵，并且在自己心际月轮之上有蓝色的"吽"字，东边（自己的前边为东边）有白色的"嗡"，南边有黄色的"班杂"，西边有红色的"萨"，北边有绿色的"埵"，五色咒字放射出五色光芒，光芒的顶端有手拿各种供品的无数供养天女，供养佛与佛子诸众之后，诸佛圣意生出无限喜悦，从佛身中放射出无数光芒，光芒全都融入自己的心际咒轮中，自己的心际咒轮又放射出光芒，照至六道众生，清除众生的全部罪障习气。外器世界都变成妙喜佛土，内情众生中，中央的有情都变成佛陀金刚萨埵；东方的有情都变成金刚金刚萨埵；南方的有情都变成珍宝金刚萨埵；西方的有情都变成莲花金刚萨埵；北方的有情都变成利业金刚萨埵。观想众生和自己都在大声念诵"嗡班杂萨埵吽"。

上述观修法门，是密宗金刚乘道法中的极其方便的能够积累无量福德和智慧二资粮的殊胜法门，同时，我们还可以施行利益普天众生的事业。金刚萨埵是深密百部众佛总集相，如果把金刚萨埵的本性观修为根本上师之后，上师相应法也可以随之修行成就，这是深密殊胜的总集宝法观修法。最后，我们要观想外器世界全部融入内情众佛身中，内情众佛又融入五部金刚萨埵身中，五部金刚萨埵融入自己身中，自身又从边缘化成光芒逐渐消融于心际咒轮之"嗡"，"嗡"字融入"班杂"，"班杂"二字融入"萨"，"萨"字融入"埵"字，"埵"字最后融入"吽"的元音字母中。然后，继续观想"吽"字的元音字母融入"哇"，"哇"字又融入"哈"的下半部分，"哈"的下半部分又融入上半部分，"哈"的上半部分融入上面的"月符"，月符融入上面的"圆圈"，圆圈融入微小超越色相的

"微细"中，微细逐渐消失无踪，最后在无观法界入定安住片刻。这个便是对治力。

完成以上观修之后，就在出现第一个念想的时刻，再一次观想所有外器世界都是金刚萨埵佛国，所有内情众生都是金刚萨埵佛众，最后要修回向法和发愿心。

第十八章　无量福源

生在世间的人类都一样，同样有五官和四肢。但是，同样是人却有不同的处境，有些人富有幸福，有些人却贫困悲惨。出现这样的差异是有因有缘的，前世有广行布施等福德因缘在先，此生就会富足幸福。前世有吝啬或偷盗等罪过因缘在先，此生就会贫困悲惨。当有观福德资粮和无观智慧资粮圆满具足之后，可以断灭烦恼障和所知障二障，从而能够成就断证功德圆满的法身和色身二身佛。立志修取暂时的胜生天人身果和恒久正觉佛果，以断灭痛苦苦因的人们，必须做到的前提大事就是积福先行。

为了积福而对清净佛境进行供养时，要知道佛与佛子菩萨其实并不需要受用妙欲物品，而是因为我们自己贪爱妙欲享受，所以就以我们自己所喜爱的方式来供养，以成就福德资粮。在供养积福的过程中，有了清净的福田和清净的心，就可以成就福德资粮。如果我们能够把自己所贪爱珍视的贵重物品供养给佛与佛子，而且是诚心诚意、无有执着地供养，那么我们就可以积累很大的福德资粮。

贫穷的人没有什么贵重之物，因而无力供养丰厚的供品。但是，这并不意味着富人一定往生善趣，穷人一定往生恶趣。只要有清净心，供养实物和供养意化供品，同样都可以成为佛与佛子能够受纳的妙欲物品，都能使供养成就福德资粮，而具足福德资粮就可以成就殊胜的智慧资粮。这个道理在一句偈文里说得很清楚，那就是“未具善业功德前，无法体证胜空性”。

从前在印度，有一户人家喜得贵子，那孩子漂亮乖巧，聪明伶俐，无与伦比。孩子刚生下来时，双手握着拳头，父母掰开他的手指后发现两手各有一块金币，取出这两块金币后，他手中又出现了两块金币，再取又再出现。就这样，孩子的双手成了取之不尽的金库，父母因此给孩子取名为财宝。这个孩子长大后出家当了和尚，当他受比丘戒时，他对众僧依次顶礼，在做礼拜的过程中，每当双手着地就出现金币，于是他把金币全都供养了比丘僧众，并且通过努力供修证得了阿罗汉果位。

出现这样的奇事之后，阿难向释迦牟尼佛请问缘由，佛祖告诉阿难说："在九十一劫之前，贤劫第二佛金寂佛在世的时候，有一个穷人以上山砍柴卖柴来维持生活。有一天，这个穷人把卖柴换来的两块银币诚心供养给佛祖主眷，金寂佛以无限慈悲之心受纳了他的供养。由此，这个穷人在九十一劫中的生生世世都从手中生出金币，并拥有富足的生活。"

又从前，有一个很吝啬的在家人，他把所有的财产都换成金子埋在地下，前后装满了七个宝瓶，最后在贪婪中死去。由于这个人贪恋宝瓶里的金子，死后他投生为一条可怕的蛇，经常缠绕在宝瓶上面，就这样经历了几万年的蛇死蛇生过程，最后这个人对蛇身产生了强烈的厌恶心，并且认识到自已因为贪恋金子才反复投生为可怕的蛇。为了摆脱眼前的痛苦，它决心把金子供养给殊胜福田。于是，它慢慢地爬到一条大道上，把蛇身藏在草丛中，当发现有个人从道路的另一边走来时，它用人的语言呼唤那个人，请他过来。那人听到蛇在向他说话，非常紧张和害怕，他站在远处对蛇说："我害怕你毒死我，我不敢过去"。

蛇告诉他说："我如果想毒死你，你不过来我也能把你毒死。"蛇这么一说，那个人放松了许多，壮着胆子来到蛇的身边。蛇请求他说："我想拜托你帮我积修福业，你能不能帮我这个忙？"

那个人说："可以"。

于是，蛇把那个人带到埋藏金子的地方，取出一个装满金子的宝瓶交给他，请他把金子供养给僧众，用于传法。蛇还请求那个人，供养金子的时候要带它参观现场。那个人按照蛇的请求事先把情况向僧众执事作了说明，并把金子交给执事。到了传法受供的那一天，那个人来到蛇的住处，把蛇装进竹篮子里带到了现场。当僧众午斋时，那个人把蛇放在僧众的席尾，然后给僧众献了花，并供养了丰盛的供品。看到这一切，蛇的心中产生了很大的敬信心。

僧众用完午斋之后，专门给蛇传了微妙善法。闻到佛法的蛇心诚意悦，它把其余六个宝瓶的金子全都供养了僧众。由此福德之故，蛇立即脱离了蛇身，刹那间往生到三十三天。

用吝啬之心积攒的财物，会让我们在此生受尽积攒、守护和失去的痛苦。贪恋财物会使我们往生于恶趣世界，成为进入善趣和取得解脱果位的障碍。但是，这并不意味着没有财产就能得到解脱，穷人贪恋旧锅破碗和富人贪恋金银财宝，在束缚身心方面是一样的，这就像金绳和草绳都能捆住东西一样。世人都有贪欲心，都渴望通过享受物质财富得到快乐，人人都在为获得物质财富而努力工作。虽然我们没有办法立刻除掉贪欲心，马上放弃对物质财富的追求，但是，我们应该知道怎样使用财富，才能使积攒财富具有殊胜的意义。

如果只知道积攒钱财，不知道怎样正确使用，那么，我们辛苦积攒的钱财，除了极少部分用于吃穿生活之外，其余的终将被别人分享，到死亡的时候根本无法带走一分一厘。如果我们临死时还要贪恋钱财，那么我们往生的处境也许比前面描述的蛇还要悲惨。

仅仅就在这一生，钱财就会让我们产生吝啬、贪欲和嗔怒等很多烦恼罪业。如果我们能拿出部分钱财用于布施，那么我们的钱财就会像聚宝盆中的财宝一样取之不尽、用之不竭，还会越来越多。总的说来，用清净诚心对清净福田进行供养，能够得到很大的福德。尤其在密宗金刚乘的坛城中，要依照微妙方便胜法，努力学修积福法门。

希望自我完善的人，积修福德很重要，如果福德和智慧二资粮不圆满，就没有办法得证具足二清净的佛果。在积修福德的众多法门中，最殊胜的就是修供曼茶罗。

在大圆满法的理论修习中，曼荼罗分为观修曼荼罗和供奉曼荼罗两种。在制作或购买曼荼罗时，可以根据自己的经济能力选择金质的、银质的或铜质的，如果实在没有经济能力，也可以用石板来修供曼荼罗。曼荼罗上的堆粉可以根据自己的经济能力选用松石粉、珊瑚粉或大米小麦等。

无论选用什么样的曼荼罗和堆粉，清洁干净很重要。在清除了尘垢的曼荼罗上面，首先堆放五堆堆粉。中间一堆观想为大日如来，由如来部佛众围绕；四周从前方开始向右绕转分别为不动如来，由金刚部佛众围绕；宝生如来由珍宝部佛众围绕；无量光如来由莲花部佛众围绕；不空成就如来由利业部佛众围绕。除了这样的观想之外，我们还可以观想五堆堆粉为皈依福田中如意宝树五枝头上的诸佛。在堆放堆粉并进行观想之后，我们要把曼荼罗放在高处供坛上，在身口意的圣像前供养。或者在心中观想福田而修曼荼罗的时候，此时，没有实物曼荼罗也可以积修福德，不会有任何过患。

供奉曼荼罗的方法：

用左手托起曼荼罗底盘，用右手手腕擦拭盘面。当堆放堆粉时，依照共同的曼荼罗三十七颂，边念诵“嗡班杂布木……”，边洒香水。大拇指和无名指拈花，边念诵“嗡班杂热……”，边把花按右旋方向置于曼荼罗底盘的四周和中央。如果有围圈，就把围圈放置在曼荼罗底盘上面，没有围圈则用无名指对着曼荼罗盘向左逆时针绕转一圈，观想筑成绕转三界的外围围墙。念诵“须弥山王……”时，在曼荼罗盘中央堆放一堆堆粉，观想其为须弥山和围绕的七金山、七香海。在曼荼罗盘四周堆放堆粉时，无论面朝何方供曼荼罗，都要先从东方开始向右绕转堆放。观想东胜身洲为圆球形，由玻璃筑成；南赡部洲为三角形，由琉璃筑成；西牛贺洲为半圆形，由红宝石筑成；北俱卢洲为四方形，由金子筑成。观想身洲和胜身洲等八中洲时，其形状和各自所在的大洲一样，堆放堆粉也要放在各大洲的左右。

然后，东方观设珍宝山，南方观设如意树，西方观设随欲牛，北方观设自生稻。接着又在四方四隅观设七政宝和宝瓶等八物，再于四隅观设嬉戏天女等外四天女和花鬘天女等内四天女。又在四方分别观设东方火晶日轮，西方水晶月轮，南方珍宝伞，北方胜利宝幢。念诵“天人受用……”时，把堆粉不分方位地堆放在曼荼罗盘上，尖顶上要放置顶子。

供奉共同化身曼荼罗时，观想自己拥有三千大千世界中有主和无主的七政宝等一切天人受用，加上自己的身心受用和福德善业，全部供养给上师化身佛众。

供奉不共报身曼荼罗时，观想在拥有化身佛供品的基础上，还有具足五庄严的五部佛净土，华丽的无量天宫，嬉戏天女等无数妙欲天女和无法思量的供品云海，全部供养给上师报身佛众。

供奉殊胜法身曼荼罗时，堆放堆粉时观想于无生心性法界，呈现无灭五智慧，或者观想于无生本原法界，呈现如意四觉相。总之，堆放堆粉时一定要进行观想，并且要念诵经文“嗡啊吽……”

记数供奉曼荼罗时，有时要按前面所讲的做广泛的供修，而大多数的时候可以做七堆粉供修，做七堆粉供修时，念“沙西布区……”供奉曼荼罗的数量一定要达到十万次，并且和其他修法一样要具足初善、中善和后善三善。

第十九章　殊胜身供施

积修福德还有另外的殊胜方法：结合供曼荼罗积修古萨里（乞人）资粮，是指把倍加珍惜的自我身体化作无漏甘露，把无量妙欲受用供养给供施对象，这是修成圆满二资粮的殊胜方便法门。这个法门也叫“能断法”，就像大树的树根被砍断后枝叶自然掉落一样，“四魔”被方便和智慧二法断灭于不可思议的离念法身法界之后，迷妄就在本原法界消失净灭，执着也在自性本位消除断灭。这里的“四魔”不能误认为是佛家通常所说的“四魔”，这里的“四魔”指的是有碍、无碍、喜出和傲慢。

所谓的有碍魔是指遭受地震、火灾等四大灾害，或被敌人、强盗、毒蛇、猛兽、妖魔等侵害自己的身心；无碍魔是指由贪欲、嗔怒等内在的八万四千烦恼制造的轮回痛苦；喜出魔是指内心得到一点禅定力后，喜悦中对其产生执着和贪恋；傲慢魔是指对以上三魔的根本——“我”和“我的”，产生执着骄傲或对五蕴生出“我”和“我的”之念，这是所有诸魔的根源。

我们要排除以上魔障，不受其侵扰；要排除所有的障碍和逆缘，把一切困难障碍改造成微妙成就。要把凶兆变为吉兆，以轻松自在的言行漫步于山间险地；要把凶恶的天魔用大慈大悲心降伏，用大智慧调治；还要把自己的身体毫不吝啬、毫不贪恋地施供给欲求众生，以此断除五蕴执着。

供养曼荼罗之后要积修的古萨里资粮，是要对四宾客做身供施。身供施分为素施、杂施、荤施和黑施等四大布施。

实际修习中我们可以这样观想：自己心中的心识自性变为胜母黑色忿怒佛母，显现为舞姿身形，右手握持的弯刀高举在空中，左手在心际持有盛血的颅器。胜母头部右边有黑面猪，叫声震天，胜母具足忿怒天母装饰。当我们口中念诵一次短暂有力的方便和智慧结合之“呸”字时，自性胜母黑色忿怒佛母从中脉脉道中上升，刹那间冲出头顶梵穴，入住头顶上空的当下，自己的身体变成无意识的躯体倒了下来。观想倒下的身躯肥大丰满，巨大得能盖住三千大千世界。

然后，观想自性黑色忿怒佛母，身体高大，四肢粗壮，两眼像日月闪耀。佛母用右手断除执着的弯刀，砍向尸身的天灵盖，左手取下大如三千世界的天灵盖，把天灵盖放置在象征三身、高大如须弥山的三个人头之上，前额指向自己。忿怒佛母用右手弯刀把尸体放进颅器内，颅器上方空中有倒置的“杭”字，颅器的下面有“阿”字正在燃烧熊熊大火。在天灵盖中被煮溶的尸体变成了甘露，沸腾的蒸汽融化上面的“杭”之后，从中流降出红白甘露，与颅器中的甘露和合无二。

诵念“嗡”之后，清除甘露中的污垢；诵念“啊”之后，甘露增长充满；诵念“吽”之后，甘露变现出众生所求的物品，此无漏智慧甘露成为无穷无尽的如意宝藏，犹如天藏云海。

接下来观想：对面宽广的天宇中，供养对象有以大恩根本上师为主的三宝、三根本和护法神诸佛众。天宇下面的地上，施舍对象有魔众、业债主和三界六道中的众有情。上方根本传承上师、诸佛与佛子们从舌中伸出金刚管来摄取甘露；中间本尊佛众舌中伸出法器管来摄取甘露。诸佛众受用甘露之后，帮助我们除灭修取微妙菩提的全部障碍，给我们带来顺缘和所求善德。

之后，观想从自性黑色忿怒佛母心际变现出无数白色、黄色、红色、绿色和蓝色等施业忿怒佛母。这些施业忿怒佛母把智慧胜器天灵盖中的无漏甘露施给三界六道众生、业债主和魔众，使他们全都心满意足。修杂施的时候，观想煮沸的甘露产生蒸汽，上升的蒸汽给福田佛众供养五妙欲和八吉祥物等。把所有的天人受用及无量供品供养于福田之后，自他众生都得到圆满福德并清除了所有的障垢。往下施给六道众生各自渴求的无尽受用之后，使他们都得心满意足，并且消除自他众生从无始轮回以来所累积的业债、习气和怨仇，清除所有的罪障。接着，把其余的施供物品施给弱小和残疾的六道有情，使他们获得各自所求的起死回生之药、神足、智慧眼、无漏耳、智慧舌等。当弱小的六道有情心满意足之后，使他们脱离各自的业缘痛苦，男众都成为观世音菩萨，女众都成为至尊度母。最后，把施供物品和施供对象置于无观法界，并在其中入定安住。这样做可以除灭傲慢之魔，并且能够证见究竟胜义。

第二十章　取得如意妙果的捷径—上师相应法

我们所说的“成就”，指的是愿望得到实现或追求变成现实。我们可以通过修习任何一种佛法仪轨，供养佛和本尊等皈依对象，使其生喜之后助我们实现心愿大业。“成就”分为共同成就和殊胜成就两种。普通的神通和少量的他心通等法力是共同成就，证得遍知智慧或取得双运胜身是殊胜成就。要取得殊胜成就，可以观修上师相应法。

在藏语里，上师被称为“喇嘛”，意思是“至高无上”，这个名词告诉我们没有上师之上的其他礼供对象。如果有人认为上师之上还有佛和菩萨，那么这个人可以思考一下“无师之前，绝无佛名”的深刻含义。这句佛家名言阐明了佛也是依止上师、接受教导后才能成佛的哲理，并且说明了上师具足三宝的全部功德。因此，寻找并依止清净具格的上师，成了渴望解脱者的此生和往生的大事。

拥有上师名号或号称某某大德的活佛，不一定都是具格上师，因为在现实生活中有很多的假上师、假大成就者和假伏藏大师。记得我还是小孩子的时候，佐钦寺下面的村子里，来了一位穿着打扮和言行举止都很古怪的外地僧人，他自称是大伏藏师，并在村子里郑重宣布说：“在某日某时，我要当众取出伏藏品。”在取掘伏藏品的日子到来的前一天，一个放牧人发现那个样子古怪的伏藏大师正在野外的岩石下忙碌着。看到伏藏大师鬼鬼祟祟的样子，放牧人产生了很大的好奇心。待伏藏大师离开之后，放牧人就走到岩石下面察看，结果他在岩缝中发现了伏藏大师事先隐藏的一尊佛像。放牧人取走了那尊佛像，并恶作剧地在隐藏佛像的岩缝中填埋了他拉的屎。

到了第二天，也就是伏藏大师当众取掘伏藏品的那一天，他带领众多村民来到了岩石下面。为了显示其法力高强，伏藏大师在众人面前摆出一副庄严的面孔，还做了一些法事仪轨。最后取掘伏藏品的时候，伏藏大师从岩缝中挖出了那堆放牧人的屎，一股臭味使在场的人们纷纷掩住了鼻子。那位假伏藏大师在众人的讥讽和嘲笑声中匆匆离开了现场，从此再也没有在佐钦寺附近露过面。

类似上述假伏藏大师的伪上师和伪大德会随时出现在世界各地，他们是灭佛灭法的主要罪魁祸首。另外，也有少数具有上师尊称的人，没有被闻学佛法调伏已心，他们傲慢自私，贪欲心和嗔怒心大得惊人。他们经常信口开河，甚至诽谤和轻视莲花生大师和宗喀巴大师等大成就者，他们就是佛家常说的用善法修取恶趣之因的人。

正确指明清净正道的具格上师，首先应该是自己修过微妙道法，并且具有成就征象和证道功德。其次，应该是适宜施行度化众生的利他事业、任运把握自见的能力可以胜伏他见、被信众瞻仰之后能于信众心中生起觉证智慧。在我所拜见过的众多上师之中，我认为没有一位能够胜过我的根本上师。

我的根本上师吉美·达真·拥丹贡布，藏族人用传统的习惯爱称，尊称其法号为“贡瑞”。上师法体高大，法相庄严无比，声音洪亮动听，话语清楚明了。人们见到上师之后，心中都会充满喜悦和激动。上师的胜意之中充满了慈悲和怜爱，那些见到上师的人心里都会发生很大的变化，喜悦敬信和难舍难分的感觉油然而生。上师对世间如幻化般的财物没有丝毫贪求，所得的供养会马上赐给身边在场的人。对待贫穷弱小的人，上师那无限慈悲的爱心就像一位慈祥的父亲。

上师的所作所为都是为了弘扬佛法和利益众生。像上师一样严守戒律的持戒者，在当时佛法兴盛的年代也很难找到第二位。离上师的法体还有三米多远的地方，就能闻到上师身上散发出来的戒香味道，那香味没有任何世间的香料能比得上，可以说是不可思议的无尽妙香。如果我们站在上师身边，微风经过上师吹到自己的脸上，那么，夹杂在风中的戒香味道会更加浓郁美妙。

我的上师又是第六世佐钦法王的上师，上师通达显密经论，尤其对光明大圆满法具有很高的学修成就，是得有大圆满殊胜加被传承的出世大瑜伽士。我从十岁开始一直依止拥丹贡布上师，直至上师圆寂入灭。我和第六世佐钦法王，以及拥丹贡布上师三人一起同住一个房间，可以说是日夜不分离，比一家人还亲密。自从十岁开始离开父母以后，拥丹贡布上师和佐钦法王就成了我的第二父母，我依止这两位大德，享受他们赐给我的善法乳汁，我是在两位大德的悉心培育下长大成人的。

上师喜欢在晚上给我讲很多结合佛法妙理而且又非常美妙动听的故事。上师总是在黎明、上午和傍晚三个时段修行佛法，下午给我们传授大圆满心法密义。在日夜四个时段，上师从不解下腰带和脱去衣服，他总是直端端地盘腿坐在那个四方形的座床上修行禅定。在日夜相续中，上师从未离开过光明智轮，他的修法入定，已经不能分别出根本位和后得位。

上师对“扎龙”气脉幻轮和气的持纳非常熟练，法体几乎不会染上任何疾病。上师主修圆满次第金刚身之后，业风的流动就净灭在中脉里面。解除喉间受用脉轮之脉结以后，上师经常无有阻碍地唱诵出金刚道歌，所唱都呈现为密示和经文。

上师的父亲名叫加木曼拉，是帕·当巴桑吉大师的再现化身，他具有寂静能断法的不共传承，是一位修密法取得成就的大德。据说当时西藏有一位大成就者在偏远地方的一座岩山中闭关修法，有一天，附近的许多山神来到那个闭关修法大德的身边，给他展示了加木曼拉送给众神的天珠神鞭。那位大德就在山神展示的东西里面，看到了一根外面饰有彩色天珠图纹的木棍。原来，加木曼拉能用定力化生天藏物海，用来满足众生的不同需求。关于他的其他成就显相故事还有很多很多。

作为如此大成就者的儿子，我的上师拥丹贡布有时候会到凶地和尸林等地方修持能断密法。在夜间某时段，上师有时候会大声念“呸”，儿时的我经常被这个“呸”声惊醒。上师进入睡眠光明大轮之中的时候，经常能听到一个不平凡的小声音在诵唱明咒,这个断断续续的诵咒声有时持续两分钟左右。

在我十三岁时,上师和第六世佐钦法王两位大德带着我和很多僧俗信众,骑马和骡子前往后藏朝圣拜佛。我们是一支庞大的朝圣团队,要到从前莲花生大师涉足加被过的地方,旅途时间相当漫长,所以经常野营过夜。我们通常是黎明时分起程上路,到了中午便安营扎寨。在朝圣的途中,我们经过了美丽的草原,爬过了高高的山岩,走过了弯弯曲曲的小路,涉过了大河小溪。与我们旅途作伴的有一群群奔跑的野驴,还有众多野牦牛,它们就在家养的牦牛群中跑来跑去、追逐戏乐。沿途洁白的雪山高耸入云,美丽的湖泊岸开满了五彩缤纷的野花,这如诗如画的美景对于坐在家里不出远门的人是很难看到的。一路上,新鲜的空气令人清新舒爽,清凉的微风使人心生愉悦,那真是一次难忘的旅行。

在西藏,旅行队伍野营时通常都支白布帐篷,我们野营的营地里至少有五十顶帐篷。在我们的朝圣队伍中,有很多人看见我们师徒三人的帐篷,整个夜晚都明亮如白色的灯笼,我也曾经几次在半夜三更的睡眼蒙眬中看见帐篷里亮如白昼。

上师还亲自教我写藏文,有时还会考我。小时候我要吃糌粑时,上师会和好糌粑团给我。我出家时,授戒法师就是拥丹贡布上师。

我们师徒三人在住房里闭关修行时,上师会利用中午休息的时间,给佐钦法王和我传授龙钦巴的《七宝藏论》、《三安息法》和《心要四支法》等秘诀开示,以及单传不共耳传秘诀。记得有一次,我们师徒三人修持止语斋戒,黎明时分我在修诵文殊心咒,通常这个时候两位膳食师长中的一位会进入我们的房间,帮我穿好僧衣,带我去厕所。那天带我去厕所的师长是位很喜欢开玩笑的喇嘛,他把我带进厕所之后,假装拿着灯就跑,惊慌之余我失言破了斋戒。

在我们师徒三人的卧房门口,挂着一个由犀牛角做成的螺号,据说这个螺号是祖师先嘎仁波切的法器。在没有闭关修法时,上师喜欢吹响那个螺号,召集附近的僧众，给他们传授大圆满前行和正行法要。

第六世佐钦法王吉扎·向秋多吉比我大五岁，是一位具足俱生功德的大德。他尤其精通续部义理，善于修持传承法门，我从他那里接受了《大集经》和《如意宝瓶法》等众多法要的灌顶开示。我还和佐钦法王一起从拥丹贡布上师和蒋扬钦哲·秋吉罗卓大师两位圣尊那里接受了众多深密心法的灌顶开示。我和佐钦法王不仅有师徒关系，还有金刚兄弟的关系。我们一起多次到蒋扬钦哲大师那里学法，并且每次都要住上一到二个月，在那里，我们共同接受和学修了很多深密心法。

蒋扬钦哲·秋吉罗卓大师的前一世曾经是佐钦·白玛班扎的徒弟，也是第五世佐钦法王的上师。蒋扬钦哲大师本人又曾依止过第五世佐钦法王，第六世佐钦法王吉扎·向秋多吉诞生之后，他成了第六世佐钦法王和我的上师。我们在蒋扬钦哲大师那里接受灌顶时，在灌顶坛城里我还看到了噶陀司徒和莫扎活佛等众多大德。

蒋扬钦哲·秋吉罗卓大师的明妃康卓·慈玲·秋珑是拉嘎家族的千金。拉嘎家族是与佐钦寺有着特殊关系的施主大护法，拉嘎家族的出家僧人一直就在佐钦寺门下，因此，我们与蒋扬钦哲大师门下也有着特殊的亲密关系。藏历火兔年即1956年的夏天，就在桑耶寺三界铜宫洲附近的园林中，一顶遮阳帐篷下面，钦哲·秋吉罗卓大师、佐钦法王和我，我们三人相聚在一起，在愉悦的交谈中度过了难忘的一天。随着世事巨变，这一天竟成为我们师徒最后见面的时刻。

1956年的某一天，第六世佐钦法王、上师拥丹贡布和我，还有随行的僧众来到圣地拉萨，我们一起绕转了大昭寺的觉沃佛像。如果我没有记错的话，就在我们头碰佛像宝足的那一刻，一位陌生的喇嘛将一个纸包递到佐钦法王手中，纸包里散发出的香味十分诱人。当时佐钦法王把纸包交给了我，我用手接那纸包的时候，感觉到有一股热流还在纸包上。由于第二天是非常吉利的初十，我们在当地举行了盛大的会供法会。在法会上打开纸包时，发现里面有一尊四指高的莲花生大师大乐身像、黄页密示文、药宝苦参和一些充满奇异香味的类似黄丹的妙药。

这些身口意的圣依都是稀世珍宝，那尊被称为“成就来源之替身相”的莲花生大师像，由红沙茵陈和颗粒与粉状的金银宝石铸造而成，是一尊非常奇妙难得的佛像。口依黄页密示文写有深密空行示字，意依药宝苦参和散发出奇异香味的药物。都是些难得的奇珍异宝。

就在那一天，我还有幸亲眼目睹了由伏藏主把伏藏品奉献给伏藏大师的掘藏过程。另外，佐钦法王和拥丹贡布上师，还从法藏天宇意界掘示了众多深密心法。朝拜吉祥尜日圣山时，在清净水晶山顶，我们师徒都下马徒步礼转了圣山。当到达红色血海之边时，上师拥丹贡布兴奋地跳起了马步舞，双手做出各种手印姿势，嘴里还自然唱诵出金刚道歌。就在此时此刻，我又一次亲眼看见了上师平息山神兴狂风降暴雨捣乱的奇妙之事。上师拥丹贡布正要走进海中间时，惊慌的僧众立即抱住他的脚不放，对此，当时在场的佐钦法王的父亲、我的大舅舅阿卓大学士阿旺罗布很不满意，他说：“这是应化众生的不幸，缘兆很不圆满。”

我们师徒三人还分别在托嘎宁贝雪山、雅隆水晶岩、兆地岩洞、耶瓦月洞、青朴红岩洞、雪朵迪卓会供堂、格日央宗等圣山圣地修了规模不小的会供法。佐钦法王独自一人在青朴秘密花洞和央宗莲花生修行密洞等地修持了深密心法。在桑耶查珠圣地，以我们师徒为主的百余名僧众修了经集法海坛城，在具足修、大修、诵修、近诵修等修诵四支法的基础上，大法会圆满修成。之后，我们还修了十万遍会供，结束时修了灯供发愿、坛沙入河等，为佛法兴盛和大德圣人长久驻世作了有力的祈祷。就在我们修持会供法的过程中，众人亲眼目睹了修供食子（朵玛）中降来甘露、修供碗中甘露沸腾、殊胜的药香飘至一里之外等奇迹。一般说来，修供食子中降来甘露是佐钦派传承法门的殊胜之处。佐钦寺年年举行正月大法会时，三根本修供食子和供品食子中经常会降来甘露，这个殊胜现象至今仍然没有改变。一九九六年，我主持在佐钦熙日森五明佛学院第一次大修四月文殊万供法会时，虽然因种种缘由法会没有达到预期的规模，但是修供食子中仍然降来了甘露。此外，历代佐钦大师们修供的莲花生大乐身像（亦称佐钦红喇嘛），如果被人挂在身上，身像会保佑此人脱离病魔邪障和非时死亡。这个被藏族人津津乐道的奇迹传到海内外之后，无论信奉佛教与否，人人都渴望得到一尊莲花生大乐身像。

我的不共根本上师拥丹贡布仁波切，没有任何苦乐和喜怒的心念，恩师具有无限的宽容和慈悲，视一切轮回作业如同长辈看孩童玩游戏，脸上任何时候都是威严中透着慈悲和祥和。1959年4月25日上师在一片幽静的圣地端坐入定，示现了圆寂，登上了本原法界佛位。当时，有不少人看见天空中充满了彩虹和光芒。上师圆寂后的第二天，人们发现法体已经不在原位，被空行母迎请走了。直到今天，有关上师拥丹贡布圆寂的神奇传说还广泛流传在当地民众中间。

拥丹贡布上师圆寂后不久，第六世佐钦法王吉扎·向秋多吉也示现圆寂。当时法王端坐草地，当他发出几次清脆响亮的“嘿”声之后当下就与化身本原密意和合无二，并且随之圆寂入灭。法王留下的骨舍利一直被我珍藏着。现在，骨舍利供奉在佐钦寺“见解脱菩提提法身灵塔”里，（2003年该灵塔被恭迁至佐钦白玛唐大回满闭关中心的刚坚金莲花宝殿内供奉）。为了表达对法王的清净敬信，我倾力建造了法王的包金灵塔。灵塔里除了第六世佐钦法王的骨舍利之外还装有吉美林巴大师的肉身一块，吉美拥丹贡布上师的头发和佛祖的再生舍利等。这座装有众多殊胜圣物的至宝灵塔，相信会给浊时前往敬信礼供的众生带来无量天边的福德，对于这一点，我没有一丝一毫的怀疑。

在这里，我特意述说几位大德上师的殊胜事迹，是有特殊意义的。我们要想得到意传证觉，就必须具有传承上师的加被，这一点非常重要。而要想得到传承上师的加被，一个必须具备的前提就是不能缺少虔诚无伪的敬信。

在此我可以讲述一下大圆满龙钦心髓法脉中我们佐钦派的传承上师：首先，这个法脉来自于法身普贤如来、报身金刚萨埵、化身极喜金刚、熙日森哈和白玛嘎热（莲花生大师）等。法脉传至龙钦巴·志麦沃色大师时，已经是集三个传承于一身的心法。这里所说的三个传承分别是：和诸佛胜智无二无别、深密不可思议的、大智慧中爆发出的圣意就是诸佛意传；由龙钦巴大师显示智慧身之后，三次摄受吉美林巴传授心法就是持明示传；口授得闻解脱密法，从口中传入耳中就是凡人耳传。龙钦巴大师把殊胜龙钦心髓的三个传承都传授给了弘扬龙钦心法的吉美林巴大师。

吉美林巴大师门下的康巴四无畏之一的吉美·加卫尼固，以及多哲·更桑先盘（多哲钦）、加色·先盘塔耶三位大德把龙钦心髓密法传授给了佐钦·白玛班扎，然后，佐钦·白玛班扎把法脉传授给了邬金·丹增洛布。邬金·丹增洛布还得到另一个殊胜的近传承：由吉美·加卫尼固和多哲钦把龙钦心髓密法传授给第四世佐钦法王美久·囊卡多吉，再由第四世佐钦法王把法脉传授给邬金·丹增洛布。就这样，邬金·丹增洛布把远、近两个传承的法脉全都传授给了先嘎大师，先嘎大师再把法脉传授给吉美·拥丹贡布。我的不共根本上师拥丹贡布，以无限慈悲利乐之心把以上殊胜心髓密法全部传授给了我。

佐钦·白玛才旺大师是我的另一位上师，他外表持戒清净，内心充满菩提胜心，是位登地菩萨，是密位修道取得证觉的持明大师。白玛才旺大师具足贤正善良的功德，长年勤修德法使他成为一位出世大瑜伽师。在他身边，我详细学习了《十三部大论》和相关分支法要。佐钦·土丹尼扎也是我曾依止过的传法上师，大师具足圣人九相功德，他的学识才智名扬于整个藏区。还有，阿卓·阿旺罗布既是我母亲的哥哥，又是给我传法的上师。阿旺罗布是修密金刚持身，精通显密教法，他给我传授了《旧密续部》，并且详细讲授过《功德宝藏法》。教我读藏文的恩师佐钦·曲觉法师，同样具足贤正善良的功德，尤其精通《现观庄严论》。1958年，曲觉法师被正式尊为佐钦熙日森五明佛学院的第33代法台大堪布。

以上犹如连绵金山般的上师善知识们，都是稀有难得的贤正良师，其稀有程度可以与白天出现的星星相比。在讲述成就之源具格上师的过程中，我以大篇幅叙说我的上师们，目的就是为了说明具格上师到底应该具备什么样的条件。我们找到和以上诸位大德一样的传道善知识上师之后，要以恭敬、诚信、精进之心学习上师的善意言行，如果能做到这样，一定会在此生得到殊胜大成就，对此无须抱有任何怀疑。

这里特别需要说明的是，当我们得到密宗深密心法的灌顶之后，一定要如法持守律仪和三昧耶誓戒，这是非常重要的大事。在这个十字路口上，我们不能有丝毫的马虎和松懈。

知道这些以后，我再来说一说上师相应法。在学习大圆满龙钦心髓前行法中的上师相应法正行时，首先要了解这样一个法理：《续部》告诉我们说，“有人千万劫之中，观修十万本尊佛，不及刹那观上师。”一心一意渴望解脱的人们，首先要找到一位指明正道的善知识具格上师，这是非常重要的头等大事。然后要做的一件大事就是依止具格上师，闻受上师所传的秘诀。最后要做的大事就是学修上师的善意言行，直至达到自己的心境与上师的密意无二和合。尤其在大圆满离修无上瑜伽之中，正果不是从思虑和理辩思维中求取的，也不是依赖于次第积修共同殊胜成就等厉修仪轨，更不需要做举例说明二谛义理的开示。这里要做的仅仅是真正敬信具足殊胜证觉的上师为真佛，并且对上师猛厉祈祷，从中修习，生起现证本觉，从而使自己的心境与上师的密意无二和合。当自己的身心之中生起了领证加被传承的智慧，就能够得到修成解脱正果的加被方便法要——上师相应法，这是殊胜至极的无上心要道法。

修习上师相应法时，要这样观想福田：自己所在的地方宽广平坦，所见之处都是清净佛土，佛土中的宝莲光明宫广大无边、庄严无比。光明宫中央，自己变成本性为智慧海王空行母、外相为金刚瑜伽母的尊者。金刚瑜伽母法体深红，一面二臂，独有的三只慧眼一直瞻仰注视着上师的心际，右手高举唤醒无明沉睡的鼗鼓在空中摇响，左手握持金刚杵刀柄的断除三毒之弯刀在腰间，赤裸的法体佩戴六种骨饰和花鬘。金刚瑜伽母虽然有形有相,但不是真实具在,是见其有而无其实。继续观想金刚瑜伽母头顶前上方一肘高的上空,由各种宝石做成的万瓣莲花宝座上铺有日轮和月轮,上面端坐本性为根本上师、外相为莲花生大师圣尊。莲花生上师的法体白里透红,双足显示帝王坐姿,身披锦缎披风、内穿咒士法衣,头戴莲花宝冠,右手在心际显示期克印并握有金色金刚杵,左手手环抱代表明妃曼达罗哇的三尖天杖。周边五彩光芒缠绕的光网中央,由彩虹形成的光圈内,印度八大持明和西藏王臣尊二十五等三根本胜尊围绕主尊莲花生上师就坐,这一切庄严无比。

接下来以虔诚的敬信心悲呼祈祷,当念诵迎请经文时,观想铜色吉祥山宝莲光金明宫的能依所依智慧佛众都降临到来,并且与自己观想的修法瑜伽士无二和合。然后,念诵七支祈请文。

密宗具有多种方便法门,修起来并不困难,是利根聪慧之人所能修习的微妙胜法。修持小乘道法的人于很多个十万劫中努力积修的资粮,在密宗法门里可以刹那间修成,并且可以在一生一世中修成解脱正果,而其中最殊胜的妙法便是供养上师。所以,无数积修资粮的法门最终可以归入到七支法之中。

一、礼敬分支:观想自己变现出无数身体,与全部有情同时做大礼拜。身体充满恭敬地做大礼拜,口中充满恭敬地念诵祈祷文,心中充满恭敬地把一切托付给上师,要在诚心敬信中身口意同时修大礼拜。

二、供养分支:把清净无染的实物供品和意化供品,以及遍满天宇大地的天人供品:如水供、洗足水、花、熏香、油灯、香水、神馐、法乐等,还有无量天宫、花园和十六金刚天女等无量供品,依照普贤化供,供养给佛与佛子诸众。

三、忏悔分支:要深刻忏悔自他众生身口意三门积造的所有罪障过患,并且决心今后绝不再造罪业。要在具足四对治力中忏悔罪业,观想全部罪障变成黑色粉尘堆在自己的舌头上,从福田诸佛身中放射出无数光芒,光芒照到自己舌头上而清除罪障黑尘,使罪障清净无余。

四、随喜分支:对于十方如来佛与佛子,还有随佛与佛子修法的学子们所做的伟业和愿心，以及自他众生曾经做过的、现在正做的、未来要做的全部二谛有漏、无漏善业，生起发自内心深处的真心实意的喜乐。

五、祈请转法轮分支：在还没有开始转法轮的佛、菩萨和佛与佛子化现的善知识等众圣尊面前，观想自己变现出无数身体，把无数金轮和右旋白螺供养给众圣尊，祈请圣尊常转适合三部有情意乐根性的微妙法轮。

六、祈请不入灭分支：对于众多佛国净土中的众多佛与菩萨，当施行利业圆满之后有意要入灭涅槃之际，观想自己变现出无数身体，祈请众多即将入灭的佛与菩萨，长驻于世，施行利生事业，直至轮回空灭。在念诵祈请文时，要随之观想文中描述的法义。

七、回向分支：以现在修行的善业为主，和自他众生在三世中所修造的善业合为一体，在无观智慧的摄纳之中把善业全部回向于令众生得证解脱佛果的事业中，并且要学习文殊菩萨和普贤菩萨等佛菩萨回向善法的方式。如果没有把善法回向大菩提，善业就会被罪过消灭，造成仅仅享受一次善业果报后善业便消失殆尽的后果。如果是经过回向的善业，那么这个善业就不会坏失，即使一百次享受善业果报也不会使善业消失，相反，善业还会不断增长。现在，我们世间凡人不能做到无毒回向，即以回向对象、回向的善法和回向者自己三轮虚空的智慧来回向善法。但是，学习佛与菩萨们的回向方法，可以使自己的回向变成清净圆满的回向。

以上七支法念诵仪轨文和观想法义一起合修之后，再祈请三世诸佛本性和无上慈悲源泉之上师，就可以使愿望如意实现。我们要如此观思：

我依止像如意宝一样的上师，我惟一修供上师，除了上师我没有其他皈依对象，祈求上师悲系垂念我等众生。之后，心中生起无比敬信之心，并且在激动流泪的当下念诵祈请文，修诵“班杂格日白玛斯德吽……”心咒。

接着，观想无二和合的莲花生上师眉间，犹如水晶般洁白明亮的“嗡”字放射出光芒，光芒照入自己的头顶，清除身之三恶业与生身脉障，得到身金刚的加被，获得宝瓶灌顶，成为能修生起次第的根器，种下异熟持明的殊胜种子，得到能证化身妙果的善缘；观想在上师的喉间，犹如红宝石般发亮的红色“啊”放射出光芒，光芒照入自己的喉间，清除口之四恶业与能生口气的风障，得到语金刚的加被，获得秘密灌顶，成为能诵咒念法的根器，种下寿自在持明的殊胜种子，得到能证报身妙果的善缘；观想在上师的心际，犹如蓝天般的蓝色“吽”放射出光芒，光芒照入自己的心际，清除心之三恶业与能生心识明点的明点障，得到意金刚的加被，获得智慧灌顶，成为能修乐空拙火的根器，种下手印持明的殊胜种子，得到能证法身妙果的善缘。

再一次观想上师心际的“吽”字中放射出另一个“吽”字，像箭一样射入自己的心际，与己意无二和合，清除三门之依阿赖耶[①]业和所知障，得到智慧金刚的加被，获得句义表示胜义灌顶，成为能修本净大圆满法的根器，种下如意持明的殊胜种子，得到能证究竟妙果自性身的善缘。这些观修要依据前行念诵仪轨，以诵观结合的方式修炼，最后把自己的心意与上师的密意无二和合，并在其中入定片刻。

当观修禅坐告一段落时，再次祈请上师，对上师生起充满亲切感的敬信心。观想莲花生大师笑容满面、慈眉善目，心际放射出红色温暖的光芒，照入自己观为金刚瑜伽母的心际，刹那间令金刚瑜伽母变成一团红色光球，光球犹如闪射的火花飞跃进入莲花生大师心际，与莲花生大师无二和合，并在其中入定片刻。之后，把万物观想为上师的化身，把善业回向于利生事业之中。

上师相应法中的心咒要念诵一百万遍。具有清净敬信心和净护三昧耶誓戒的人，唯一单修上师相应法也能往生于邬金净土，入登普贤妙地，这是前辈大师们宣说的无伪真言。

大圆满法殊胜至极，无需依靠无数贤劫和多生多世历修二资粮，是即身即世能够成就正觉佛果的深密秘诀心法。但是，我们必须从前行法门开始次第修习，直至正行心法，这个过程就像爬楼梯，要从第一个阶梯开始次第爬到楼顶。美味佳肴要放在华贵的餐具里才能显出美食的价值，同样，我们在接受深

① 阿赖耶：汉译为藏识，是留藏习气，一切异熟及种子依存之处。——编注。

密心法之前，首先要修习好前行法门，为修习正行心法打下坚实的基础，也可以说是为迎接正行心法贵宾而建造华丽的行宫。

前行法门就像护送自己度过恐怖险关的好保镖，如果没有这个保镖，携带财宝的人就无法通过充满怨敌与强盗的险关。同样，没有修习前行法门，就无法接受具有殊胜威力的正行心法，也不能从正行中获取任何利益。因此，从学修四出离心开始，要分别修习共同与不共前行法门，要把具足前行正行二法中全部深密法要的上师相应法当作心法来修习，这是我对渴望解脱的人们所要说的、我认为是很有用很重要的心里话。

第二十一章　临终的和合往生

佛祖给我们宣说了众多的法门，传承大师们对佛语经典的词义也作了大量的注疏论说，这一切的目的就在于通过修炼佛法，使人们做到不惧怕死亡，充满信心地迎接死亡。能够这样做的人，我们可以称其为佛门中人或修持佛法者。除此之外的所谓佛门中人或修法者，不论他生前能够轻松快速地背诵多少经续秘诀法宝，如果在临终时想不出任何有用的秘诀，那么他便是虚度年华，到头来一场空，就像背水的人来到河边，又背着空木桶回去一样。

我曾见过这样一位临终者，他已经病入膏肓，即将与世长辞。他的样子看上去非常可怜，医生已经断定他无药可救，照顾他的家人和亲友也知道他将要死亡。为了减轻病人的痛苦，医生和周围的人都没有把真实情况告诉他，他的家人和亲友只是在暗地里痛苦地哭泣。病人在这种不寻常的气氛中也觉察到了什么，猜到自己无法渡过这一关，但是，家人和他自己都没有把心里话说出来。

就这样持续下去的时候，他的呼吸变得越来越急促，脉搏跳动的力量也越来越微弱。在临死之前，他的两个眼窝在下陷，鼻腔也在塌陷，牙齿上面已经有了一层污垢，双手在不断地向外伸出。这时候，我和他的家人都听到了他最后说的话："把我抬起来，把我放下……"这些话有一点像梦呓，但这证明他已经踏上了死亡之路。

他的家人开始着手安排后事，医生和部分家庭成员仍然守在他的病床边。突然间，那个临终的人呼吸出现了困难，他用尽全身的力气对医生和家人哀求说："不要让我死去，不要让……我……"他说话的声音越来越小，越来越听不清楚,这声音好像来自他的上颚深处。听到那悲伤的哀求声,与他毫无亲戚关系的我也很难受,心痛如刀割。我急切地盼望他能够活过来,如果有可能的话,当时我非常愿意替他迎接死亡。

从他绝望而悲伤的脸上,我能猜得出他在想过去,想他过去因愚昧无知而造下的罪业。他在年轻力壮时不知道死亡的可怕,也没有想到过死亡,而且还夺取过其他有情的宝贵生命,给无辜脆弱的人造成过伤害,破坏过如来佛的身口意三圣像,诽谤过微妙佛法与大德善知识。他在回忆往事时,我相信他的心中一定充满了恐惧和悲痛。想到这里的时候,我看见那个人终于断气走了。如果我具有天眼通的神力,我还会看见那个人死后遇到的种种非常恐怖的场面。但是,平凡的我,只看见那天有一个人与世长辞,永别了他的家人和亲友,只留下一具可怕的尸体、一具肮脏并散发出一股臭味的尸体。他的名字也许能够留在极少数人的记忆里,但绝对不会留很长时间。

几天以后,那个人的尸体也要被处理干净。按照当地的习俗,他的尸体也许被火化,也许被埋在墓穴里,也许下葬在河里,也许天葬喂鹰。总而言之,他在人们的心中逐渐地失去了踪影,最后像流星一样彻底消失。那个人死后将遇到什么样的陌生世界,我们无法察知,但是在他死亡的那一刻,我听到他的亲友们在祈祷:“我们最可爱的亲人已经踏上了往生之路,祈求三宝保佑他脱离中阴世界的恐怖!”当然,也有部分无知的亲友发疯似地大喊大叫:“你为什么抛下我们,自己一个人到哪里去呀……”他们捶胸顿足,用力扯头发。此时此刻,也许死人的意识已经昏迷,也许已经脱离了身体的束缚,但是无论如何,他们的大喊大叫不仅得不到死人的回应,而且对刚死去的人有百害而无一利。

西藏有很多地方忌讳叫死人的名字,如果村子里有个人的名字与死者的名字一样,那么这个人马上会换一个新的名字。这样做是有一些道理的,如果死去的人不贪恋家园、受用、子女和亲友等世间法,并且在生前多有善行,死后又有大量的善法跟随,那么此人会往生于善趣或得到解脱,不会有暂时和恒久的痛苦。相反，如果死去的人在生前没有什么善行，死后又没有人给他修法超度，只是给死人献花和开追悼会并不能带给他任何帮助。尤其是死去的人深深贪恋此生世界之后，非福德的罪业会变成直接业因，贪恋迷妄会变成间接条件，从而像磁吸住铁一样往生于轮回世界，再一次复受轮回痛苦。在这种情况下，用死人的名字呼喊活人，会招致死人恋世后降来的灾祸。在佛法兴盛的西藏，懂得这个道理的人们当然不愿提起死人的名字，于是形成习俗传扬开来。

在西藏，人们如果不得已而谈起已故之人的事情，他们会将其称为“安魂者”，始终不会直接称呼死人的名字。人们认为，人人都有命、魂和心识这三个重要的生命组成部分，据说人死亡之后，命被敌魔夺取，心识随业缘投生，魂住在安葬之处。称之为“魂”的东西就是指生命的依所和生命的精华部分，如果魂脱离身心而到处游荡的话，丢魂的人便会失去快乐、失去身体外表的光泽、整天昏昏沉沉、始终提不起精神来。人死之前，首先受损的就是“魂”，其征兆是会体受到自己魂脉断灭的过程。

在藏传佛教旧密宁玛派的众多仪轨当中，有不少是通过修密咒和禅定来招魂勾魂的。人死之后魂就住在安葬之处，这里的“魂”是指本来俱生的某种神或祖先的魂魄显为人相者。“魂”虽然不具备任何超越人类能力的大威力，但是，亡魂的安息可以帮助后人平安无事。如果安葬之地遭到破坏而使亡魂不得安宁，那么后人会因此遭遇天灾人祸等灾难，这一切也许正是因缘神圣无伪的本性。俱生魔或夺命怨敌妖鬼会变成死者的模样来到人世间害人，也有少数鬼妖变成丢魂失魄的活人模样来伤害生灵。

藏族人的另一种说法是：人死之后，亲友不能为死者哭泣。如果哭个不停，泪水会变成烧铁大雨而让亡灵受苦。虽然，藏族人的有些说法没有多少理论和教法依据，这些说法有一部分是来自民间的古老传说，但是，我们绝对不能轻视所有的民间传说。其实，死者的痛苦和恐惧要比家人和亲友大很多倍，当没有依所的亡灵依靠意识之体和食香来度过死后几天时，他没有朋友和怙主，独自一人在充满恐惧中度过时光，遇到业风追随，亡灵会回到生前自己的家中。当亡灵回到家中，如果没有听到开示道法和安慰，只见亲人都在痛哭，那么亡灵就会因此心系家人而痛苦伤心，从而有可能致使其往生于恶道。如果因为我们的痛哭而导致亡灵往生恶道，那么，我们给亡灵制造的灾难和痛苦就远远超出了下几场烧铁大雨使其所受的苦。

如果人死之后，亲友先是哭几天，然后为争夺遗产大吵大闹，这样做会给亡灵造成极大的伤害，这种言行是绝对不可为的可耻之举。中阴灵识之体的亡灵，因为脱离血肉尘体而意识特别清醒，其中还具有少量的神通力。所以，家人如果做出对亡灵不近人情的坏事，而亡灵知道后就会因嗔怒过度而堕入恶道，那么，家人便成了把亡灵推入恶道的罪魁祸首。虽然亡灵与我们之间有很大的距离，但是我们的一举一动却能很轻易地影响到亡灵。

知道以上的道理之后，我们就可以像藏族人一样在死者尸体边许诺要为其除罪修善，承诺修多少个善业，并且要真正地落实自己的诺言。这样做的结果可以自利利他，一举两得，从中还可以完成目前和长远的大业。尤其是敬供僧众、施物给穷人、创立法会或建造佛学机构等善行能够很快得到利益果报。此外，有人即将死亡时，如果能请一位大德圣人到临终者的身边，给临终者修往生超度法——颇瓦法，就可以帮助临终者死后往生到极乐世界。颇瓦法是方便猛厉的深密心法，如果临终者能够听到这个微妙胜法，那它的价值就远远超出世间的任何财宝。对于临终者而言，世间财宝已经不能助他脱离死亡，相反，心意贪恋于财宝会引生各种轮回痛苦。

我们不仅要在临死之际及时修持颇瓦法，而且还要尽早学会这个妙法，我们应该想到自己无法把握活在世上的岁月，并且死亡从来都是无常的。要是我们白白浪费了最利于修法的人身，那就实在是太愚昧了，那和恶道的动物没有什么区别。

往生超度妙法——颇瓦法是密宗大圆满法的方便捷径胜法，属于无修成佛五法当中的一法。无修成佛指的是无需一劫一生等长时间厉修生起圆满次第法门，就能快捷轻松地修成解脱正果。但我们不能把它理解为连颇瓦法的观修次第都不用修，颇瓦法是迅速修炼成就的道法，利根罪障少的人可以在七天之内修炼出征象。

临终者如果事先接受过颇瓦法的开示，并且经过修炼之后得有征象，那么在即将死亡的时刻，由上师来做引导时，自己就可以在观修次第中，用虔诚无伪的敬信重新观想此前观修过的内容，依靠上师的加被和自己的观修力量两者结合，从而轻松地修取解脱正果。就算接受颇瓦法的徒弟是个非常愚钝之人，而如果传授者是一个具有殊胜证觉的上师，那么这个上师也完全有能力把受法者的心识犹如射箭般地送入极乐净土无量光佛的心际，并且令其与无量光佛的密意和合无二。这也是使罪业深重之人得以强行解脱的法门之一。

颇瓦法的开示有多种方法和各种不同的传承。比如上等法身颇瓦法，要由上师或净护三昧耶誓戒的道友，告诉和引导曾经修法得正觉的徒弟说："你已经出现了这样的死亡征兆，你的见识即将发生变化，你的这个和那个见识是这样和那样的死亡次第现象。因此，你应该用敬信心祈祷，观修这样和那样的禅定。"这样引导和提醒之后，此人依靠本原立断和如意顿超的秘诀，就能于此生得到解脱，或者在死后犹如母子相会般地体证法身光明，从而得到解脱正果。

中等报身的往生、下等化身的往生和凡人具足三念的往生，根据各传承法宝秘诀的不同，在时间、心念和解脱方式等方面也不尽相同。摄纳亡灵的颇瓦法，是用方便法力把未曾修道学法的大罪人也能够强行救度解脱的深密秘诀。修颇瓦法来超度亡灵的上师，必须是证解见道胜义和入登第一地的圣人，因为修颇瓦法的人，如果不具备生起菩提胜心的微妙证觉，就无法超度他人的亡灵。如果是具备以上微妙证觉的上师，就能够用气、明、心三无别和合的法力，把亡灵在刹那间送入无上圆明的法界胜义极乐佛国之中。

还有一种颇瓦法是由少数上师首先把死者的亡灵勾入到物体或灵牌等观想依境之中，然后修颇瓦法观想次第，把实物形式的亡灵超度送入乐土。第一世佐钦法王白玛仁增大师带两个徒弟去给一位死者修颇瓦法时，首先由大师本人把死者的亡灵勾入到一个碟子下面，然后大师让两个徒弟各修一次颇瓦法，当徒弟发出“嘿”声时，众人看见了碟子在原地动了一下。而由大师亲自修颇瓦法而发出“嘿”声的当下，碟子突然从原地跳到了空中，这是广为流传的真人真事。

在藏区，给死者修超度法要修四十九天，因为死者在中阴世界度过的时间寿命一般为四十九天。这个四十九天要从死亡的那一天开始算起，每过七天之后要修七期超度法。在修七期超度法时，要请一定数量的僧人集体诵修各种仪轨，达到清除罪障、解说境界和往生超度的目的。修七期法的原因是中阴众生要在每七天之后体受一次死亡的痛苦，这个时候修法超度可以帮助死者离苦得乐。

在给死者修法超度的过程中，最重要的时刻是在外呼吸气断灭而内呼吸气未断的那一刻，这个时刻通常要请一位殊胜的上师来给死者修颇瓦法，因为这个时刻是决定死者心识去到哪里的关键时刻。藏族人非常珍惜这一时刻，牧区的人会把家里最好的马匹配上好鞍，外加最好的氆氇衣供养上师，请上师给死者修颇瓦法。此外，西藏的少数地方还有把火器、吹火筒、锅碗和食物等生活用品装进皮袋里供养上师的习惯。一般情况下，死者死亡之后的第三天是心识从昏迷中苏醒的日子，这一天给死者诵修解说境界等法门非常重要。藏族人在这一天会请很多有修证成就的大德上师给死者修法做善业，他们对此非常注重。七七四十九天中的最后一天是超度结束日，这一天还要请一位大德上师给死者修法，指明往生的善道。在七七四十九天之内和修七期超度法时，根据死者家属的经济能力要修《中阴闻教解脱法》、《深密寂怒自在解脱法》、《金刚萨埵法》、《解脱经》、《忏罪法》和《普贤菩萨行愿品》等。在此基础上，还要请很多大德上师、活佛和普通僧人给死者修《大日经》等仪轨中的超度法、宝瓶仪轨和洗礼仪轨等除灭罪障的法门。

在四十九天结束之际或结束后要对死者的骨灰修金刚萨埵法门中的骨修

仪轨，并且用骨灰做成小佛塔。来年死者的祭日那一天，还要给死者修一次圆满盛大的满期超度大法。

在处理死者的尸体时，根据宗教和地方习俗的不同有着各种各样的做法。这里，我说一说在佛法兴盛的西藏，经常实行的与众不同的“天葬”。有人听到天葬中用死尸喂鹫的情形时，也许会觉得恐怖和不人道，这种想法其实是错误的。出现这一想法的原因是因为自己被深深的我执、我恋心所束缚。人死之后，尸体就像土地和石头一样怎么处理都不会造成疼痛等痛苦。如果有人硬要说尸体像活体一样有感觉，那么把尸体埋入墓穴中也会给尸体造成寂怒痛苦。持有这种想法的人是无法恰当地处理尸体的。

西藏人在对尸体做天葬处理时，首先会请一位具足生圆修行和诵修入量的大德圣人择福地修加持仪轨，然后在福地装入诸佛寂怒坛城，把尸林修成具足加持力的福地。此外，还要在其中修造如来佛塔和刻经石堆，树立印有各种经文明咒的经幡，所有这些都须是经过开光加持过的。在这样的尸陀林中，一位具足觉证的能断法大师在实行天葬的前夜要用法力把尸体与怨鬼分离，用死丧卜算算出方位和时间。在黎明时分把死尸从清净之地抬进尸林中，能断法大师从前行皈依、发心和祈请开始修能断仪轨。尸体以俯卧的方式放在天葬台上，要在背上划出寂静大格子、忿怒大格子和忿怒王救供等几种格子纹，把尸体加持成智慧甘露会供品，迎请智慧业神和世间空行母等诸施业天尊，还要迎请受纳余物的小卒天尊众，即化现为鸟类的鹫。对于鹫还要修持呼鹫观修仪轨，打鼓、摇铃和吹骨号，同时，把尸体切碎后让鹫吃得干干净净。

对尸体做火葬处理时，要修某一尊本尊坛城，迎请与本尊坛城相关的智慧火神，观想火神融入法师自己修持三昧耶戒的身体里，并在其中安坐。观想智慧之火烧化我执蕴身之尸体，以烧施（护摩）的方式把尸体清净烧灭。

就这样圆满修完满期超度善法，会令后人心安理得，让死者灵魂安息，并且助死者的亡灵在今后的生生世世中，次第进入乐善胜道。我们这样做，不仅能帮助死者离苦得乐，而且还能给自己修造进入乐道的善因。临终时修颇瓦法极能助人，而临终祈祷发愿也很容易如意成就。因此，我们要在临终时发愿："我为施行利生事业，愿成为饥饿者的食物、口渴者的甘饮、无助者的助友和无依者的依靠……"并且虔诚祈求三宝，这样便可以使发愿得以实现。

在临终时，我们要忏悔无始以来所造的罪业，把善业回向于微妙大菩提。要有这样的愿心："我要抓住这个死亡的机会，依修密宗颇瓦法来证取正觉佛果，然后把如母众生从轮回苦海中都解救出来。"像这样充满信心和勇气是殊胜密法的优胜之处。

我曾遇见过一位孤身一人、身无分文的藏族老喇嘛，这位老喇嘛虽不是勤学显密经论而博学多闻的大学士，但他从小就勤于礼拜和转经以除罪灭障。到了中年，老喇嘛依止一位善知识闻学了大圆满《空行心髓》前行和正行的开示，并且进行了一定程度的修炼。这位老喇嘛平时喜欢开玩笑，很会说一些既不伤人又能给大家带来笑声和快乐的笑话，他还能用玩笑的形式告诫不道德的言行和不如法的坏行为。

临终时，老喇嘛和平时一样仍在开玩笑，他的说笑声还是那么的响亮。他视死亡犹如从屋里走到屋外，毫不在意。周围的人也没有看出他有任何异常的举动。即将圆寂之际，他很平静地告诉在场的人说："世间食物我已经吃够了，为了成就微妙因缘，我想喝一碗牛奶。"

老喇嘛接着说："把肚子清净一下再走，也不能不说是一件好事。"

当老喇嘛喝完牛奶，脱掉一身破烂的旧衣服，并取出法衣穿好之后，就双手结定印，脸上带着平日常见的笑容圆寂入灭了。老喇嘛圆寂的一刹那，众人看见他的头顶生起了一团热气，那神奇的圆形气团直飞空中，消失在遥远的宇宙空间里。当时，罪障多的人根本不敢接近老喇嘛的法体；而那些善良的人接触老喇嘛的法体时，没有丝毫的恐惧感。像这样的奇人奇事在西藏还有很多很多。

老喇嘛圆寂入灭就像上床睡觉一样，他的法体比平时更庄严、更有光彩，他没有给人带来任何恐怖和痛苦。没有人为老喇嘛的死而哭泣，也没有人给老喇嘛修满期超度大法。老喇嘛留在世间的东西只有一点酥油，以及能够吃上七天的和好水的糌粑。我们可以断定：老喇嘛是一位具有修法功德、贪欲小、易满足的大德。这样的大德不可能有一匹好马供养给上师，也不需要由哪位上师为他修颇瓦法。但我相信，老喇嘛进入清净极乐佛土，一定就像人们回到自己的家里一样欢喜。

我十三岁那年，年仅三十七岁的母亲就匆匆离开了人世。那一年，我正好住在佐钦寺附近的长寿谷密境，依止白玛才旺法师学习《中观六论》。我的舅舅穆日仁波切从故乡扎溪卡专门派来几个人，到我所在的长寿谷。他们带来穆日仁波切的口信说："要你马上请一个月的假尽快回到故乡去。"

于是，我暂停学法，骑着马急匆匆地往家里赶。经过五天的骑马路程，终于回到了生我养我的故乡和舅舅穆日仁波切的驻地。妈妈告诉我她身体的右侧腋下部位有些不适，没有什么大不了的病痛。从母亲的气色也看不出有什么重病，甚至像没有任何疾病一样。

母亲是个远近闻名的美女，她不识字但能够说唱《格萨尔王传》一百多页的全部内容，她不是用一个调子唱诵全部的史诗，而是有分别地运用各种不同的调子，形象生动地唱出岭国诸位大将的个性。就在她即将离开人世的那段日子，她依然用美妙动听的声音唱诵着《格萨尔王传》，和往常健康时一样欢声笑语、能歌善说，看不出有任何难受和痛苦。

我们父母兄妹以及舅甥久别重逢的日子正是夏天。牧区夏日的草原美丽如画，在广袤无边的草原上，牛、羊、马群悠然吃着青草，远看犹如镶嵌在绿色地毯上的花朵。而那些体形威猛的藏獒则被拴在牧民帐篷的周围，它们的毛色有四眼形的、有胸口是白色其余为黑色的、有棕黑色双肩呈现斑点的等等，这些狗个个都高大体壮像小牦牛，它们的脖子上都套着红色的牛毛项圈。被狗包围着的黑帐篷通常是四方形的，帐篷里面右边是男人的座位，左边是女人的座位，中间摆放着藏式土灶，里面火焰不断。家庭主妇们在土灶上大显身手，烹制出很多美味佳肴。帐篷里面的最深处，堆有大大小小的皮口袋和木箱等,上面通常盖着一张花纹抢眼的大毯子。

在男人的座位上方设有供坛,供坛上面有佛像、法器和很多油灯等。女人座位的上方则放着盛满美食的众多大锅、盘子和碗勺等,准备随时给家人和客人献上丰盛可口的美味。在白色四方形的羊毛垫子上面,男人们通常盘腿而坐,女人们则双膝着地跪坐,或者是双膝着地之后由一只手支撑着上半身而坐。这些在西藏东北部牧区常见的生活习俗,在我的家乡也都无一例外地存在。就在那充满诗情画意和欢歌笑语的藏北草原——我的故乡,我们全家相聚在一起度过了一段美好难忘的欢乐时光。直到现在,我还常常梦里重游回故乡,流连徜徉于在那段美好的时光中。

在家里住了半个月之后,遵照舅舅穆日仁波切的安排,我随穆日仁波切和百余名马队前往老寺等圣地朝圣礼拜,这次出游朝圣总共用了近一个月的时间。当我们正往家里返回的时候,母亲突然病重卧床不起。我和舅舅骑马涉过扎河,飞驰过藏北草原,急匆匆地赶回家。我们是在晚上到达的,就在我家的黑帐篷里,我看见母亲病情非常严重,知道她已经活不了多久。舅舅快步走到母亲床前,坐在她的枕头边和我一起诵修大圆满心髓法宝中的往生妙法"颇瓦法",我一边随舅舅诵修颇瓦法,一边凝视母亲的脸,心里非常难受。

正当我和舅舅修颇瓦法时,母亲突然伸出双手,做出合十礼印,嘴里还诵起了乔美大师所传的祈愿往生极乐文中的部分偈句。这时,舅舅穆日仁波切发出了五次"嘿"声,然后,母亲的外呼吸便断了。看到这一切,我被惊呆了,一时之间不知所措。当颇瓦法的仪轨念完之后,我的心神才恢复了正常,想到与慈母从此就要永别,一阵从未有过的悲痛几乎令我的心脏停止了跳动。不过我又想到母亲能有幸接受观世音真身穆日仁波切修持的颇瓦法,知道活佛一定能够指明正道,送母亲的心识于极乐净土。此外,我知道母亲是曾经做过噶陀阿芜等众多大德的上师佐钦·阿卓·索郎曲培的女儿,很多人看见我母亲的舌头上有一个白色的"阿"字,无疑母亲应该是胜根基善种姓之人,她一定不会堕入恶道地狱。想到这些,我的心得到了很大的安慰。后来,我们请第六世佐钦法王吉扎·向秋多吉看母亲的超度情况，法王告诉我们超度非常圆满，法王的话使我们大为宽心。

像上面所说的死亡迟早也会降临到你我众生的头上，到那时如果想自在解脱，就必须从现在开始想好对策、做好准备。死亡是不会提前通知我们的，如果事先没有准备，而当死亡突然降临之时，除了心慌意乱、不知所措之外，便是难以形容的悔恨。为了使有缘众生不至于突然毫无作为地死去，在这里我想讲述一下大圆满无修成佛五法之一的临终往生秘诀，即往生无修成佛的开示法要：

往生妙法“颇瓦法”分为：此生修证大圆满本性胜义正见之后，临终在本原立断胜道中依靠法界智慧而往生于法身法性之界的上等法身见证往生；此生修炼生起次第瑜伽与圆满次第瑜伽取得证觉之后，在中阴世界里生起中阴迷见的同时往生为双运智慧身的中等报身生圆双运往生；修炼成熟解脱胜道之后，具受中阴往生秘诀的人们依靠世间中阴化身妙道而往生于清净佛土的下等化身无量慈悲往生；把中脉观想为道路、心识明点观想为贵宾、极乐净土观想为想要到达的目的地而修颇瓦法，是凡人具足三观想的往生或自利具足三观想的往生；具足殊胜证觉的圣人，对临终或中阴界的有情修颇瓦法，是利他悲系往生或摄受亡灵悲系往生。

以上多种颇瓦法中，如果自己不具备体证见道胜义的功德，就不能对死者修悲系往生法。在对死者修颇瓦法时，最好的时机是外呼吸气刚断而内呼吸气尚未断掉的那一时刻，此时修颇瓦法就像游客走路遇到好向导而顺利到达目的地一样，能够帮助死者的亡灵往生。

修炼或真实运用往生妙法“颇瓦法”正行法要：

在舒适的坐垫上，身体以毗卢七法的禅坐姿式端坐，观想自己的蕴身刹那间变成红色金刚瑜伽母，圣母一面二臂，右手持有弯刀，左手托握盛满红血的颅器，左臂抱着象征胜乐金刚的天杖，周身披戴锦缎、宝石和骨衣饰品，右腿稍微弯曲，左腿伸直，显示大力步，站在莲花、日轮和尸体之上。法体犹如吹气的胎盘，或者像撑起的丝制红帐篷。

自身金刚瑜伽母的身体中央，有粗细如中等竹箭般的空心中脉，形如一根圆管状的光柱，光色如蓝天般湛蓝，脉管如莲花花瓣般细薄，脉光如油灯般明亮，脉形如水柳般笔直，脉内如空心管般空无一物，如此具足五特征的中脉上端伸入梵净穴内，向外开口，下端伸至脐下四指宽的部位，紧闭脉口。中脉在心际如竹子生竹节般的部位，有大小像豌豆一样跳动不停的风性淡绿色明点，明点中央有油灯灯心般明亮闪耀的红色"舍"字。

头顶一肘高的空中，法界胜义无上佛国彩虹照耀、明点闪烁之处，有莲花月轮宝座，上面坐着与皈依总集根本上师无二无别的无量光佛圣尊。无量光佛法体红色，一面二臂，双手结定印之上托握盛满无灭甘露的钵，身穿三法衣，具足三十二相和八十种随好的微妙庄严，双足金刚跏趺坐。无量光佛的右边有观世音菩萨，左边有大势至菩萨，周围还有诸佛、众菩萨和三根本佛众等无数佛菩萨眷众，都把充满无限慈悲的法相朝着众生、慈悲慧眼注视着众生、慈悲悦意垂念着众生，他们是把众生带入极乐清净佛土的大向导。

在观想以上内容的同时，要念诵颇瓦法仪轨，心中要产生无比的敬信悲求之心。然后要念诵"世尊如来正等正觉佛……"，要诵七次，紧接着念诵心要法的往生文"善哉！圣境自见……"然后内心专注于明智心之依——"舍"字，从上颚深处发出声音，把"舍"字念诵五遍，同时观想红色心性"舍"字被淡绿色风性明点在跳动中从中脉内往上推送，其情景犹如风吹碎纸。当念诵最后一遍"舍"字时，"舍"字已经触及头顶梵净穴，此时此刻用力大声发出一声"嘿"，"舍"字犹如箭一样飞入与上师无二无别的无量光佛心际，并与上师无量光佛圣意和合无二。

接下来又和前面一样观想心际有红色"舍"字，再一次把"世尊如来正等正觉佛……"念诵七遍。之后，要修炼佐钦派特有传承的插草颇瓦法，这个颇瓦法易修炼、易得到证觉，可以从梵净穴中插入一根草。

修插草颇瓦法时，要念诵"礼敬无量光佛……"等长、中、短任意一种往生仪轨文。推送“舍”字的“舍”念诵五遍之后，要大声发出“嘿”声，从而把“舍”字送入无量光佛心际，这些修法与前面的往生法一样。然后，又念诵“世尊如来正等正觉佛……”接着要念诵《天法》中的往生仪轨文“善哉，无比微妙……”接着，再与前面一样地推送“舍”字。这样反复多次修炼，当修法告一段落，在五身法界印持的时候，要用心把无生“阿”默诵五遍，接着把“呸”诵一遍，就这样从“阿”到“呸”重复诵五次，然后在离戏无念法界中入定片刻。

最后，观想头顶上方的佛菩萨眷众融入主尊无量光佛身内，主尊又化为一团红光融入自己身内，自己刹那间变成长寿佛。长寿佛法体红色，一面二臂，双手结定印之上持有盛满无灭甘露的长寿宝瓶。世尊法体披戴锦缎和宝石饰品，具足微妙相好庄严，其中脉上端由月轮和十字金刚杵覆盖。观想从自己心际放射出多彩光芒，把有、寂、道三界的寿分以光芒的形式迎入自己身内，自己立刻成就为无灭金刚之身。同时要念诵咒语：“嗡啊嘛热那智万得耶梭哈”，把这个长寿心咒念百余遍，此外还可以念诵其他相关的长寿心咒和仪轨文等。依修此法，可以在消灭寿祸的基础上破除寿命障碍。

颇瓦法修炼成就的征兆有：头痛、头顶流黄水或出汗珠、能把一根草从头顶中心插入进去等。修颇瓦法要一直修到出现以上征象，在正式运用中，要在出现无法免去一死的死亡征兆和必死无疑的时候修炼，除此之外，不能在不恰当的时候修颇瓦法。如果修颇瓦法的时机选择不当，将会造成很大的罪障。

在年轻力壮、四大协调、气脉明点旺盛的时候修颇瓦法并不容易修成，相反，年近古稀或临终时修颇瓦法更容易修炼成就，这个现象就像秋天的瓜熟蒂落。我们可以从现在开始修炼熟习颇瓦法，等到需要运用颇瓦法时，就会有足够的把握和信心。另外，在遇到大惊吓的时候，要把心专注于头顶，观想头顶坐有根本上师，如果遇上突发事件而意外死亡的话，这种做法将会带给你很大的利益。所以，经常观想头顶有上师，是一门众人称赞、极为有益的殊胜心法。

第二十二章 死亡征兆——时间明镜

我们备加爱护的这个身体，要经过出生、发育、健壮、染病、衰老等生命过程，最后结束全部的人生游戏。人生的整个生命过程又可以归入到生、老、病、死当中，其中的生与死是任何生命物体都无法躲避的，而老与病就不一定是全部生命物体都要去经受的。部分有情会在刚出生，或出生后不久，或少年来不及衰老的时候就突然死去；还有部分有情在没有任何疾病的情况下，遭遇天灾人祸等各种逆缘而死去。因此，我们所面临的痛苦之门——生死二法，非常值得去认真仔细地分析和研究。如果我们根本没有生出来的话，就不可能产生众多的痛苦，也不可能有可怕的死亡。如果我们能够不死，那么就不会遭受死亡的痛苦，也不会有再投生而堕入轮回的悲剧。如果能够阻止生，自然就可以断灭死。追寻生的根源时，我们只能追到前世的死亡时刻。今世的死亡不同于前世的死，原因是在今世死亡中我们有可能于死后中阴界证得中阴法身，如果有这样的可能，而且我们也有坚定的信心，那么就可以灭除整个轮回迷妄，不再受任何痛苦。这个过程如同水在原有的渠道中流动时，人为的改变渠道则可以把水引入到新的渠道里。我们从无始轮回以来一直受无明的控制，在无明因和贪欲心的牵制下流转于轮回世界。今世由明白智慧启开慧眼之后，可以寻找到一个非轮回苦道的正道，从而离开轮回原道，步入解脱妙道。

摆在众生面前急需解决的头等大事就是死亡。如果我们能够预知大概的死亡时间，那么就可以做一些准备工作来迎接死亡。如同两军对阵，如果一方知道另一方的兵力、方位和武器配备等详细情况，那么知情的一方就可以做好充分的准备来克敌制胜。死亡是在寿命、善业和福德耗尽的时候才会出现。我们如果要预测死亡的时间,可以观察寿命福禄的依所——身体,以及心里的感受与梦境兆相等等。

在藏医学里通过把脉与察尿的方式判断四大协调与否,从中诊断出疾病。同样,人们可以通过观察魂脉和分析七奇脉等方法来预测病情、死期和其他厄运降临的情况。在预测未来事情时,还可以用占卜、掷问卜团和看圆光等方法。占卜分为念珠占卜、骰子占卜、宝冠占卜、线书占卜和公羊右肩胛骨的占卜等,如果细分则又有很多种。根据占卜的内容又可以分为运气好坏的占卜、教法事业的占卜、世俗政业的占卜、商业经营的占卜、妇女生育的占卜等等很多种。

看圆光分为看心里现象的心里圆光,和看镜中现影的明镜圆光两种。在众多伏藏法宝中,有多种依修各路本尊后看圆光的圆光法门。一个人接受这些圆光法门的灌顶传承和开示,并且如量诵修心咒,把圆光法修持成就之后,就可以将其法力用于利生事业。如果不是为了利益众生而随意看圆光,则会造成修此密法之人不能得到成就的严重后果。在西藏,还有少数看圆光的人,他们自己不能看出圆光景象,当他们把心咒和仪轨修完之后,要寻找一位脉路清净的人来帮助看明镜中的圆光景象,然后根据此人所看到的圆光现象判断出未来的吉凶福祸。

在预测未来的吉凶福祸时,还可以采用一种算术。在这个算术预测中,把需要推算的命、身、禄、运、魂等与五行相结合,并与年龄、八卦、宫、日时、星辰等对列而运算,最后可以得出吉凶福祸的结果和寿命岁数的结论。

此外,还可以从一个人的心理变化中预见到此人的死亡时间。每个人都有与众不同的性格及心理特点,那些一贯粗暴鲁莽并且身心不受善法调治的人,如果性格突然发生重大的变化,便意味着此人不久将会死亡。相反,那些一贯平易近人、和蔼可亲的人,突然变得怒气冲冲、粗暴鲁莽,可以断定此人的死期为时不远。还有,人们在梦里如果经常梦见太阳落山和进入夜晚;或者梦见自己很不高兴地单独待在空谷、野外和无人居住的空城里；或者梦见自己到异地他乡去寻找住的地方；或者梦见自己穿红衣服向西行走；或者梦见与已故死人相遇，并和他说话；或者梦见自己反骑驴子等等，就意味着此人将活不过三年。

综观预测未来吉凶福祸的现象，最终都是因为惧怕死亡而卜问自己是否会遇上断命的天灾人祸。既然想预知死期，那么比以上任何问卜都好的重要方法就是观察身体。生和死与身体有着很密切的关系，身体是由四大聚合而成的物体，在大圆满法宝里讲述了观察"四大"本身现象——"寿命相"的方法，这些观察方法是从增、减两方面来观察死期：从外形方面观察能不能延长死期，从色相方面观察魔障。

从增、减两个方面观察死期的具体方法是：

在天气晴朗时，独自一人来到幽静的地方，赤身裸体或穿一件很薄的衣服，背对着太阳站立，手里拿一根木棍或一串佛珠，两只眼睛目不转睛地盯住前面自己身影的中心部位，当出现看得眼花的现象时，把视线从自己的身影迅速转移到对面天空中继续注视。这时你若看见自己身影的全部轮廓以及包括手里所持物品形状在内的全部影像，那么意味着近期你将平安无事，不大可能发生自然或意外死亡；如果不能看见手里所拿物品的影像，那是与所依本尊分离的现象，这意味着你将活不过七年；如果不能看见右手的影子，意味着将活不过五年；如果不能看见左手的影子，意味着将活不过三年；如果不能看见右腿膝关节以下的影子，将活不过两年；如果不能看见全部右腿的影子，将活不过八个月；如果不能看见全部左腿的影子，将活不过一年；如果不能看见脑袋右半部分的影子，将活不过九个月；如果不能看见脑袋左半部分的影子，将活不过七个月；如果不能看见脖子以上脑袋的影子，将活不过五个月；如果不能看见脖子和脑袋两者的影子，将活不过三个月；如果不能看见全部上半身的影子，将活不过二个月；如果不能看见全部下半身的影子，将活不过一个月；如果不能看见全身右半部分的影子，将活不过二十九天；如果不能看见全身左半部分的影子，就意味着活不过二十一天。

从外形方面观察能否推迟死期的具体方法是：

在和前面一样做完盯住身影与转移视线之后，在观察影像中如果能够看见四方形、扁形、圆形或半月形的影子，那么意味着可以用方便办法来推迟死期；如果看见三角形或尸体被包裹形状的影子，那么便意味着无法延迟死期、无法避开死亡。

从颜色方面观察魔障的具体方法是：

在同样做完盯住身影和转移视线之后，在注视对面当空时，如果看见身体的影像为白茫茫之色，并且从中心部位消失影子，那么意味着自己已经被龙类和鬼类缠住；如果看见身体的影像为黑色，并从右边开始消失影子，意味着已经被魔类和地母缠住；如果看见身体的影像为红色，并从左边开始消失影子，意味着已经被龙妖和厉鬼缠住；如果看见身体的影像为蓝色，并从腿部开始往下消失影子，意味着已经被龙类和湖妖缠住；如果看见影像为黑乎乎之色，意味着已经被地母和阎魔王缠住；如果看见影像为黄澄澄之色，意味着已经被地祇或土地神缠住；如果看见影像为花花绿绿之色，意味着已经被魔鬼缠住。以上色相如果发生影像增减和影像变形时，就要认清突然遭遇的魔障，在此基础上修遮灭法来加以调治。如果影像未增减和影像的外形没有发生变化，那么可以断定其为俱生魔障。

观察天地连线的具体方法是：

在中午时分，面向南方坐在地上，两腿弯曲，把右手的手肘放在右腿的膝盖上面，伸直右臂，握右拳抵住前额，两只眼睛从眉间注视右手腕，要目不转睛地注视。如果看见手腕非常细，意味着你将平安无事；如果看不见有手腕在遮挡视线或看到手腕已断，那是死亡征兆，意味着将活不过十九天。

观察须弥山上骑狮人的具体方法是：

当太阳从东方山顶升起时，注视倒映在湖水中的墙面上的人的头部影子，如果看见墙面有两处上下重叠在一起的黑影，那么意味着自己将平安无事；如果看见没有上面一层的黑影，意味着自己将于此后第十六天的中午死去。

观察水面浮膜的具体方法是：

当太阳从东方山顶升起时，在非白非黑的容器里小便，注视小便中升起的气体。如果看见气体为蓝红色，意味着你将平安无事；如果不能看见气体中的蓝红色，意味着将活不过十五天；如果看见气体为黑糊糊之色，意味着只能活十一天；如果看见气体为红点点，意味着只能活九天。

观察僧人之烟的具体方法是：

当太阳从东方山顶升起时，解大便并观察大便中能不能升起气体。如果看见有气体升起，那么就意味着自己将平安无事；如果看见气体为红点点，或根本不能看见有气体升起来，那就意味着将活不过九天。

观察须弥山顶太阳落下与否的具体方法是：

用手指头压住眼角部位，在观看中如果发现多出一个视线，那么意味着自己将平安无事；如果发现没有多出一个视线，意味着将于第三天死去。用手指头压住耳朵孔时，如果听见类似打鼓的声音，意味着自己将平安无事；如果听见类似刮风的声音，意味着将于第七天或第十一天死去；如果根本听不到任何声音，意味着将于五天后死去。

最明显的死亡征兆是地大合入水大时，会感觉到身体特别沉重；水大合入火大的时候，口鼻中流出水液；火大合入风大时，身体失去热量；风大合入心识时，身体断灭内外之气，还会昏迷片刻；心识合入“空”中时，将会入住无念法界；“空”合入光明时，将会领见到智慧光明展现出来。以上就是死亡次第的征兆。

死亡时时刻刻就在我们的前面，对此我们不能掉以轻心。惧怕死亡而不敢谈论有关死亡的问题或者视谈论死亡为不吉祥而避之不提，都是愚昧无知的表现。死亡是无法掩盖的，提起“死亡”二字并不会使人快死，不提死亡之事也不能避开死亡。所以，我们要大胆揭开摆在我们面前的“死亡”的神秘面纱。就像我在前面所讲的那样，死亡与我们此生的身体有着非常密切的关系，在研究死亡现象时，许多被医生用先进的现代仪器全面检查后认为身体健康无生命危险的人，有很多却被杀害、或自杀、或遇上意外事故而死。如果我们能够懂得多种观测方法，那就可以很好地保护此生的身体性命。对于非时意外死亡，可以事先预测避开。即使观察出确实难逃一死，也有时间做好充分的准备。所以，观察死亡征兆的学问是很重要的，在修取此生与来生的利乐大业时，我们还真不能缺少它。

第二十三章　赎死与延年长生

如果有人问我，到目前为止，这个世界上曾经有战胜过死亡大敌的人吗？我会非常肯定地回答说：“有，有很多人战胜过死亡。”为什么这么肯定呢？因为的确有很多人曾经战胜过死亡或者没有经历过死亡。这个避开死亡的法门，根据不同的修行方式和发心方式而有多种门类，有些人法体虹化后消失，有些人法体化为微尘后消失，还有部分人没有放弃身体，有意在累世累劫中长驻不灭。如此众多的微妙成就，可以通过修持大圆满极乘深密瑜伽而在即身即世中获得。

在大圆满法的三个传承中，首先是获得持明示传的极喜金刚大师，从金刚萨埵那里接受了六百四十万部大圆满密续心法，然后把众多心要法宝书写成句义传承。大师证得无学双运智慧之后，在印度的旦迪河流源头，法体化为光而消失了。当时，将巴谢宁大师以无限悲哀的诚心作了悲呼祈祷，由此从空中降来了一指宽的宝匣，得到了“三句心要”的遗法。大师一看到三句心要遗法便大彻大悟，获得了与极喜金刚上师无二无别的证觉，并且在世间留驻了一百零九年，最后在印度的嗦萨园尸陀林中，法体化为光消失了。当将巴谢宁大师化光消失之时，熙日森哈大师作了悲呼祈祷，由此降来宝匣，获得了“六修觉”的遗法，大师经过修持得到大成就，最后，在印度的施寒尸陀林中，大师的法体也化为光消失了。

当熙日森哈大师化光消失之时，加那苏扎大师作了悲呼祈祷，由此降来宝匣，得到了“七钉宝”的遗法，大师把微妙遗法修持成就之后，在印度的叭森尸陀林中，法体化为光消失了。

当加那苏扎大师化光消失之时，比玛木扎大师作了悲呼祈祷，由此降来宝匣，得到了“四放置法”的遗法。大师如实地修持遗法之后，得到无灭无生的长住胜身，至今仍然驻于世间。清除业障之人现在就可以目睹大师施行利生事业的圣境。

根据金刚亥母的预言，莲花生大师从熙日森哈上师那里接受了大圆满无上深密空行心要法的灌顶、修持秘诀法本、深密心法大续十七部和其他分支法门。熙日森哈大师特意把教法托付于莲花生大师，莲花生大师接受重托之后，在嗦萨园尸陀林中如实修习心法，通过精进密修，得到脱离生死的无灭长生持明，具足神通无碍的法力，是真正的持明示传持有者。

大圆满三部秘诀心法通过修持之后被传扬为凡人耳传，在这个法脉的传承过程中出现了像毗卢遮那大师、邦·米旁贡布大师、安然·向秋将参大师、萨顿·仁钦友大师和库居·萨卫确大师等成就虹化身或身体化作微尘后消失的大德，这个奇迹至今依然有示现。在藏区的多、卫、康各个地区，得到这种成就的大德可以说不计其数。

通过修持密宗捷径道法，不仅出现了带领天、龙、人等持明眷众十万余名同证正觉佛果、成就清净大转光身和长生不灭寿命的莲花生大师，还有即身即世成就空行身的益西措嘉等众多大成就者，而且还出现了二十五君臣、耶巴和曲俄日的大成就者等诸前辈大师。后来在噶陀寺、白玉寺、协庆寺、佐钦寺等圣地出现的成百上千名成就虹化光身的大德，以及在藏区各地通过分别修持八大传承教法而先后出现的脱离死亡怖畏的大成就者，可以说是数不胜数、不可思议。以上各大成就者的殊胜事迹，可以查阅拜读历史传记资料。

即使我们不具备上述传承加被、秘诀法力、微妙见解和殊胜禅定，但是，如果此生能有幸学修这样的妙法，能够接受灌顶，净护三昧耶誓戒，再加上临终的善心发愿，就可以使我们的死亡变成快乐的死亡，并且高兴地迎接死亡。因此，把死亡改变成善缘也就是利用方便法门来迎接死亡的挑战。如果不这样做，由于在生前曾经造下了各种罪业，到临终时即使痛哭哀号，死神也不会对你发慈悲让你脱离死亡怖畏。此生此世的权力、地位、武力和武器是无法打败死神的，也无法用奉承、行贿和拉关系等手段来向死神讨好。同样，我们也无法用金银财宝来购买此生的依靠和来生的资粮。惟一能够实现这个愿望的办法便是修持善法。

即使我们此生的寿命只剩下最后一天也不要放弃修持善法，因为我们所修的善法在来生可以受用果报。越在临近死亡的时候修法，越是具有特别的价值。藏族人常说："临终的六字大明咒能买良马。"而实际上，临终之际修持善法的价值远远超出了世间财宝的价值，因为死后能够受用的惟有善法。能够修持上述善法的胜身便是这个具足暇满功德的人身，这个人身就像渡河之舟，依靠它才能到达解脱彼岸。所以，我们一定要想尽办法使这个人身避免非时死亡。

非时死亡的原因有寿终、业尽和福穷三种。

对于寿终者可以修长寿仪轨。长寿仪轨可以根据新旧续部与修供部，尤其是旧密经部与伏藏部等法宝，修持各种依靠某一本尊的坛城仪轨，直至出现修诵成就的征兆。此外，还可以从获得灌顶和具足法力的具格上师那里接受殊胜的无灭长寿灌顶，修法数量要根据修法对象的年龄岁数来定。所以，寿终者要把自己的年龄告诉上师。

短命一般是前世造下杀生罪业的果报，因此业尽者要多做救死放生的善业。救死放生指的是把即将宰杀的动物，用金钱从刀下赎出来，然后把赎回的动物放回各自生活的自然环境里，让它们在陆地或水中等各自的乐园里继续生活下去。在救死放生的过程中，要和修一般大乘法门一样具足初善、中善和后善三法，并且首先要从修皈依法开始接受菩萨戒，念诵七支文，修长寿长咒与短咒。尤其在诵完长寿念诵文之后，要给动物诵听《忏罪经》、《佛菩萨名号》和净灭恶道明咒等经咒，并让动物吞食解脱甘露等圣物妙药。最后，以修诵回向和发愿来结束救死放生的仪轨。放生时，如果能诚心祈愿以大德上师为主的十方弘法传人长驻不灭，不仅有利于整个佛法与众生，而且有助于自己除灭逆缘和延年益寿。

福穷者要积修福德，积修福德不仅有助于延年益寿，还能助我们成就正法和世俗两方面的事业。如果没有福德的前提基础，谁都不能成就任何事业。常言道“有福之人，心想事成。无福之人，不能如愿”。至于福德，可以通过供养和布施两个途径使其积累增长。

根据自己的经济能力拿出实物供品，把供品清净无染地供设在坛城中，对供品不能有丝毫的吝啬和执着。如果自己拿不出任何实物来供养，也可以用观想意化的方式把无量妙欲供品供养于清净福田。父母、病人、传法者和补处菩萨是殊胜的圣境福田，因此，对这些殊胜的功德来源尊敬恭礼、承事供养，能在较短的时间里很大程度地圆满福德。对无助的孤儿、无依无靠的老人和身体残疾的人广泛布施财物，也可以增长福德。福德增长以后，可以使我们长命百岁、心想事成，还可以使我们脱离部分死亡逆缘。

寿命减少的原因还有：接受密宗金刚乘的灌顶以后，不净护三昧耶誓戒或与违背三昧耶誓戒的人相伴为友；心烦意乱而长期不安宁；经常遭受失望和悔恨心情带来的痛苦；遭遇很大的惊吓；受大嗔怒的摧残；遭受咒师诅咒的伤害等等，都会使我们的寿命减少。

寿命减少的征兆有：性格和脾气发生大转变；对身边的人无缘无故大发脾气；经常唉声叹气；脸色突然难看和脸上失去原有的光泽；行为不正常；对饮食没有食欲等。当出现以上寿命受损或减少的征兆时，对寿依破裂、寿依倾倒、寿依破碎与魂衰、魂散、丢魂等情况要修圆满的勾魂仪轨。

修仪轨时，要在干净的木碗里用酥油做一只生魂羊，然后在生魂羊的肚子里放置没有破损的米粒，米粒数量要与修法对象的岁数相同。再把装有米粒的生魂羊放在干净、未生锈、外面有吉祥八宝图案、里面注满净水的铜锅里。接下来念诵心咒，用长寿箭绕转生魂羊，直至生魂羊面朝它方，没有面向修法对象。这样的仪轨要由具足三昧耶誓戒的瑜伽师，根据仪轨法义如实修行。如果修法成功圆满，将会出现米粒数量增多，以及勾召寿命的长寿箭比此前变长等成就征象。

除以上仪轨之外，还有多种赎死仪轨。如果能够清除路障、建造咒石桥也有助于延年益寿。这里所说的建造咒石桥，指的是在祥瑞的水域，用刻有长寿明咒的石头或刻有其他各种明咒的石头，造一条连接河水两岸的石头挨石头的石头链子，这个咒石桥可以帮助我们遮灭意外的逆缘。另外，有一个殊胜的赎死积福法门就是在根本上师面前将功补过、供养会供。其他的法门如空行火供和息、增、怀、诛四业的护摩法也不失为深密殊胜的赎死积福妙法。还有，修持生起次第与圆满次第胜义；修持气、脉、明点心法和除障秘诀；通过修持大圆满法的三不动与四放置而入定常住于止观中，等等这些都是殊胜的积福心法。

在大圆满法里，讲述了依修因缘玄机来推迟死亡、延长寿命的方法。其他的延寿方法还有：针对内在的死亡征兆，要修持宝瓶气，尽力修善法；针对秘密的死亡征兆，要多修三倍的善法，要多放生、塑造小佛像、修长寿法等等。

我们的寿命长短是由前世的业因和此生的缘来决定的，当寿命遇上逆缘时，寿依清净热气犹如马尾毛丝之物在命脉中遭到破损，此时就要修长寿法、炼辟谷术、靠医药治疗等，使清净热气得以复原增长，这样才能健康长寿。福德善业也能成为寿命延长的胜因，但如果寿命、业缘和福德都已耗尽，就再也没有办法可以令其复原增长了。

第二十四章 无常的死亡之路

所谓的死亡就是吐出一口气之后再也不能吸纳另一口气的那一刻,或者是脉搏停止跳动以后心脏不能维持血液循环的当下。死亡就像一部电动机器由于电源线突然短路而停止了工作。我们都知道,所有的动物都在步入死亡之路中代代相传,用习惯性的不在意的眼光看待这个平常现象时,它不会引起我们的足够重视。但如果对这个平常现象做一次认真仔细的分析,我们将会发现电动机器的故障可以用换部件等方式来排除,动力电源的问题可以用重新连接电路来解决。同样,人体的某些疾病也可以用先进的技术或移植器官等方式来暂时治愈。可是任何医疗方法都不是长久之计,都无法做到最终不死,尤其对无法治好的业果绝症,就算把全世界的名医都集中起来诊治也无济于事。一个寿终必死的人是绝不可能在世上多活一分钟的。

如果有一天我们的心脏突然停止跳动,我们的人生和事业便到了尽头,我们精心设计的长远计划和未来目标也都落了空。回头看一看,此前努力所做的一切到头来不就是在浪费宝贵的生命吗?尤其是当我们进入到一个陌生的世界,面对无法回避的重大事情——生死离别的恐惧和对死后往生投向的担忧时,我们会想什么,做什么呢?对这个问题的思考应该是人生的头等大事,应把它放在我们生活和工作的首位。就像量体裁衣一样,在对人生寿命和事业有正确认识的前提下,生活和工作才是符合科学的。如同明天要办的事情今天就该做好准备一样,为了顺利地通过来生之路,我们应该从现在开始做好一切准备,否则,就很有可能耽误大事。无论做什么事情,事先调查和了解是非常重要的,所以,在这里让我们来了解一下有关死亡的奥秘。

综观宇宙生命世界，凡是有生就一定会有死，这是生的本性。最初出生是第一个死亡征兆，当出生了一夜之后，离死亡就接近了一夜，这是一个时间比较长的死亡征兆。对南赡部洲的有情而言，寿命是无常的，我们不能从老少的角度来判断有情的寿命长短。当出现各种死亡征兆而难免一死时，临终的死亡征兆便会次第显现出来，然后就是众人惧怕的断灭命根——死亡，于是，我们不敢提起名字的死亡就这样不可阻挡地到来了。

我们的身体是由“五大”聚合而成的物体，当“五大”中的任意两个出现不调和现象时，身体便会产生疾病，而当“五大”出现相互融合的现象时，死亡也就到来了。

死亡到来之时，大的死亡次第是地大合入水大而出现身体沉重、不能起身，色合入声以后视线模糊、视力明显下降；水大合入火大就会流口水、流鼻涕，声合入香以后听觉减退、听力大不如前；火大合入风大就会出现身体失去热量，香合入味以后嗅觉不灵；风大合入心识就会出现眼睛翻白、呼吸急促、手足摆动，味合入触以后舌不能品尝味道。此时此刻，动力风消失以后身体不能动弹，全身麻木无力，四肢不能自理，说话困难；生光风消失以后身体和嘴角、鼻孔等处会出现类似烟垢的黑污，口干，眼角发红，散发出一股尸臭味；消化风消失以后无有食欲，身体失去力量；平火风消失以后热量从脚尖和头顶向中间逐渐散失，直至身体失去热温。此时此刻，便是大圆满法修持者解脱成佛的好时机，也是修往生妙法“颇瓦法”的好时机。

紧接着大劫业风消失之后，意识便放任纷乱，支脉里的血液会流入到心脉中。到那时，外境诸相犹如黑夜里的外景，逐渐模糊不清。明智收缩集中到心识以后，意识便失去清醒。就在此刻，心脉中的第一滴血落入心的中央，导致眼珠翻转；当第二滴血落入心的中央时，头颈向下弯曲，“哈”的一声呼出气至一臂之长；当第三滴血落入心的中央时，呃逆声中呼出气至一庹之长，顿时断离外呼吸气，身体也失去触觉。

风合入意识中以后，会断离内呼吸气。大的气、脉、明点分散之后，小的明、增、得三次第中从生父那里得来的持命白菩提会降下来，导致意识合入“明”中，出现秋夜明月般的白茫茫的景象，并且断离嗔怒类的三十三种心念；从生母那里得来的红菩提会上升，导致“明”合入“增”中，出现红彤彤的景象，并且会断离贪欲类的四十种心念；红白菩提在心际会合之后，导致“增”合入“得”中，出现秋天黑夜般的黑洞洞的景象，并且会断离愚痴类的七种心念，然后在阿赖耶界昏迷不醒，这种昏迷大约要持续吃一顿饭的时间。如果具有稳定的止定或很好的脉络，那么入住阿赖耶界的时间会更长一些，相反，罪业深重或脉络不良的人，只能在阿赖耶界入住弹指瞬间。此后一般是三天半内不能从昏迷中苏醒，不会有任何念想。我们称以上过程为“风顿时合入智慧因中”，此时此刻是心与智慧分离的时刻。

肺部粗细如麦秸的脉络里充满气流的时候，成了产生所有呼吸气的根基，这个根基脉终端正好与心相连。当心中的意识与气和合之后，“气”便如同四肢健全的瞎马，“意识”如同双眼明亮的跛腿人，两者配合起来走遍天下无障碍。如果气流断离，就意味着心识或心念没有了可坐骑出行的瞎马，到那时心识回归母体之中以后，本原光明将会展现出来，或者是所谓“心与智慧分离”，即脱离蕴身我执之依以后，由于因缘不具足而智慧明力“心念”归入智慧母体之中，这个过程就像发自玻璃里的光回归到玻璃本身之中。因此气流断离之际，便是自在本体光明展现的时刻。

内呼吸气断离而昏迷过后，当八种持命气散离之时，会从昏迷中苏醒片刻，这是“法性中阴里心识合入虚空”的时刻，智慧光明将会展现出来，本原光明无灭明光也从本原法界展现出来，这个过程犹如晴空万里的秋天，阳光从太阳里照射出来。本原光明的展现是离戏无边、顿时显现的，我们称其为“本初中阴光明。”

根据修习禅定的熟练程度，本原光明展现的时间有长有短。如果在本初中阴光明里没有开悟解脱，那么极微小的气心部分将会逆行展现，生觉合入虚空光明之中时，虽无五根识见诸物的现象，但有了识见诸物的思维，从而时光不变而见识有变，到那时法性净见境界都呈现为五光之相，我们所见的五光法相犹如隔着薄纱看阳光，将会见到五彩明亮的五光展现出来。五光还带有千雷齐鸣般的法性自在声音，这声音大得无法形容。

当光明合入双运之中时，五部父母佛分别具有的坛城和坛城中的寂怒本尊眷众会庄严夺目地展现出来，就在五个禅定天的时段中，五部佛坛城和随之而来的五个智慧将会次第展现出来。

第一个禅定天，呈现出来的是蓝色光芒，世尊大日如来佛妃展现在眼前，如来心际放射出清净明亮、耀眼夺目的蓝色光芒，光芒照至自己的心际，把自己和大日如来连接起来，如果能够认知蓝色光芒为虚空藏智就能得到解脱。蓝色光芒出现的同时还会随之照现出不明亮的白色天界之光，如果那时对蓝色虚空藏智自在之光产生惧怕，却对不明亮的白色天光产生愉悦，那么此人将堕入天界，流转于六道轮回之中。

第二个禅定天，呈现出来的是水大清净本性的白色光芒，世尊不动如来佛妃展现在眼前，如来心际放射出白色大圆镜智自在之光，随之还照射出地狱道乌黑之光。

第三个禅定天，呈现出来的是地大清净本性的黄色光芒，世尊宝生如来佛妃展现在眼前，如来心际放射出黄色平等性智自在之光，随之还照射出暗蓝色人道之光。

第四个禅定天，呈现出来的是火大清净本性的红色光芒，世尊无量光如来佛妃展现在眼前，如来心际放射出红色妙观察智自在之光，随之还照射出饿鬼道暗黄色之光。

第五个禅定天，呈现出来的是风大清净本性的绿色光芒，世尊不空成就如来展现在眼前，如来心际放射出绿色成所作智自在之光，随之还照射出阿修罗道暗红色之光。

这里所说的禅定天是指人未死之前修炼禅定中的一次性持续入定时间，一次短暂的入定时段也可以说是一个禅定天。从前熟练禅定的人，此时可以把定力用于实际延时之中，未修过禅定的凡人，其禅定天是手臂伸缩一次的时间，或者说是流星闪过的一瞬间。

当双运合入智慧之中时，明力之源——自己的心中，将会展现出上空四智和合的光明，即并排的蓝光、白光、黄光和红光，在此之上分别有与各自光色相同的明亮圆光和围绕圆光的五个光点，在其上方，将会展现出犹如孔雀开屏般的明亮光盘。

当智慧合入如意成就之中时，所有上述智慧光明将会融入上方明亮光盘之中，刹那之间，上下四面八方皆为本原清净法界，其中将会呈现出清净寂怒本尊、佛国和不净六道轮回等。如果不能体认这一切的真实面貌，并且对这一切产生疑惑，那么此人将再一次堕入轮回之中，得不到解脱。

伴随大命气而来的心识，从九门之中的任何一门向外射出之后，将会出现二次中阴即轮回中阴如梦如幻的现象。在轮回中阴里，虽然没有物质实体的五根，但如梦里能见色相、能听声音等具足五根那样，心识中具有所有的五根，还有一些神通，除了不能进入母胎之外，其余各界都通行无阻，刹那之间也不能安心静坐，内心充满了恐惧，另外还具有少量的业力他心通。在整个轮回中阴的进程中，前半部分常见的是前世的身体和习气，后半部分常见的是往生投胎的身体和习气，此时中阴里的一切只能由生在中阴里的有情和清净天眼才能看得见，除此之外，没有人能够看见。轮回中阴有情所具有的少量他心通，就是意识比从前清醒敏捷了许多倍。他们就像风吹毛球般地漂泊不定，可以在刹那间到达任何一个目的地。

轮回中阴的有情如梦幻般地见到家人和亲友之后，由于习气的作用，仍会做起从前所做的事情，但是由于没有了实物身体，自己的作业不能对外界发生任何作用。另外，自己虽然能够看见家人，但是家人并不能看见处在中阴里的自己，为此中阴有情感到心灰意冷、生气、怨恨和紧张。遇上四大天敌以后，遇风就飘，遇地就埋，遇水就漂，遇火就烧，会产生很大的痛苦和恐惧，并从中认识到自己已经离开了身体，是个已经死亡的人，此时此刻会产生极大的痛苦而昏死过去，几乎再经历一次死亡。知道自己已死之后，如果发现他人在开心地欢笑，再想到自己目前的悲惨境遇，心中会产生无比巨大的忿怒和不满。对于家人和财物，中阴有情会产生贪恋之心，如果发现自己积攒的财物被他人享用，贪欲心和吝啬心会促使中阴有情产生无比巨大的嗔怒心。另外，由于各种见闻发生作用，中阴有情的心中会产生各种烦恼，如果受到了烦恼的极大侵害，中阴身不一定能维持到七七四十九天。在一般情况下，中阴身每七天就要经历一次从前的死亡经验，中阴身也因苦于没有实物身体而产生强烈的求取身体的愿望。

轮回中阴的有情将会进入极为恐怖、漆黑一团的世界，其中业力化现的鬼使夜叉手持各种武器，众口一声地叫喊"打呀！杀呀！"，声音大得震天动地。还会遭遇狂风四起、雨雪吹打的境况，自己在其中被可怕的猛兽追来追去，还有高山坍塌、海水倾倒、火焰四射和狂风呼啸等悲惨遭遇。此间，中阴身能短暂入住茅屋、宝塔和庙宇等处所，但由于心识脱离了身体，所以不能静住很长时间，只要心中有向往，便会立刻到达所向往的目的地。轮回中阴的有情，吃的是经过回向的焦烟，俱生天和齐行魔就像身影一样相伴不离。烦恼三毒的业相呈现为红彤彤、灰蒙蒙和黑漆漆的景象。如果中阴身对此感觉不堪忍受，就会堕入三恶趣之中。

投生于天人善道时，将会见到一庹或一由旬长的白色光芒，自己在光芒中头朝上而飘走；投生于阿修罗和畜生道时，将会见到黄色光芒，自己在其中横着飘去，还有另外一个可能是出现狂风雨雪，雨雪的颜色犹如鲜红的血液；投生于地狱和饿鬼道时，将会见到黑色光芒，自己在其中头朝下而欲走到底，另外有可能会出现类似圆木段和黑毛团般的黑忽忽和黑烟等景象。

进入投生道的征兆有：见到庙宇和园林是投生为天界的征兆；见到光环是投生为阿修罗的征兆；见到阴天是投生为平凡俗人的征兆；见到自己在人群中是投生为暇满胜人的征兆；见到地洞和茅屋是投生为畜生的征兆；见到荒野和沟壑是投生为饿鬼的征兆；见到黑暗和阴云黑夜是投生于地狱的征兆；见到漆

黑一团且狂风呼啸是投生于寒地狱的征兆……诸如此类的征兆和景象，还会出现多种多样。

对往生境界产生美好的感觉并向往到那里去看一看，或者是遇到恐怖境象的追逐而躲进往生境界里，把往生境界当作安全的避难所，这样便正式投胎转生了。此时此刻，受生中阴会进入父母精卵结合的生命体中，并在其中稍微享受快感之后立刻昏了过去，从昏迷中苏醒以后会受尽各种痛苦，最后在忍受生的痛苦中来到轮回世间。此时，自己的身体即使由从前的人变成一条小狗也没有办法复原返回。

以上是我简要阐述的从临终中阴到法性中阴，再到受生中阴的全部过程。关于如何能够在整个过程中不出现由迷妄引起的恐惧，不再去往生投胎，以及在法身、报身和化身的佛国净土中取得解脱的深密秘诀，在大圆满法正行开示的“四中阴”或“六中阴”中释说得非常详尽，其中有：以生处中阴犹鸟入巢般的秘诀、睡梦中阴犹夜点灯般的秘诀、禅定中阴犹子见母般的秘诀、临终中阴犹王降旨般的秘诀、法性中阴如子入母怀般的秘诀、受生中阴如渠断接水槽般的秘诀等众多心法。

学修大圆满妙法的下根下士，从前没有很好地修持临终中阴犹女照镜般的秘诀而未能得到解脱；不具备掌握心识乘风秘诀的能力而未能做到往生夺舍；在断离外呼吸气、心识与智慧分离的时刻，没能依照永断中阴的秘诀体证自性；在法性中阴的本体中展现本觉光明时，没能依照如子入母怀般的秘诀分辨领悟其本性，从而未能于本原内在大法界得到解脱；在声、光、色与明点展现为寂怒本尊身相和声音时，没能体知其为自性之相，对其产生恐惧之后一闪即逝，因此在受生中阴里游荡时，没有能力采用如渠断接水槽般的秘诀把幻身转化为报身，从而解脱成佛。那些接受了大圆满法的传承，而自身未能修好大圆满法的人，当知道自己步入死亡次第中的时候，在对上师具有敬信心的基础上，要想到上师所传的秘诀法宝，一心发愿从此自己要入登自在化身佛国，这样做的结果是依靠法性不可思议的真谛和上师的加被，能够往生于自己所发愿向往的佛国，并在其中从莲花里面化生出来。

在自在化身佛国或净土里能够得到解脱的五大佛土功德是：东方妙喜净土为化身佛金刚萨埵所在之国，有珍宝水晶筑成的无量天宫，饰有宝石牌坊、宝石门窗和宝石阶梯等。大地由七宝铺成，平坦宽广，无边无际，美丽如意，光彩夺目。无量天宫的外围有八功德水，有病的人喝了，能立即消除疾病。八功德水域外围有八大湖泊，各种珍鸟在湖中高声鸣唱，湖泊外围有七宝筑成的大城墙。净土中央由七宝筑成的法座上面，坐有化身佛金刚萨埵，初夜宣说因位乘法宝，半夜宣说密宗外部法宝，黎明宣说密宗内部法宝，中午宣说大圆满乘位无上法宝。所有入登此净土的菩萨，往生都能成就正觉佛果。其中的受用可与三十三天媲美，人们的寿命为五百五十年。妙喜净土中的人一有对饮食的欲望，马上能得到如意满足。在其中因为没有生、老、病、死等痛苦，所以具足无上微妙的快乐。所有受用都能如意得来，人们用花朵等殊胜供品供养化身佛。同样，南方有具德佛土，西方有累莲佛土，北方有胜业成就佛土，中央有密严佛土，各佛土的庄严境界和功德都无法思议。在这些佛国净土中，各个佛陀化身都在给各自的眷众传授微妙善法，里面的人往生后都能成就正觉佛果。能够往生于以上佛国净土之中，是学修大圆满法的下根下士和此生缺乏精进之人的解脱方式。

对待死亡的看法和如何迎接死亡，根据各人的根基不同和世界观、人生观的不同而显得多种多样。在学修大圆满法的瑜伽士们的眼里，死亡正是成就佛果的契机，所以他们对死亡有着特别的兴趣。修持善法的人迎接死亡就像野鸭扑入莲池般的喜悦，他们对死亡没有丝毫的恐惧和悲伤。与此相反，那些罪业深重之人，越是接近死亡，他们心里的恐惧就越大。

人的寿命是不能随意延长的，就像断了水源的池子和粮食被运走的粮库，终将穷尽的本性是无法改变的。拖向刑场的死囚每迈出一步就与死亡接近了一步，同样，我们每个人的寿命正在一刻不停地消耗着，因而，我们就与在前面等着的死亡越来越近。这个简单的道理是很容易明白的。

当死亡降临时，如果希望没有恐惧和痛苦，就得把握现在充足的时间和难得的机会，从今天开始做好准备工作。要知道今天才想起为迎接死亡而做准备，已经迟了一些。我们应该为必须经历的死亡多加考虑，做一些能切实发挥作用的准备工作。如果不是这样，而是到临终时捶胸号叫，在永别的温床上洒泪痛苦，家人和亲友围着你悲伤哭泣……这些都不能给你带来任何好处。

对于步入死亡次第的人，医生和药物都不能提供任何延年益寿的帮助，就连让生命多延长一分钟也做不到。当死亡到来的那一刻，那些一生在造罪和痛苦中度过，而且罪业还没有结束的人，将找不到任何有利于自己的东西。因此，我们不能在为今世过上好日子和长住于世的小作业中耗尽人生寿命，应该放弃那些没有意义的小作业，为往生大业尽早作充分的准备，我们要依照认识迷妄自相的秘诀，得到对死亡无所畏惧的把握。

第二十五章　除灭二取迷妄顽症

众有情身口意三门的本性最初都是本原清净无染的，由于偶然产生的迷妄才使我们具有了“我”与“他”的分别二取之见。当出现这种二取迷见时，我们的心中便产生了快乐与痛苦、美与丑、净与染、对与错等无有穷尽的二取迷妄之见。一生接着一生的迷妄使我们累积了无始无终的迷妄，从而堕入六道轮回之中，投胎于不同的身体、说不同的语言、产生不同的念想，并随之受尽了各种不同的痛苦。这种痛苦是无有边际的，我们一直就在轮回苦海的各道各境中生生死死、流转轮回。轮回中的痛苦无边无底就像大海一样，所以，我们用形象的比喻称其为“轮回苦海”。能够从轮回苦海中解脱，我们称其为“涅槃”。当然，这种分别好恶的心理和语言，依然是二取迷妄之见。

针对二取迷妄的顽症，在显教波罗蜜多乘的教法中，用教言和论证来阐明了正见，用“人无我”和“法无我”这两种体证智慧来破除我执，并以殊胜对治法金刚喻定来破除最后细小的所知障习气，从而证取正觉佛果。在深密大圆满法中，可以修习多种方便法门和容易成就的捷径道法，并且在最初的基位、道位之中，正果就能展现出来，这是深密心法的无比殊胜之处。因此，我们要学修法界唯一明点无分善恶的妙道。一个人只要染有二取迷妄的顽症，就没有断离痛苦之根，就要体受无穷无尽的痛苦。在消灭迷妄恶魔的过程中，首先要分清迷妄与非迷妄，好比治疗一个精神病患者的疾病，先要确诊患者的病症及发病原因，才能对症下药并采取切实可行的治疗手段。所以说，查明内在病根并对其分析研究是非常重要的。

同样，要想除灭我们现在的痛苦迷妄，首先就得认清迷妄本身，找出迷妄的最大限度，然后把迷妄推向高潮，让迷妄发展到最高峰，直至迷妄令自己筋疲力尽。到那时迷妄的过患便会赤裸裸地显露出来，并且迷妄本身也会在疲惫不堪中自动消失，不见踪影，这就是以迷妄来治迷妄，当迷妄消灭以后剩下的就只有非迷妄了。这种治灭迷妄的方便秘诀，在大圆满法的经典里称之为“大分离”，其目的便是断灭往后投生于轮回的根，实际上是洗除法身惟一明点法界中的二取习气。

现在，我们即使对以上法义有所体悟的话，那也只是相对的初步认识，这个粗略的见解就像画一个圆圈以后称其为“月亮”，这个圆圈虽然离真正的月亮还很遥远，但是画出一个月亮的形状还是能在人们的心中留下直接的印象。同样，当我们真实学修正行道法时，比喻说明的法义可以直接被体知，如同常言所说“于身立因缘，证觉心中生。”依靠现在这样的前行法要，可以从根本上消灭迷妄，让迷妄自己毁掉自己，到那时内心会自然而然生起正确的体证和绝对的开悟。除此之外，你就是在万卷经书和千百名善知识当中长住也不会有任何进步，相反，还有可能堕入无限迷妄的深渊里。尽管如此，犹如初生的幼苗需要精心培育才能茁壮成长一样，不管我们多么会说空性、无二、平等、合一等法理名词，然而在实际运用中直至脱离这个遇刺就痛、吃糖便甜的迷妄幻化蕴身，在没有把无法阻灭苦乐感受和经常具有迷妄障碍的世俗诸法体证为非实假有，以及对此不再生出攀缘执着之前，我们一定要认真取舍世俗因缘无违的善恶因果，努力奉行积福忏罪之法，这是无法避开的必经之路。

为遮灭魔障的侵扰，要观修护轮等法。在学修大乘内部不共见修法门时，皈依和发心等前行法门应提前修习。

我们把污秽的三界情器世间称为“轮回”，把清净的三身净土称为“涅槃”之后，出现了轮回和涅槃的分别。为了把污秽三界轮回的全部迷妄在清净大涅槃的法界中除灭，或把二取习气在法界中清除，做到体证赤裸裸的自在智慧，首先要知道应断罪业的过患，这样对罪业会自然而然地产生反感和厌离心，这是顺应轮回业见来修持善道。因此，从二取执着中解脱就像用合金钢来切钢材，学修用心念来除灭心念的方便秘法，可以如下修习：

在寂静密修圣地，身体如金刚火焰姿势的头顶要观修上师相应法，或者要披上百字明咒的护身盔甲。上师的法身为深蓝色，显现为忿怒相，头顶束有发髻，獠牙卷舌。观想上师的头顶有黄色的“兰”字，额间有蓝色的“哎”字，颈部有黄色的“思”字，喉间有灰色的“康”字，双乳部位各有一个白色的“哈”字，心际有浅蓝色的“吽”字和黑色的“呸”字，脐位有红色的“让”字，双足足心各有一个绿色的“央”字。观想当上师心际的蓝色“吽”字放射出来并进入自己的心中时，自己的心际顿时也有一个“吽”字，从而使自己身、口、意三门的所有行为都变成上师身、口、意行为的幻化再现。这样观修以后，要供奉食子使当地的土地神满意欢喜。

在修习法要的过程中，首先需要记住的是：身上除了穿一条短裤以外，不能穿其他衣服，要几乎赤身裸体地跑来跑去、跳来跳去和手舞足蹈，还要跪在地上爬行、卧着摆动和戏舞等。当把心里所能想到的身体姿势和动作都表现出来以后，再把身体动作转化为礼拜、转经、本尊的姿势、手印、金刚舞等善举，然后在夜里睡在舒适的床上，让身心平静下来。这样做可以消除对身体的贪恋，减轻或忘记饥渴寒暑等痛苦，生起大乐热气，感觉像要飞向空中，这些都是大分离修炼成就的征象。这个大分离修成之后，能除灭身体的障碍，清除身体的罪障，能解脱成为化身佛，最终可以成就与诸佛身金刚无二无别的胜果。

接下来，口中要发出天、龙、夜叉、人非人、恶魔及六道众生的各种声音，可以唱动听的歌、念诵字母、发出“吽呸”和“日哩”等大声音，也可以痛苦地呻吟、悲哀地哭喊、兴奋地大笑、忧伤地哀叹，此外还可以学马嘶、牛叫、羊叫和发出人们生、老、病、死时的声音等等。在发出心里所能想到的所有声音的过程中，要不时大声地发出“呸”声，最后用诵经的声音结束修习。到了夜晚，在不言不语中入睡之后，将会出现偶然说出从前不知晓的法语、道出梵语、不愿说话并且充满快乐等大分离修持成就的征象和觉证。这个大分离修成之后，能够除灭口的障碍，净灭口的罪障，能解脱成为报身佛，最后可以成就与诸佛语金刚本性无二无别的胜果。

接下来，心中观思六道众生的苦乐、法与非法、轮回与涅槃等一切所能想到的诸法，可以把心意带入空中、海底和山岩之中，也可以忆想从前到过的地方、想象未曾去过的地方、六道众生的世界、清净刹土的乐园、诸佛与菩萨、庙宇和宝塔、敌友或普通人等，让贪嗔意念任意发展直至无影无踪，最后在思维佛法词文义理中结束意修，并且把心意转入清净见、修、行、果的正行之中，这样做可以断灭心的迷妄之念，能自然而然地生出乐明无念的禅定，自动显现出犹如天空般的本原解脱证觉。这个大分离修成之后，能断灭意的障碍，清除意的罪业，能解脱成为法身佛，最终可以成就诸佛意金刚本性的正果。

这样三门九修之后，外大分离便修持成就，从此对身体的寒暑冷热等感觉不会有任何贪恋和取舍，口中会自动说出修持成就的不共智慧词义，心中会出现明空无灭大乐的觉证。要努力观修以上法门，如果心中出现了明空无灭大乐的觉证，修法就可以认定为成功了。照这样修法取得成就以后，就可以得到前面讲述的全部功德。因此，欲想脱离轮回痛苦过患的人，应该要修习前面讲述的那些道法，这是非常重要的心法秘诀。

第二十六章　无念气轮

众生的心存在于身体之中，而身体是在心识的二取迷妄和贪执中产生的。在这一世，身体和心是互相依赖而存在的，但是最初是由于心中出现迷妄之后才产生了身体。心中出现无明迷妄是直接因缘，父母精卵与中阴意识会合是间接助缘，然后是地、水、火、风、空与智慧等六界聚合，于是就出现了身体。这个身体一开始要经历疱状、凝酪状、块片状等次第形成的过程，最后到了分娩的时刻，业风把胎儿倒置起来，然后便出生了。

依附于身体的心识是与气合在一起的，众生所见的现象在外面，心识在里面，连接内外的中间业风成了心识乘骑的马，心识骑着业风之马奔驰于二取境界，从而堕入了无穷轮回无始无终的迷妄之中。就这样堕入轮回迷妄中的人们，可以依靠密宗大圆满法的深密捷径心法来控制来去的业风，无须像小乘道法中那样长时间在心念识网中用心从外面探索并依靠思索的禅定，大圆满中的心法是用猛厉的方便法门在里面直接体证胜义智慧的秘诀。

“气”分为命气、上行气、下泄气、平住气和遍行气等五根本气和分支气，这些气分别发挥各自的功能和作用，它们流过身体的所有脉络之后，生命活动便得以维持。一昼夜十二转气中的呼吸次数是二万一千六百次，呼吸气中有业气和智慧气两种。瑜伽士依靠修持功力如果能把业气净化为智慧气的话，就可以即刻得证圆满佛果。

气与心识结伴而行时，一个作为因、一个作为缘而因缘会合之后，心识在气的推送下游行于五根境界中，从而堕入轮回世间。纯物质实体的气和明了觉知的心识二者，犹如跛腿人和瞎马结伴而行，如果能断灭业气而把气都汇入智慧气中，就可以消灭轮回迷见，所以，修炼气行就显得非常重要了。在这里，我要讲述大圆满法龙钦心髓中的“三无念”行修气轮法。

一、让心专注于乐空无念：在寂静祥和之地，自己的身体要具足禅定七法的姿势，观想体内虚空如吹足气的空心肠子，中脉犹如水柳枝条般笔直，脉管外膜犹如莲花花瓣般细薄，其颜色犹如无云晴天般湛蓝，整个中脉犹如点燃油灯般明亮。具足这四个特性的中脉，上端在头顶部位，上面有白色的“杭”字，下端在脐下部位，有红色的“阿”字。在具足四行修中压住上气、提起下气，观想从脐下“阿”中燃烧烈火，火焰令上端的“杭”化成甘露圣液，当甘露下降时，注满了四个脉轮及全部支脉，从中生出乐空智慧。然后，把心专注于心际白色的“阿”，让细微的心念在其中断灭，利用大乐方便法门来促生胜义空性智慧。这个法门要短时间、多次数地精进修炼，直至修炼成就。

二、让心专注于明空无念：先三放浊气或九放浊气，这样可以放出污秽带毒的浊气。接下来吸入空气时，观想外在的执着见解都化成闪闪光芒，光芒与蓝色天空和合，把这一切吸入体内之后，身体顿时充满湛蓝色。然后，把气立即压持在下面，稍微提起少量的下气，把上气和下气会合在一处观修，这样能够生出明空觉证。在这里，很重要的一点就是当空气寒冷时要把气观想为热气，空气炎热时要把气观想为冷气。这个宝瓶气是所有功德的源泉，因为，中脉为无上微妙之脉，故而不能在其中显现觉见，此处把气不吐放并吸持以后，气流进左右二脉，到达中脉下端有咒字的部位，即类似臀部形状的中脉末端，然后从那里进入中脉的脉道内，这样首先能生起正确的心念。当入、住、合三者的征兆分别呈现出来时，中脉的第一个脉结被解开，气从里面流入之后会生出第一地的功德，气心在其中留住之后会生出第二地的功德，气心在其中全部和合之后会净灭二取执着的心念，清净如万里晴空。当遍知功德全面扩增之时，暂时能助我们延年益寿、减少疾病、身体健康、还能疾走如飞……这些众多的功德便是宝瓶气修炼成功而产生的。诚如莲花生大师所开示：“因为修气的功德都要从宝瓶气中产生，所以修气应主要修好宝瓶气。”

三、让心专注于法性无念：身心要放松，眼睛停止转动，在脱离所有的思想执着心念之中，非专心用力地持住气，要让气轻松平行，这是微妙深密的心要秘诀。莲花生大师开示说："益西措嘉，切听！身体跏趺坐以后，吸入少量的持命气，稍微压住上气，中行气置于脐位，这是智慧置于原位的气修法，这将成为身修生起次第和心修光明法性等所有法门的助友，这也是自然而然成就持住明点、引导明点、散布明点三法的气修法。它可以自动断灭二取执着心念，能使心识脱离沉闷、昏聩、放逸三过患，并且会免除视力下降等五根的障碍，免受涎液病和胆病的折磨，能自动消除腹部闷胀，清除所有传染疾病。这是寿命可与日月等同的气修法，所以要观想自身是本尊佛，身体不能摇摆弯曲，把气平持在脐下部位，两眼观注虚空界，把心定在本原法界，这便是'大智慧气修法'，也称之为'心智分离的气修法'。在修炼这个气修法门时，腰要稍微向前倾斜，脐位部分要向前突出，在吸气、持气等过程中脐位一直要向前突出。能一心一意地修炼这个气修法门，可以自然而然地引来上气和下气。在整个修炼过程中脐位一直要保持向前突出，因为突出的脐位将能作为心识的依所，观想本尊也要在脐位向前突出中观想，念诵心咒也要在脐位向前突出中念诵，观修法性无念智慧也要在脐位向前突出中观修。无论行、住、坐、卧等何时、何地、何种情况下，都不要脱离这个深密大智慧。"

诚如莲花生大师所开示的那样，修炼这个平行气不仅有助于修心，而且还能成为修取菩提正果中所有胜道的有力助缘，我们应知道其中具有深密重要的意义。

从无始以来一直放逸无束的心，纷乱复杂而且又是各种念想的制造者，我们要把这个像野马、像狂人般的心用各种方便法门来逐渐修炼调伏成可以轻易塑造的心，用三无念法门来修心之后，可以使心轻松入定在任何观修境界里，使心在无念虚空的境界里长时间入定静住，这便是修炼成功的标志。

第二十七章　修炼三门的要法

这个世界上有各种各样的宗教，除了会伤害他人的邪教之外，以利益他人为出发点的善美教法，都有各自的终极修道目标，这种善美教法对社会和自然环境能够发挥积极有益的作用。在众多教法之中，能够发挥暂时和恒久的有益作用，并且经长期分析研究以后犹如切、磨、煅炼金子一般地显露出绝对永恒真谛的佛陀教法，在其内部也有大小乘的分类和了义与不了义的分别。总的来说，佛陀传扬的所有教法都能适合各种化机众生的多种欲求，从直接、间接和旁及三个方面都可以成为解脱之因，对此无须抱有任何怀疑。

佛祖宣说的教法广大无边、深不可测。浊时寿命极短的众生，就算利用一生的时间去阅读佛经也很难全部读完，想要修完全部佛法更是难上加难、几乎不可能做到。因此，我们要像天鹅从水乳交融之中吸取乳汁那样，首先要选择好自己喜爱的法门，把法门的要义理解清楚之后，再精进修习法要，直到取得成就。我们一定要做到能够分清佛说了义法与不了义法的界线，比如佛祖告诉我们只要听到一次无量光佛的圣号便能往生到极乐佛国，这句佛言有些人可以直接如实地理解和执行，但是有些人则要从另外一个角度去理解，如此这般的理解方法和分辨尺度一定要清楚地掌握在心。

仅仅靠自己去分清了义法与不了义法的界线是很困难的，因此，要依靠正宗经论教法，依止具格的指路善知识，才能步入正确的微妙佛道。藏传佛教等大乘显密教法，都是能够修取正觉佛果的殊胜道法，也同样都是皈依三宝、三根本，为施行利生事业而修取菩提正果。这些教法不仅目的相同，而且从积福除罪开始直至修取究竟正果的修习过程也相同。尤其在密宗大圆满的捷径道法中，具有多种方便法门可以轻易地修炼成就，这些适合于利根之人修持的道法，能够在短时间内修积需多劫多世才能累积的福德，出小力可以成就大业，能够在今生今世修证双运金刚持的佛果。

大圆满捷径道法虽然具备上述多种大功德，但是仅仅接受深密心法是不够的，还要利用微妙殊胜的方便法门和心要秘诀来修习心法的深密要义，使心法真正成为修治自己身心的对治法。“法”都有前行、正行和结行的次第，其中前行又有前行的前行和正行的前行等不共殊胜法门，所以，诸法必须在次第分明不乱中修习。分清不共与殊胜前行法门以后，就能入登自在大圆满心要光明胜乘的微妙果位，为此要修炼污秽迷妄三门，使三门从此以后不再迷转于轮回世间，并且证得清净三身正果。能够实现这一切的便是殊胜前行法——修炼身、口、意三门的秘诀，所以，修习殊胜前行法是必不可少的。根据大圆满龙钦心髓的法义，下面就来讲述有关殊胜前行法的内容。

身的前行法：身体舒适与不适可以直接使心念发生变化，根据这个道理我们就要修炼身体，让心除浊而净。为此，我们要在寂静祥和的修行圣地，身体的各个关节伸直而站立，立起的双足足心会合以后双膝稍微向两侧凸起，双手不触及头部在头顶做合十手印，双肘稍微向两边平伸，这样全身上下就形成了三股金刚杵的形状。观想自身为蓝色三股金刚杵，杵顶燃烧熊熊烈火。这样修炼时，首先会骨肉关节疼痛而感觉不堪忍受，但在以后能够生出大乐，那时就会自然静住于大乐境界之中，内心保持无念的状态。这样修炼可以除灭心对身体的贪恋，除灭障碍，清除身的罪过。除此之外，还有一个殊胜的作用便是往后不再投胎，从而解脱成为化身佛。两者加在一起，将能发挥出与究竟佛身无二和合的微妙作用。

口的修炼分为印证、修炼、找到对治法后入道三个部分。

一、印证：印证又分为两种，第一种是针对外在现象的印证：在寂静的修行圣地，身体保持毗卢七法的姿势，观想在心际有蓝色的“吽”字。待观想明了之后，把气、心识和“吽”字三者合为一体，再从牙与嘴唇互不碰触的嘴里拉长声音唱诵"吽"字。观想从自己的右鼻孔里放射出一个接一个的"吽"字，所放射出的众多"吽"字遍满四周，嘴里要一直不停地拉长声音唱诵"吽"字。此时此刻，会出现所有诸境都充满"吽"字的觉证，心识变得依稀不定。这样做将有利于正行修习中心识不追随外境。

印证中的第二种是针对内在蕴身的印证：像前面一样观想从心际"吽"字中放射出众多"吽"字，这些字从右鼻孔里出来以后使所有外境都充满"吽"字，然后外境中的"吽"字一个接一个地连续不断地从左鼻孔里进入自己的体内融合，这时，和前面一样嘴里要唱诵"吽"字，但唱诵的声音要相对缩短一些，并且要持住气。这样做会感觉体内充满"吽"字而闷胀不适，但这将有助于我们在正行修炼时，证悟内在的血肉蕴身为本性虚无，从而于蕴身束缚中解脱出来。

二、修炼：修炼分为两种，第一种是针对外在现象的修炼：像前面一样观想"吽"字从鼻孔里连续不断地向外放射出来，那"吽"字能穿透眼前的一切障碍物，而把字体本身面积的空洞留下来。在众多"吽"字来回穿过一切障碍物的过程中，嘴里要大声地唱诵"吽"字，观想眼前所有的物体都已穿透无余，一切都虚空如天，然后休息。这样做将会生起万法见有本无的觉证，从而有助于我们体证万法本性空无。

修炼中的第二种是针对内在蕴身的修炼：像前面一样观想猛厉、锋利、快速的蓝色"吽"字出来以后，来回穿过自己的身体，直至把全身穿透成没有任何物质的虚空之体。这样做将会出现体内肌肉在跳的感觉，以及身体本性空无的认知，这将有助于我们体证蕴身本性空无。

三、找到对治法后入道：

其一：明心找对治法：在自己的面前立一根木棍等造设观想对象，身体具足修法姿势，口中拉长声音唱诵"吽"字。观想从心际"吽"字里连续不断地放射出众多"吽"字，放射出的"吽"字犹如珠子般地串连在观想对象上，或者"吽"字首尾连接起来，连成一条"吽"字长绳以后缠绕在观想对象上。然后，继续观想"吽"字一个接一个地返回来，"吽"字长链或"吽"字长绳从观想对象上消失。其间,嘴里要不停地唱诵“吽”字。当对身、口、意的执着消失而心识平息静住,以及对气、心、“吽”字三者合为一体的运用有把握时,将能把心识收放自如地定在任何观想境界里。因此,在修炼正行法门时能够任意运用心识以后,将有助于我们的观想如愿成就。

其二:入道观想自己的身体与气、心合为一体化作一个一肘高的蓝色“吽”字,这个“吽”字像萤火虫一样独自来来去去。在这种观想中进入见境之道以后,逐步深入地投入于其中。接下来观想“吽”字走遍自己曾经到过的山川大地、东西南北、城市荒野等所有水域和山谷诸地,在观想“吽”字走遍无限地域的同时,嘴里一直要拉长声音唱诵动听的“吽”字。这样做将能生出厌离心和无念禅定,由此达到明智如量的觉境。

诚如前面所讲述的那样,把口的前行法修好以后,可以消除对言语的实相执着,除灭口的障碍,净灭口的罪过。修炼口的前行法的微妙作用是往后口不会再堕入轮回,令口解脱成为报身佛,两者加在一起,将有助于我们的口与诸佛之口无二和合。

意的前行法有解开秘诀要门和意的前行两部分。

其一解开秘诀要门:又包括分析以何为主、思考比喻说明、研究一体与异体三个部分。所谓分析以何为主,就是观察和分析身、口、意三门之中谁是主要的。当知道一切万法的制造者为“意”也就是“心”时,我们就认识了“心”这个魔贼。所谓思考比喻说明,就是观察“心”与四大中的哪一大最相似。地、水、火三大有色有相,能在五根境界里现见,而心不能见也不能触,只知其活动且又无灭无阻。心这种能知具在的特点很像四大中的“风”,有了这样的观察比喻便是认识了比喻对象。所谓研究一体与异体,就是当心认知外境事物时,心与外境不是一体,因为如果心、境是一体的话,则会有心不能体知外境事物、外境事物能体知心的两个错误。但是心与外境又不能说成是异体,因为如果心、境异体的话,又找不出单独具体的心在哪里。所以,能够体证心、境非一非异便是认证了无二胜义。

其二，意的前行：这里以观察分析的方式从三个角度来研究“意”也就是“心”。首先要研究心的来源和来者。“心”能够觉知一切苦乐，像风一样不停活动着，由此看来好像有什么东西就是心，似乎心是存在的，但是，要找出具体实在的心却又找不出来。没有任何实物色相却又能觉知和活动的心，最开始来自何处？是从原本具在的心里产生出来的还是原来没有但偶然产生的？是从外境事物中产生出来的还是从内在蕴身中产生的？把这些问题一个一个地仔细分析以后，依然找不出心在哪里。下面再来研究“心”本身，我们可以从前后的刹那瞬间中研究心在哪里，也可以仔细分析研究寻找心的那个心，当体知这个心无从认知本性和无生无源时，它能助我们体证化身佛。

其次，要研究心的现在住所和住者。这个能够出现各种念想的心，现在于内、外、中间三个处所的哪一处住着？是否真的存在“心”？像前面一样经过仔细分析研究以后，当体知“心”是假有性空、无根无源、无住无依时，它能助我们体证报身佛。

最后，要研究心的去处和去者。各种念想在这个像风一样的“心”里出现以后便会消失，这里要研究念想消失以后心的去向。当体知心没有去向和无法指认去者以后，就能体证无有断灭的无灭离边，可以领悟明空无有来去，从而助我们体证法身佛。

以上“意”的前行法将有助于我们清除心的罪过，其殊胜作用便是往后“意”不再堕入轮回，“意”可以解脱成为法身佛，两者加在一起，将能助我们的意与诸佛密意无二和合。

所谓置于本体境界，其中的“本体”指的是本原无有修造的法体，“置于”就是说在本体境界里轻松放置。这里，要把身、口、意自在放松，身体不能摇动，口中不能言语，心离念静住。无论是出现应断轮回的法念，或是出现善法的心念，只要把心专注于所明见的法相上观修以后，就能使心入住于无念境界里，这就像把污浊的水稳定不动地放置以后，污水能沉淀清净下来，这样修炼的结果便是三门能够在本原法界清净静住。因此，这样的修行必将成为修炼定与止的殊胜妙因。

把置于本体境界的法门修炼成就的征象有：身静则无欲动走，口静则无欲言语，意静则断灭念想执着。另外，身静可以脱离四大不调，脱离四大不调就能不生疾病，从而使身体舒适、心情愉悦、菩提心增长，并且能自然静住于禅定妙境；口静可以登住离言胜境；心静可以自动脱离所有念想，自然入登无念胜义大圆满不可思议的妙境里。以上法门的殊胜作用便是三门静住于本体境界以后，可以体证微妙三身。

第二十八章　根除轮回的污秽种子

有情识的所有众生都渴望获得快乐，并且都在为得到快乐而奔波忙碌。人类在我们生存环境里的所有动物当中，是唯一具有理性思维能力和意识非常敏锐的动物，因此人类自称为万物之灵。其实，我们有别于其他动物的长处仅仅在于我们能够创造衣食住所、物质财富和机械电器等外部条件，除此之外，我们并不能阻灭生、老、病、死的痛苦，也没能找到脱离一切痛苦、得到永恒快乐的方便法门，没有找到使自己和他人都永不坠入痛苦境地的方便道法。因此，当我们认识到解决永离痛苦的问题是一切事情的首要问题时，我们便不得不思考和分析很多有关此生和往生的事情，于是就产生了各种各样的宗教。如果我们没有生、老、病、死等痛苦，所有众生都永远身心快乐的，那么痛苦之因——烦恼也就不可能存在，如此也不可能产生什么宗教，宗教也就无所作为了。

如果人们永不得病的话，药方和医生便成了多余之物，医学理论也同样不被需要了。但是，现实生活中人们就是免不了要得病，所以就离不开药方、医生和医学理论。同样，对于如何才能断灭此生与往生的各种痛苦，经过仔细分析和研究以后，我们得出了一个结论：要想取得超越外在妙欲享受的恒久殊胜快乐，就必须去研究各种宗教理论学说，除此之外，没有别的现成的办法可以直接引用。

各种宗教的观点和见解是多种多样的，在不能马上完全皈依某种宗教的情况下，首先应全面地研究和分析未知的生死轮回等各种宗教的根基性教义是否真的存在？从中将会领悟出因缘因果不灭的真理。

通过以上认真仔细地研究分析，我们将无法找出轮回的开始和结束，并且能体知现在所受的这些痛苦犹如昨夜噩梦般一片迷妄。当仔细查找迷妄的根源时，从出生找到老死，最后会找出一个无明。在除灭迷妄的过程中，一定要清除迷妄的根源——无明，并依靠前所未有的深密微妙智慧，这样才能自动除灭迷妄，得到犹如睡梦初醒般的离迷觉证。这是我们从分析研究中得来的结论。

脱离迷妄的本觉就是我们常说的"智慧"，这个智慧可以分为如所有智和尽所有智等很多种，具足这些智慧便成就了正觉佛果，而成就佛果是我们佛门中人的究竟修习目标。我们常说的"佛"就是"觉悟"的意思，是从无明睡梦中"觉醒"过来，"悟"得遍知智慧。那些奉修佛法的人，就是在寻找修行成佛的方便法门。

佛典中虽然宣说了众多殊胜的方便道法，但是除了大乘显密结合的捷径妙道之外，佛果无法从其他教法里修行成就。

成佛是要从犹如沉睡般的无明黑暗中醒悟解脱，自性智慧光明从内心照射出来。要修成佛果，应在体知需要清除俱生无明黑暗的前提下，首先从修习四出离心开始，然后修习外共同前行法与内不共前行法来积福灭罪，由此创造能够体证内在智慧光明的条件。在此基础上，通过修持大圆满即身成佛的深密捷径道法——殊胜前行法和前后有寂大分离，就可以除灭外在的迷妄缘见。但是，如果没有断灭内在的迷妄之因和种子，贪欲等促生烦恼的恶习还会住在自己的身心之中，一旦遇上助缘就会招来烦恼和促生烦恼的力量。

这个习气幻化蕴身自从形成以来，根据能堕入六道的种子、自己长期在六道中入住、在烦恼三毒之因的作用下所造有漏诸业的大小等情况，到了死亡时气心会与六道轮回之中某一道的种子和合，然后往生投胎转生为那一道的轮回有情。

堕入六道的种子有所依六种子和能依六种子。所依六种子中的天的种子是傲慢；阿修罗的种子是见；人的种子是疑心；畜生的种子是愚痴；饿鬼的种子是贪欲；地狱的种子是嗔怒，这些种子里都含有所有的随烦恼。所有的所依六种子都可以由体证无我智慧来除灭清净，能依六种子可以由“嗡、啊、吽”三字放射的光芒之火焰烧尽，或者可以由深密微妙秘诀来净灭，从而灭除所依业和烦恼的习气，从根本上除灭堕入轮回的种子。

除灭应净罪业的种子时观想天的种子灰白色“阿”字在头顶；阿修罗的种子淡黄色“思”字在喉部；人的种子浅蓝色“呢”字在心际；畜生的种子深红色“扎”字在脐位；饿鬼的种子灰色“者”字在密位；地狱的种子黑色“得”字在两足心，其中三善趣业的种子字的字头是朝上的，三恶趣业的种子字的字头是朝下的。观想所有导致堕入轮回的业的种子习气都聚合在以上六字当中，并观想能净三时诸佛的本性与上师身口意三金刚的自性呈现为三个咒字：自己的头顶有白色“嗡”字，喉部有红色“啊”字，心际有蓝色“吽”字。当念诵三个能净咒字时，观想自己的头顶“嗡”字放射出白色光芒，喉部“啊”字放射出红色光芒，心际“吽”字放射出蓝色光芒，这些庄严夺目的光芒能够除灭所有六道轮回的业种习气，在除灭过程中，我们可以根据自己的喜好来选择观想是自下而上、或自上而下、或同时全部除灭等方式。在美妙动听的唱诵声中把“嗡、啊、吽”三字念诵七十万遍，并观想所有轮回众生的三处咒字都燃烧烈火，烧毁灭除众生分别堕入六道轮回的六道业种。然后，观想从自己的三处三字中放射出犹如火焰般的智慧光芒，顿时烧毁全部堕入六道的种子和无明迷妄的习气，除灭身、口、意的罪障，从而具足诸佛的一切功德，在观想过程中要继续以动听的声音诵唱“嗡、啊、吽”三咒字。

这个污秽习气之身是从三无明因中产生的，故而六道轮回的种子就在其中，而且本原具在法身的本觉就是三身本身，因此，应净、能净都在上述六种子字和“嗡、啊、吽”三咒字中圆满具足了。

第二十九章　无动寂静的禅定

身、口、意三门当中意是最主要的，从无始轮回至今，众生在尘世中轮回流转的主要原因就是由于在迷心烦恼的直接作用下，使身与口造下恶业恶因之后，堕入三界轮回的牢狱之中。要从这个轮回中解脱出来，并且得到永恒涅槃的快乐，不能单靠身与口的积德行善，主要是依靠意来修炼禅定，这是惟一的最重要的方便法门。如同教言中所说：“意最主要最神速，诸法之前意在行。”另外，身、口、意三门还有着能依、所依的依附关系，所以在修炼过程中，身、口、意都很重要。

首先身体应毫无动摇地具足毗卢七法坐姿，因为身直则脉直，脉直则气顺，气顺则明点畅，明点畅才能使明心自在，观修自然。初入佛门之人，在修行过程中，“外”的方面如经商和种田等行为要放弃；“内”的方面如礼拜、转经等善行要放弃；“密”的方面如身体一丝也不能动摇。要如下修炼：

双足金刚跏趺坐，双手在脐下结定印，脊背像竹箭一样挺伸笔直，腹部贴近脊背，颈部稍微向前弯曲，舌头紧贴上颚，眼睛从鼻尖方位注视虚空，以上是总的修身姿势。在大圆满心髓法中要求在唇齿未合的空隙里呼吸空气，这是秘诀要门。除此之外，还有众多的身体坐姿、眼观方法和幻轮身姿等将会在正行秘诀中揭示，到时候可以一一学习和修炼。

至于口修，要停止外在言语和乱说话，要放下内在诵经和善行，也要放弃秘密念咒和唱诵，由此断除口中的发音和言语。

至于意修，要停止所有外在世俗迷念，放下观修内在本尊佛众，放弃修持秘密见修法要，让心自在坦然、寂静安住。就这样精进修炼身、口、意三门，直至三门平定寂静。

在大圆满秘诀开示中有寂止和胜观两个开示法要。

修炼魔障较少的寂止中的"止"时，对于初修者而言，心识犹如一匹烈马，当烈马在疯狂奔跑中失去控制时，很难强行驯服，只能采用各种方便之计来引诱驯服。同样，对这个像烈马、像狂人一样的心如果强行加以控制，各种念想会越来越多、越来越乱，因此，我们必须采用各种方便观想之计使心逐步平定寂静，并由此产生具格入法的"止"。

在修"止"之初，要有为利益普天众生即身即世得证无上二业任运成就的佛果而修炼大乘法门的发心，并且要修上师相应法，把发心和上师相应法修完之后，再开始修习有相止。

修习有相止的时候，在三门寂静和身体具足毗卢七法坐姿的基础上，于眼前放置一根短木棍或石子等小东西，眼睛盯住那个东西，同时心也毫无散逸地观注它。过了一段时间之后，让心脱离全面专注而放松，并且继续在不散逸的前提下自在专注、自然入定，就在轻松安定的状态中轻轻放弃修习，然后休息养神。在休息过程中，不能让各种念想在心中一个接着一个地出现，而是要把心继续置于前面那种毫不散逸的境界里。这个修"止"过程是短暂的，所以在修炼过程中不会出现沉闷、昏沉和心念外出、心意散乱的魔障。这个修止法反复多次地修炼以后，会产生很不错的观修功德，所以要坚持多修多炼。

当修炼告一段落时，在不放逸的基础上继续保持观修的状态，把观修与一切行为结合起来，从中修持道法。就算观修取得了娴熟的成就，还是要像前面一样分座次、三门保持寂静和具足坐姿，然后观想自己的眉间有一明点白毫，白毫洁白、清净、明亮而且发光，大小像一颗豌豆，虽见其有，但非实有。让心毫不散逸地观注明点白毫，并且就在观修的状态中像前面一样把心放松下来，让心自然自在静住，不要让念想去阻扰心的寂静自在。观修暂停一会儿之后，再又重复观修明点白毫，就这样短暂而多次数地修炼下去。

接下来要观想自己的体内一片虚空，在心际气心和合的本体呈现为红色光点，此光点犹如中等油灯的火苗一样在闪闪发光，光芒明亮而且湛蓝，光中散发着热气，让心专注于光点。当观修结束时，要和前面一样放松自在。

如果把前面的观修方法都修完以后还不能产生具格入法的“止”，那么就要观想对面当空有一尊一肘高的金刚萨埵，金刚萨埵虽见其有，但非实有。圣尊白色的法体闪耀着光芒，庄严之相无与伦比，把心专注于金刚萨埵的心际。这个观修法门又和前面一样短暂而多次数地修炼下去。

或者也可以观想对面当空有佛祖释迦牟尼，法体闪耀着金色光芒；或者观想观世音菩萨，法体洁白、明亮，菩萨心际有白色的“舍”字。

修炼以上法门时，最初念想有增无减，然后念想会逐渐减少，这是修炼稍有成就的征象。无论怎样观修，心中的恶念习气如果像无法伸直的卷纸一样不能阻止，就要在出现贪欲和嗔怒等任何一种恶念习气的当下把心放松，其间再出现一个心念时，就把它认识清楚以后让它自然解脱和消失，直至无影无踪。如果再出现一个心念，还是把它认识清楚以后心不要执着，也不要去追随它，让它自现自灭。然后，让心在无有造作的自性境界里自然放松，由此除灭心念。这个秘诀要多修多练，直至取得非常娴熟的成就。

接下来修炼气：首先身体具足毗卢七法的坐姿，然后要放出气毒，从右鼻孔里三次放出嗔怒之气，从左鼻孔里三次放出贪欲之气，从两个鼻孔里三次放出愚痴之气，这便是九放浊气。另外，还可以从右鼻孔里放出一次嗔怒之气，从左鼻孔里放出一次贪欲之气，从两个鼻孔里放出一次愚痴之气，这便是三放浊气。在放气的同时观想所有的罪障呈现为蝎子纷纷排放出去，并在对面当空被燃烧的智慧火焰烧灭干净。把气吸纳进来时，让气流入脐下部位，在那里尽力持住以后放出去。

接下来修炼三字无生金刚诵：把浊气放出的同时身体保持毗卢七法的坐姿，当吸纳气的时候观想气呈现为诸佛身的加被白色“嗡”字，把气吸纳之后压住上气、吸持下气。把上气和下气会合起来置于脐下部位，观想上气和下气之间有诸佛口的本性呈现为红色“啊”字，让心尽力专注于“啊”字，把气尽力持住。当把气放出去时，观想气呈现为诸佛意的本性蓝色“吽”字，成为利益众生的无尽化身。就这样，吸纳的气呈现为“嗡”字，持住的气呈现为“啊”字，放出的气呈现为“吽”字，让心毫无散逸地观住这三个字，这样的修炼就叫做无生金刚诵。一个没有任何疾病的人一天的呼吸次数是二万一千六百次，这样，一天可以把三字无生金刚诵修炼二万一千六百次，从中得到的功德是不可思议的，所以要经常坚持修炼。

接下来观修无相止：身体具足毗卢七法的坐姿，眼睛盯住对面虚空，在没有任何观修物的基础上明心一直关注对面虚空，并且就在观注虚空的当下休息养神。这中间要不时查找观注者——“心”是个什么样的东西，然后又继续像前面一样观注虚空，再又查找观注者“心”，就这样轮流修炼。在修炼结束以后，一切行为之中必须具足正念，不能让心散逸纷乱。当修炼告一段落时，眼睛要向下观看，身体和心都要放松下来，让身心在没有任何修炼观思中静住安定。当心在没有散逸和观修的自在本性境界里远离修习而静住时，再一次打破其寂静的状态，然后又和前面一样放松安定，其间要不时观察观注者和打破者。当发现观注者和打破者都是“心”时，就在观注“心”的状态中放松安住，直至产生良好的轻松安住，要把以上法门精进修炼下去。

接下来时而让心毫不散逸地凝神观注，时而让心轻松开放地自在安住，这样轮流观注和放松之中眼睛也要轮流注视上下左右。另外，有时候要把心置于内心中央，有时候要让心海阔天空地遨游，就这样轮流修炼和眼睛轮流注视各方以后，会出现明心能随处观注安住和到处流放自若等可以任运收放的功力，到那时就已经产生了具格入法的“止”。

在修法过程中如果生出昏沉和掉举（散乱）的魔障，就要根据秘诀法要和上师的开示灭除它。

无过具格的“止”就像没有风吹的油灯，明心会在所观想专注的境界里毫不动摇地静住，它会因为脱离魔障而清醒明白，因为脱离偶然生出的念想而平静安稳……就像水未被搅动时清净透明一样。当三门在本原法界清净无染以后，就可以在身体无欲动摇、口中无欲言语和心意自然脱离念想的禅定境界里自然而然地安住下去。

这个具足乐明无念觉证的殊胜妙“止”在身心之中产生以后，可以消除大的痛苦和烦恼，从而可以阻灭此生四大不调的疾病。当蕴、界、入等本位静住以后，可以助我们增长菩提，并且在妙观本原法性大圆满不可思议的境界里自在静住。所以，希望次第修炼道法后取得正果的人们要精进修习以上法门，这一点也非常重要。

第三十章　脉、气和明点的作用

在讲述依附于金刚身而安住的脉、流动的气和散布的明点时，我们要知道心性本原清净并脱离迷妄污垢者被称作“智慧”，而在迷妄中造业以后具备投生的因缘便是轮回的由来。父母的精卵和中阴意识三者会合的当下，聚合了地、水、火、风、空五大，于是产生了身、口、意和人的身体。

当五大中的五界聚合以后，在其中就会潜在住有除阿赖耶识以外八识之中的七识，然后从阿赖耶识中生出业和烦恼之心，从而生出命气后开始造作，由此在刹那间产生业气，然后以和合、汇集和稳固等方式在娘胎里从第一个星期开始，逐渐产生身体并发育。到了第五个星期的第一天，形成与母亲连结的命脉，第二天形成心脉及心脉的全部支脉，并且有了产生气的处所，如此逐步生长发育至怀胎九个月时，七万二千条脉就全部形成了。

三脉五轮之中的主脉——中脉有遍动、命脉、鸦面等多种名称，这个中脉是命气的依所，上下连接着头顶和密位，其上端覆盖了自性为“杭”字的白菩提，下端在脐下部位由自性为“阿”字的红菩提塞堵，中间阿赖耶识的依所蓝色命气遍满全脉。据说这个中脉还可以分为住脉和修脉两部分。右边白色的“若玛”脉和左边红色的“江玛”脉是从脐下部位的三脉会合处延伸上去的，三脉之中有了“嗡、啊、吽”三字以后，在污染时成为三门和三毒的依所而造下了三界业种，在清净的时候成为三身的依所。右脉嗔怒的依所里可以生出明白微妙“方便”，左脉贪欲的依所里可以成就大乐“智慧”，遍动中脉愚痴的依所里可以成为生现无念双运无二的源泉。

四个脉轮分别在柱子形的三脉上下像伞架一样张开着支脉，这些支脉构成了遍及全身的复杂脉网。脉网分成四部分，其中有三十二条支脉的头顶大乐轮、有十六条支脉的喉间受用轮、有八条支脉的心轮和有六十四条支脉的脐位幻化轮等四个脉轮。这四个脉轮是四身五智的依所，每个脉轮中央分别有能净智慧咒字“嗡、啊、吽、嗦”，加上密位护乐脉轮中央的“蛤”字，共有五个咒字。另外，还有所燃火轮持火六脉和能燃风轮净风六脉等。这个金刚身中总共有七万二千条脉和无数根能生汗毛的微细脉。

在安住的脉中有流动的气，气的本质是五大之中的风。”气”分为五根本气和五分支气，五根本气中的持命气或业气在心际与明心合为一体而存在，它可以生出二取念想，这个气受破坏以后会出现昏迷或发疯，甚至有可能因此而死亡。上行气存在于上半身，它使我们呼吸空气和发音说话，这个气受破坏以后会出现上半身发生各种疾病；下行气存在于下半身，它控制着大小便等排泄功能，这个气受破坏以后会出现下半身发生各种疾病；平住气存在于腹部，它使我们消化食物，吸收食物中的精华养份，这个气受破坏以后会出现腹部生病；遍行气遍布于全身，它使我们健壮有力，这个气受破坏以后会出现手足僵化等疾病。留在有形的五根中的五分支气中的龙气可以执色，龟气执声，蛤蚧气执香，天授气执味，财神王气执触，这些分支气受破坏以后就会发生与各分支气功能相反的疾病。

以上各根本气与分支气都要通过全身的脉络和脐间十二宫来发挥作用，然后流过鼻子。一个健康而四大协调的人，外呼吸气在一昼夜的十二转气时间可以呼吸二万一千六百次，在体内微细脉中流动的气总共有十二万零六百次。在一次大转气的时间里智慧气会流动五十六次，而一次小转气的时间智慧气流动的次数是大转气的五分之一。

在流动的气中有依靠的明点，那散布的菩提明点就像菜籽油一样遍及全部脉络。右边的“若玛”脉中的月亮或白菩提从“杭”中倒置降落以后，能够造出身体的元气、脑、骨髓和骨骼。左边的“江玛”脉中的太阳或红菩提从“阿”中降落以后，能够造出血、肉和黏液。中脉的精华呈现为光明明点，光明明点是在心中的血的精华中，以光体的形式存在。中脉在心中分出两支支脉，与双眼连接在一起。中脉的本性具足明空无灭三身，其外在现象中经常能见的万物不离空性是法身的标志；五根境界里真实觉见法性明力是报身的标志；六聚境界里万物分别照见是化身的标志。明心本身的智慧与三身现象相连的心性本体是离念离迷的。在根本气修炼成就的基础上把精华明点修好以后，可以从内部展现出体证远离烦恼的清明无念胜义智慧。

白菩提在中脉上端的头顶部位以“杭”字的性相具在，红菩提在脐下三脉会合的部位以“阿”字的性相具在。所有日常饮食的精华通过肝脏四脉以后变成了血液，血液中的精华变成了肉，肉中的精华变成了脂肪，脂肪中的精华变成了骨骼，骨骼中的精华变成了骨髓，骨髓中的精华变成了精液，精液中的精华变成了身体的元气。饮食中的其余污浊糟粕，变成了大小便等排泄物而排出体外。女人的左右二脉恰好与上述左右二脉相反。

胜义菩提心明空法身本体存在于世俗凡心里，菩提心依附于物质形式的菩提，物质形式的菩提又依附于气，气再依附于脉，脉依附于身体，就这样自己的身体从一开始便圆满具足了清净诸佛坛城。身体是脉的坛城，脉是咒字的坛城，白菩提是甘露的坛城，气是智慧的坛城，明心是菩提的坛城，这一切在大圆满的微妙法宝里是这样讲述的：足心风、胯下火、腹中水、心际地的存在使身体具足了四大。这个具足四大的身体是诸佛坛城无量天宫，它还有城墙和装饰物等，心际气在里面流动的四脉为无量天宫的四门，心识为忿怒本尊，八识为八大山，八境为八魔女……这个具足三位坛城的清静本体——金刚身，在精进修炼的过程中如果把脉、气、明点当作妙道来修持，就可以体证究竟正觉佛果。

总的来说，必须要修持所有的前行法门，特别是要把上师相应法当作微妙殊胜的道法来修习，并且在虔诚敬信的基础上从上师那里接受四灌顶。然后，把自己观想为持明金刚，把体内具足四性相的中脉观想为法身，右脉观想为报身，左脉观想为化身。左脉和右脉在脐下中脉下端与中脉会合在一起，左右二脉从三脉会合处延伸上去以后，上端从脑后部位弯下来分别插入两个鼻孔，这样我们就可以从左右两个鼻孔里把业气分别吐放七次。把五大和五毒的气毒排放出去以后，观想自己的脉络里面清净无染，接下来休息养神，让明心自在坦然、寂静安住。紧接着观想心中坐有蓝色普贤尊佛妃，普贤尊入定结定印，大小犹如一颗豌豆，清晰明亮。普贤尊的心际由五色光芒构成的光环中央，有清明无生种子字白色“阿”字在闪闪发光，“阿”字虽然细小，但清晰可见。精进修炼四气以后，可以让气、“阿”字、心三者合为一体从左右两个脉道流入心里。根据秘诀心要和上师的开示，精进修习此法，就可以把持命气与下行气合为一体，并且让其流入中脉，圆满三隐没次第的功力，从而得到不可思议的功德。尤其是由此解开脐位脉结以后，会生出第一地的觉证，还能真实体证法性真义。如果不具备秘诀心要和上师的开示，则业气流进命脉后有发疯的危险。这是圆满次第的心要妙法。中脉持住智慧气就是无上猛厉火；心性清净体证为法身就是无上光明；破除所见万法的假相就是无上幻化身成就；光明昼夜不分地显现就是无上梦境化身；三门具足三金刚就是无上往生成就。因此，大手印微妙六法的心要胜道也都在以上法门之中，而其所讲的是密宗的果位妙法。

另外，像前面一样观想体内三脉，中脉上端有白菩提的性相“杭”字，中脉下端有红菩提的性相“啊”字。然后，用左右二脉吸气，观想脐下“啊”字燃烧起智慧火焰，本性快乐而且自性明亮的热火火焰烧遍脐位脉轮以后，生出大乐热气。接下来观想头顶大乐脉轮和喉间受用脉轮等，分别在各个脉轮中持住气。当火焰触及头顶“杭”字时，从“杭”字中生出快乐，并且使明点烧化以后填满整个头顶支脉，把乐空甘露供品供奉给其脉界的空行勇士和空行本尊众，从而圆满二资粮并且净灭二障。紧接着次第观想喉间至脐位诸脉轮，像前面一样填满烧化的明点，直至圆满资粮和净灭二障。

之后，观想获受宝瓶灌顶、秘密灌顶、智慧灌顶和句义灌顶，从而体受喜乐、胜喜和殊喜的智慧。当明点甘露降至脐下三脉会合部位的红菩提“啊”字上面时，火焰和甘露合二为一并燃烧起来，观想火焰遍满世间万法的境界里，烧灭所有情器世间的执着心念和习气。最后，自己的身体和火焰一起逐渐缩小，消失在离戏法界，置于明空境界。除灭魔障时，嘴里放出“哈”的一声的同时要抖动身体，并且轻轻拍打身体。

如果能够把以上法门修炼成功，可以生出微妙大乐热气，从而无须多穿衣服来抵御寒冷，还可以驾驭五大，清除污浊业气，得到神力和神通。如果在其中生出执着心念而且没有修炼除灭魔障的法门，则会误入魔法而堕入邪道之中，并且在此生会常生疾病和多灾多难，有非常大的危险，所以，欲修这个法门的人，一定要小心谨慎。

第三十一章　成熟灌顶的重要性

佛家常说的“灌顶”，从表面上看好像可以理解为一个有权位的人对另外一个没有权位的人授予权力和地位。一个拥有至高无上的封号和雄厚福业的大皇帝，有一天他把皇位传给太子的时候，就要举行盛大的登基仪式，在仪式上皇帝要把宝石皇冠等象征皇位的东西交给太子，人们称这种仪式为“皇冠灌顶”，“灌顶”一词从此就产生了。同样，自身已登上法王宝座的具格金刚上师，给善根善缘的徒弟传授成熟灌顶、解脱开示和微妙加被时，佛家就形象地称其为“灌顶”。

当我们听到“灌顶”一词或看到“灌顶”二字时，便会想起四方形的坛城和金银宝瓶等。宝瓶是工匠用金子或银子打造出来的，宝瓶里面的净水和圣物也只是几种物质成份而已，上师在念诵咒语和做手印之后，用宝瓶触碰徒弟的头顶，并且让徒弟喝少量的瓶中净水，这就是我们所说的“加被”。“加被”从哪里来？在哪里住呢？人在灌顶前和灌顶后会有什么变化呢？我们肯定会有诸如此类的疑问，当如此疑问产生之后对此作详细的调查分析，这就是我们常说的“研究”。通过研究我们可以了知有关问题的详细情况并得到正确的认识，在此基础上再皈依佛门和学修道法，才是聪明之举的利根依法修法。

如果要接受灌顶就必须具备二因和四缘。

二因之中的相应因是徒弟平常心念所见诸法之中，本原无离具在的心性本体法性，一切心法从来就没有与自在智慧分离过，体证本原法界心性并不是获得前所未有的新智慧；二因之中的俱生因是宝瓶和小佛画等物质制造的具有证果潜力的灌顶用品，这些灌顶用品从形象上分别与各个灌顶的相应因类同。为了把徒弟心念假相中的心性本体展现出来，借用心性智慧果法即诸佛微妙智慧和功德来加持灌顶用品，从而使灌顶用品具有殊胜法力。

四缘之中的因位缘是阿赖耶中的善业习气自然觉醒和依缘能够觉醒、可以根据意根次第灌顶的有缘徒弟；增上缘是从正觉佛金刚持至今，灌顶传承延续未断，而且能够在徒弟的身心之中植入相应灌顶法力的上师；所缘缘是师徒二人依靠具足物、咒、禅定的清净仪轨，从中可以得到灌顶法力；无间缘是前面的灌顶使身心清净并打造新的根基以后，可以次第接受后面的灌顶。

灌顶分为利根顿悟者可以用明力接受的灌顶和钝根渐悟者依靠加被接受的灌顶。现在用布画或彩粉做的坛城图像来给有缘徒弟灌顶，并且让其获得灌顶法力，是内力成熟的敬信学纳灌顶。

能够接受灌顶的具格徒弟要具备敬信、精进、智慧、乐于听说奉修善法、甘为学法广施财力以及忠心守护三昧耶戒等胜根条件。密法要求具格上师要给具备敬信之人赐予外利益灌顶；给具备精进之人赐予内法力灌顶；给能修自业之人赐予闻修灌顶；给能行他业之人赐予讲授灌顶；给能行自他二业之人赐予金刚王灌顶；给具备禁行之人赐予深密灌顶。灌顶者——具格上师要具备多闻博学、充满大智慧和厉行他业等众多共同与不共功德。

接受灌顶后能够得到的功德是：依靠清净殊胜的仪轨接受灌顶以后，即使灌顶的当下没有真实生出智慧也可以洗除障碍污垢，或者可以得到“接受法力”的加被。在别解脱戒中依靠清净无染的白四羯磨而获得比丘戒以后，即使当下没有生出修道功力智慧，也可以获得断灭恶戒的契机。同样，在灌顶中获得密宗誓戒时，即使当下没有生出智慧，也可以获得通过修道后能生智慧的潜力，使根基成熟为可以开出智慧花朵的幼苗。

学修密宗金刚乘的胜根胜缘学子们，要想修取究竟正果——共同成就和不共殊胜成就，必须依靠修炼道法。这里所说的道法是由成熟灌顶和解脱开示两部分组成，这个道法一定要依靠戒律和三昧耶的根基才能修炼成就。而所有的成熟和解脱都离不开非常重要的灌顶，因此，灌顶是学修密宗金刚乘道法的入门。

修炼密法时如果没有接受灌顶，就不可能把密宗心法修炼成就。对此佛祖在续部宝典中强调说："不依靠灌顶就不能把密法修炼成就，就像没有船桨的船夫无法把船渡过江河。"类似的说法在《幻化根本续》中也有："未令上师生欢喜，且未接受诸灌顶，却做闻学等举动，定无成就有劫难。"接受了哪一门心法的灌顶，才可以听闻、学修和讲说那一门密法与续部。灌顶不仅是修学道法的入门，也是道法本身和正行，因为密宗金刚乘的所有道法都是由成熟法门和解脱法门组成，所以，已接受灌顶而未破灌顶命脉——三昧耶戒者，就可以在七生或十六生内得到不共殊胜成就，具足无上微妙善缘的少数利根胜人则可以在接受灌顶的当下开悟解脱。

总之，灌顶的本质是由具格金刚上师——灌顶者，给已经用前行法门清净了身心的胜根徒弟——灌顶对象，依靠物品、明咒和禅定聚合的某种仪轨来灌顶以后，使徒弟体证自已蕴、界、入、境中本原自在具足的圆满三座坛城，或者是体证自己本原具足的本体圆满身智坛城智慧，从而清除相应的障垢或减少障垢，并且真实生起二次第智慧或植入能生二次第智慧的潜力，以及使本原具有的正果四身种子成熟或开始发挥作用。

"灌顶"一词在梵文里被称作"阿布肯扎"，意思是"清洗和灭除"，还可以理解成"灌注"，意思是清净对象——需要修炼的身、口、意三门之所有大小障垢，都被清洗和灭除，使身心清净无染，并在其中植入或注入能修道法和能得正果的殊胜永恒潜力。

没有成熟的潜力种子可以令其成熟的灌顶有四大续部或六大续部的坛城，以及依其而来的经部、伏藏部和正见部的各种仪轨和相应的各种灌顶法门。在微妙极乘无上瑜伽的大圆满法中，要用有戏、无戏、非常无戏和无上离戏诸灌顶来清净徒弟的身心。

获得以上灌顶以后，守护三昧耶戒便成了一切心法的生命，密宗律仪是在接受灌顶中获得的。学此密宗道法犹如蛇进入竹筒，出路只有上下两个筒口，除此之外没有第三个,学修密法也只有解脱和下地狱两条出路。对于这样一门具有很大利害关系的心法,必须慎之又慎!

所有三昧耶戒的根本是学修从上师身、口、意三门中分类的全部分支三昧耶,以及本原守护离律三昧耶和无有、虚空、任运、惟独等法要。

接受灌顶的功德:这一生能够长寿、富足和心想事成,能除灭修法的障碍和逆缘,具足修法助缘;往生由于业障消除或业障减少而不会堕入地狱,并且长期受尽善道天人福乐之后,能够修炼灌顶中成熟的微妙道法,使此生或往生获得共同与不共殊胜成就,从而轻松体证二业圆满的无上菩提胜果。

第三十二章　大圆满总纲

所有乘门的极顶、诸佛胜意的究竟、三身无别普贤尊导师所宣说的光明大圆满续部中有很多共许与非共许的金刚境，这些法门首次传入人间，是由持明大师极喜金刚接受的。极喜金刚大师从金刚萨埵那里真实听取了全部大圆满法之后，与众多智慧空行母一起来到邬金国的北方日明山上，在那里进行了心法大集结，把大圆满法集结成二万四千部续部，其中共有六百四十万颂、三万五千品、二万一千卷和一百八十部装订本。将巴谢宁大师把所有的大圆满法分类集结成心识部、法界部和秘诀部三部，其中秘诀部又被汉地熙日森哈大师合为四大分部。心识部有十八大续、三总续和二十一续；法界部有黑、白、花三续，其中每一续分为三分部以后有了九部法界；秘诀部有分散秘诀、言语秘诀、对症除魔秘诀和续法本文等，这些又分类集结成外分部、内分部、秘密分部和无上深密分部四分部。

比玛木扎大师、莲花生大师和毗卢遮那大师三位尊者是大圆满心法的三大传人。比玛木扎大师把心识、法界、秘诀三部大法的经续法义集结成无上深密秘诀——光明金刚藏解脱秘诀次第《比玛心要》，并做了两大分类：把此生解脱秘诀归入讲说传承；中阴自现智慧中解脱的秘诀归入耳闻传承。在西藏学朵迪卓地区，莲花生大师给益西措嘉空行母等十万智慧空行母传讲了《空行心要》。毗卢遮那大师在藏东嘉绒地区给佛子玉扎宁波等徒众传授了由大师自己翻译的心识、法界二部之续义和秘诀。后来，龙钦绕江全知大师把续教秘诀中的讲说传承和耳闻传承法海都归结起来，以大学士说教的形式著述了《七宝藏论》和《三安息法》等，并且以深密善士说法之举创立了心要二母二子的释说，从而使大圆满法在西藏弘扬兴盛起来。

如此无上深密大圆满法的殊胜续、教、秘诀，如果依法典而论，续部方面有十七根本深密法藏大续、十八法界广明威焰续、加上护法忿怒母续为十九续；教言方面有金字部、玉字部、铜字部和螺字部四部；秘诀方面有一百一十九个秘诀心要。如此诸多法门的全部秘诀心要，都集结在全知大师龙钦绕江和被大师的智慧身三次摄受的大圆满平等觉见大师吉美林巴二位尊者的教法、近传加被未减以及“龙钦心髓”的母子法要之中。

“大圆满”这个名词的含义可以理解为不是新修造的，而是万法在本性法界本原如意具足而圆满存在。“大圆满”是本体自然智慧。心性本性中如何圆满具有一切生死涅槃诸法呢？轮回万法就像梦幻一样见其有而实无其有，而且都是明力执着再现。涅槃法众就像太阳和阳光一样无有分离地圆满具在，其心性本身就是遍满生死涅槃的智慧，所以，我们称之为广大圆满。

大圆满法分为基位、道位和果位。

基位大圆满：是指所有有情众生都拥有的心性本体本原无有修造的本性真相，其性相是空性的，其自性是明了的，其慈悲是遍满的，三者的三个智慧与心性本体无二无别，这便是“基位大圆满”。

道位大圆满：是指依靠法门的成熟灌顶和解脱秘诀使自己的身心成熟和解脱以后，就在心性广大清净平等的自性中，一切密宗金刚乘的道法圆满具足了，修炼这样的道法便是“道位大圆满”。

果位大圆满：是指明见真性、修得觉证、行无取舍以后，真实体证本原正果本体而使清除迷妄习气的三门成熟为三身，得证这样的胜果便是“果位大圆满”。

其中基位是需要体证的对象，道位是能够体证的方法，果位是最终体证后的所得。说得简单具体一点，基位就是本原法性和如意成就，道位是立断法门和顿超法门，果位是清净身和智慧的一切功德。这一切就在本原法性如来藏的法界里本初圆满具在，不需要重新出力修造，所以我们称其为“大圆满”。

基位大中观用正确的见解认证了诸法本性空无，道位大手印真实体证了自性明空双运，果位大圆满悟出了脱离凡心的智慧心性本体。所以，集合大中观、大手印、大圆满三种法门的全部深密心要之大圆满微妙正见，就是指无需修造的无境本初自在心性，在自然无造法性法界轻松入住。这里所说的“无修无造中入住”，是指要入登法性脱离修造的境界，如果仅仅入住于没有任何念想的空境里，就会无法避免地步入无记或错误的阿赖耶之中。

究竟智慧普贤尊的意旨，是无为任运成就之体，它没有在佛的加被下得到升华，也没有在众生的染污下腐化堕落，这样的心性或诸佛本觉胜意，我们从本初开始就具有，只是现在需要由具格上师以明力大灌顶等来把它展示介绍给我们，这便是“未见大觉见”。觉见心性本体的内在光明可以体证所见诸法的本性真相，并且能永远脱离迷妄黑暗。

初修者观修法门时会有众多念想此起彼伏，其情景犹如一个小孩处在杀声震天的战场上。因此，要以修炼和增长功力来发展观修和稳定观修，如果仅仅观注自己所得的那一点见解，那么观修会变成意念创设的执着，而我们要修取的诸佛智慧是脱离执取假相的离戏本原心性。

体证大圆满微妙正见以后，可以自然脱离所有轮回迷见，并且令一切迷妄无影无踪。脱离迷妄就是无迷，无明迷妄清除以后剩下的只有离迷心性智慧了，这个智慧便是本原清净无染的智慧，就像天上无论是否有云，天空湛蓝的本色永远不会改变一样。

当直接体见心性本性之后，就能除灭疑惑并生出信心，对此坚持修炼下去就会得到稳定的心性觉证，依靠稳定的心性觉证可以除灭烦恼等障垢，令心性赤裸裸地展现出来。而当所见所闻都变成观修过程或处在观修的状态中的时候，就会产生黑暗中点燃明灯般的坚定信心。这样，就能够在刹那间悟见法身真相，累世累劫的资粮也可以在刹那间积修成功，所以我们说这是无上捷径道法。

今天，我们所能见到的一切万法的本性都是空的，万法就在空性之中多彩多姿地展现在我们面前，在心性智慧本体毫无变动的基础上一切明力、幻化和庄严法相都展现了出来。但是，无论所展现的万法如何多姿多彩，心性的本性从来就没有发生过丝毫的增减和变动。另外，胜义的真谛不是在心识所经验的范围里，所以我们无法用言语和文字来表达明白，但是，就像看水中的月亮可以认识月亮的轮廓，用比喻说明可以道出事物的原形，因此，用造作的言词能够推知非造作的真义也是大圆满法的一大特点。

我们凡人初修者一开始不能悟见真义并不是什么大不了的过患，因为一切污浊之见可以逐步修炼成为智慧，原因是佛就在自己的身心之中，不需要向别处求取，这就好比大象在家中时无须寻足迹到森林中去找大象一样。

依靠三无动和四安置的法门来悟见心性真相，以及充分熟练众多的自在安置心法以后，所有生死涅槃、快乐痛苦、好与坏、得失取舍等心念会在法界广大平等的胜境里顿时断灭，这就叫做“立断”，这是大圆满法性真现的正见。用法性自生之心观修大圆满法性正见，以及令这种观修增长功力而修炼法门，在这里称其为“行为”。诚如心法所说：“对见要有勇气，对行保谨慎”。我们绝对不能让行为等同于正见，这一点非常重要。

学修这门道法的人，在修习比喻说明的智慧而迎接微妙胜义觉证时，失去本性、脱离修造地观修性相而出现明力迷妄的心念时，善恶因果的利害关系依然是存在的，所以，直至到达圆满正觉佛的果地，我们一定要遵循世俗谛的因果规律，并且要努力奉行积福灭罪。我们应该想到前面多次提及的教言法义：“惟有积福灭罪的功德和觉悟上师的加被，才是体见胜义俱生智慧真相的原动力。”明智圆满而入登本原界地以后成就法身和色身二身，这便是我们需要修取的正果。

如是悟知大圆满有寂本原大解脱见要的无上利根瑜伽士，在持有圆满解脱本原胜义心要的基础上，如果日夜不离光明法性和如意顿超法门，修炼成熟而四相圆满具足，就可以即生即世入登本原法界的恒久果地；中根人士在脱离身体蕴网的那一刻，可以在法性中阴犹如子入母怀般进入内在法性童子瓶身普贤尊的胜意法界，从而解脱成佛；下根人士可以在自性化身佛土成就现觉佛果。就这样，得到究竟正果断证功德圆满的佛位以后，自业能够真实体证法身而于法身法界从不动摇，他业两个色身犹如如意宝树和如意宝瓶一样能够施行无数应化利生事业，而恒久、遍满、如意的本性将展现至这个轮回空尽为止。这是法性法界万法能见不灭，诸法自法界展现而灭于法界的惟一法性明点。

第三十三章　面对新世纪的话

步入新世纪，只是给时间流逝中的分秒刹那取了一个美妙动听的名字而已，而时间一直就在前一刹那到后一刹那、今天到明天的过程中不断地流逝。对于时间流逝的过程，最短我们可以称之为“刹那”，再长一点我们就称其为“天”。所谓“新世纪”和“旧世纪”不过是对时间流逝过程的一种说法，而时间本身并不存在任何新旧世纪的划分。因此，在未来很多个新世纪里，太阳依然是从东方升起在西边落下，大江小河依然是往低处流去，大海依然存在，火依然是热的，水依然是湿的……四大各自的性质和作用不会在新的世纪里发生变化，人的苦乐参半的生活也不会有什么改变，包括我们身边的动物在内的世间有情的生、老、病、死四苦依然会令其受尽痛苦和折磨。时而出现的短暂快乐会在无常变化中消失，紧接着出现的又是痛苦，这种苦乐轮流出现和变化不定便是无常的本性。

我们经常所见的、并认为是恒久不变的东西，其实也在不停地发生变化，因为无常是诸法的本性。比如，我们眼前流淌的大江大河，虽然看起来几十年如一日，但是仔细研究便会知道它前一刹那和后一刹那完全不一样。同样，所有情器世间都有小到一刹那的变化和大到经常性的变化。我们从婴儿到老人的巨大变化也是由很多一刹那变化积累的结果，而不是突然一天变老的。由于我们内在的常见习气和发现不了外在事物的细微变化，使我们产生了迷妄之见而有了常见。如果我们郑重声明：“昨天的我和今天的我不一样。”那是一点也没有错的。除了投胎身体的替换以外，前世和今世都在依靠一个意识流，由此可以看出，包括所有动物在内的意识所依靠的血肉蕴身的生命体是多么脆弱、多么没有自由、多么值得同情啊！

在我们的眼里，那些只能活一天的虫蚁和即将被宰杀的鸡、鱼等小动物是渺小而没有自由的。同样，比我们更有力量、更有福气、更长寿的有情在看我们时，也会觉得我们渺小而没有自由。如果用简单的比喻来说明这个问题：我们的生活就像电视里的故事，把这个故事总结概括起来表演则可以把人生一百年的经历在一天内演完，人生的幸福快乐时光在每小时里不会超过几分钟，影像图中的人物也只有手掌般的大小，一切快乐的片断如同儿戏一样没有任何意义，这与我们观看虫蚁鸡鱼又有什么区别呢？

新世纪的人们无论科技水平达到什么样的高度，或者能够制造出什么样的先进机器，都不可能依靠这些来找到永远脱离痛苦的方便路径。就像火中的热无法除掉一样，轮回的痛苦本性绝对不可能改变成快乐，也没有任何办法使其改变。翻阅历史书籍，我们可以看到人们在自私贪婪的驱使下多次大规模地发动战争，还有部分人登上未开发的新大陆后建立了强大的政权……而所有这些，并没有使人得到什么快乐，相反造成了生灵涂炭的痛苦。有些人预言说未来发生世界大战以后，这个世界将濒临灭亡，有少数人会迁居到别的星球上，并在那里生存繁衍一段时间，然后那里的后代又返回到这个地球上，再重新建设出新的地球家园，这些话虽然戴有科学的面具，但我认为很难令人信服。

在新世纪的时光流逝过程中，日月四季依旧会存在，而夏季凉爽、冬季温暖、阳光普照、黑夜消失并且没有生老病死的痛苦等等美事仍是无法出现的。但是，疾病、战乱和饥饿等所有人为的痛苦可以依靠人类自己来避免发生，因为这些都是人类自己一手造成的，当然也就可以在人类的共同努力下使其往好的方面发展。森林是由一棵一棵的树木形成的，牦牛尾巴是由一根一根的牛毛构成的；同样，世界也是由你我以及每一个人组成的，是我们人类共同拥有的世界。因此，我们不能以“浊时恶行”为由冷眼旁观世事百态，这样于己于人都不会有任何益处。世界几十亿人口中你我每个人都包括在内，如果我们每个人都是好人，那么真正美好的世界也就近在眼前了。

人与人之间相互接触时，起沟通作用的是身体和语言中表露出的态度，但是身体和语言都要受心的控制，身与口的一切活动都在心的指使下进行。因此，人们的行为好坏归根到底还是在于心地的好坏，我们应该特别注重分清心的好与坏。在新的世纪里，世界能不能和平安宁，就要看你我的心是否具有爱和善。如果这个世界上的自己一方“我”和另一方“你”都能具有善良友爱之心，那么一切国防军备开支都可以从此用于发展经济、保护环境、发展文化、发展科技和济贫救苦等事业中，人们就可以把地球共同建设成新世纪的幸福乐园。但是，如果人心都不善良、不友爱的话，世界的前景则会相反。心坏的根源在于贪欲、嗔怒等烦恼，要彻底根除怀恶之心还得依靠破除烦恼的道法，这就又要回到佛教的经典教法中去。

在这里我并不是有意把话题都转向佛教经典中去，而是在探讨新的世纪里如何建设地球新乐园。综观有情世界，人类和其他所有众生都有或多或少的贪欲、嗔怒等烦恼，因为是有情就不可能没有烦恼。如果有一个没有烦恼的人，这个人肯定不同于我们，他肯定具有不同的六根和觉受，此人也就不能算作我们人类当中的一员。我们都渴望马上得到幸福，但我们却不能立即断灭痛苦之因——贪欲嗔怒等烦恼。我们虽然不能立刻得到除灭烦恼的快乐，但如果能够减少和控制烦恼的话，就可以少一些痛苦。当强烈的烦恼出现时，我们要冷静地思考一下，找出一个对治烦恼的方法，然后去迎接烦恼的挑战，绝对不能把胜利让给烦恼。在与烦恼的战斗中，如果胜利者是烦恼而自己败下阵来，烦恼就会统治我们，让我们受尽各种各样的痛苦。

烦恼的危害随自己的能力大小而有大有小。一个拥有至高无上权力的人如果被嗔怒烦恼控制，那么他将无暇思及前因后果和黎民百姓的幸福安危，他将用嗔怒的怀恶之心指挥部下民众，制造出毁灭性极强的核武器和生化武器，这些武器不仅会夺取他人的宝贵生命，而且还会在刹那间摧毁多年艰辛苦建设的文明设施，他也会在弹指之间埋下大祸根。一个拥有中等权力的人如果心地不善良，他就会欺压手下，使许多人坠入痛苦的深渊。一个拥有少量权力的人如果居心不善，也会伤害他人，甚至夺取一个人的宝贵生命。一个没有善心的平凡小人物，同样也可以伤害到周围的人，大到毒打家人和亲友，小到砸锅摔碗……这些人坏事做完后，当心中的嗔怒随着时间的推移而化解消除，他们又会产生强烈的悔恨之心，但那时却无法弥补已经破坏的一切，也不能返回到破坏之前的当初。以上说的便是与毁灭你我的烦恼作战时败下阵来的经验教训。

当我们遭遇烦恼大敌时，要依靠犹如利剑般的烦恼对治法来消灭烦恼，或者用方便法门来把烦恼之敌转化为修道之友，把烦恼作为修炼道法的助缘。无论如何，至少要避开烦恼或控制烦恼的蔓延滋长。如果不这样做，从大处来说则世界不能和平安宁，从局部来说则地区战乱不断，从小处来说则是个人做出违法之事而受到法律的惩治，等等，这些都将使人们体受到各种各样的痛苦。

在未来的新世纪里，如果人们能够做到别人骂我我不还口、别人欺我我不报复、别人打我我不还手、别人揭我过失我不反击等慈悲友善之行，以及不从自私自利出发而伤害别人，那就一定能够建设出一个前所未有的地球幸福乐园。

自从有人类以来，这个世界上出现了各种各样的宗教，这些宗教的源流各不相同。有些宗教是一个平凡人物经过对事物分析研究以后，得出一个合乎逻辑的总结性教言而创立流传的，这类宗教在长期流传的过程中加进了许多人的智慧和经验，从而使宗教本身越来越完善和与众不同；另外有一些宗教是不平凡的圣人，从殊胜的慈悲心中传出智慧福音而创立弘扬的；还有一些宗教是模仿圣人的教言并在其中加进自己的少量见解而创立传播的……诸如此类的各种宗教，除了带有伤害他人之言行的宗教以外，真正以利乐他人为出发点的宗教都将有利于人类社会的文明与进步。我认为坚持利他主义精神的宗教不会给人类社会带来任何危害，当然，我说这句话时并不包括少数人利用宗教来达到其他目的的事件。

作为世间的凡人，无论是达官显贵还是平民百姓，人人都无法避免犯下无意的或有意的错误。但是，如果我们能够遇事多加思考和分析，就可以避免犯大错误，甚至不犯错误。

当我们分析和研究教法时，首先要弄清楚教法是不是无垢真言，其中有没有掺杂其他言论，是真佛法还是假佛法。如果我们认定了所研究的是真佛法，那么还要分清楚是了义教法还是不了义教法，并从佛陀应机说法的角度去理解教法，在此基础上才可以继续进行深入地研究和分析。为了配合研究的需要，我在这里说一说佛教的修取究竟果位在大乘教法的共同宣说中是怎样阐述的。

如果以前积有白法善业和微妙愿心，那么今生就可以依靠其福力获得具足暇满十八法的宝贵人生。不仅如此，还可以遇上大乘佛法、对轮回生出厌离心、具有奉行自他二业的勇气以及能够学修菩萨大行，仅仅这一些就可以获得无量无边的功德，并且能够战胜魔障成为天人礼奉的对象。然后，次第修习禅定，获得微妙成就，就可以拥有具足十力、四无畏、十八不共法等功德和相好圆满的胜身，并且能够入登正觉佛的果位。这样便体证了遍满轮回涅槃、恒久住于大乐法界果地的法身、无灭明力大幻化三世常住的报身以及具备二智中施行利生事业的化身。如果从现在开始学修因法，最终一定能够体证正觉佛果。当十地功德圆满以后能得到微妙色身，五道功德圆满以后能得到法身。

以上法理的深入详细说明非常广大而且深奥，无法用三言两语来说清道明，并且我也无意在这里把它说得很详细。但是，为了预测和研究未来新世纪的需要，我想在这里把相关的问题再说明一下。

诚如佛说劫末浊时众生的痛苦无量无边那样，我们人类在这个苦乐参半的世间是无法脱离所有痛苦的。但是，有可能在未来某个时期，全世界的人们都使用同一种语言文字，都遵循同一个法律体系，并且共同营造幸福快乐的地球大社会。当劫末到达人的寿命只有十岁时，那时人们的身体只有今天你我的大拇指那么大，当寿命最长的人只能活到十岁时，并且会经常发生疾病、战乱、饥饿等天灾人祸。到那时，香巴拉的法王将会降临到人世间，弘扬微妙善法。对于佛教经典中的这些说法，如果能够避免望文生义，并且又能够正确理解其含义，我认为可以得出值得信赖的结论。

现在人们信仰的各种宗教，有些与佛陀的教法很接近，有些甚至可以作为修炼佛法的道基。如果从现在开始，所有信仰20世纪以前很早就已创立的宗教的人们，在努力防止自己的教法里掺杂造假邪说的基础上，做到全世界信教民众团结在一起，抛弃区分宗派和排斥异教，共同努力去做利益众生、播撒快乐的事业，同时执政者也多全人类的利益为出发点而工作，我们梦寐以求的世界和平将会自然而然地到来。在这里，一件非常重要的事情就是：各种宗教的信众们要树立正确的典范，要有信心改变周围人的不良心念和邪恶行为。如果全世界百分之八十以上的人具有把胜利与好处让给他人、把失败与损失由自己来承担的利他菩提心，那么，我们一定能够迎来与现在完全两样的天堂般的未来新世界，那时人们的思想和言行肯定非常接近佛陀教法。因此，下面我想说说这方面的见解。

人们如果体知给自己和他人带来快乐的方法，那就具备了智慧胜眼，就可以消除一切事与愿违的根源——无明。自私贪婪减少以后能够减缓我执的束缚，从而可以控制贪欲、嗔怒等障垢。以利益他人的善心勤修白法善业以后，可以积累广大福德，而拥有福德的人就能够心想事成。因此，当人们齐心修造共同的福德以后，就可以减少地震、火灾等四大的灾害。从个人的角度而言，断除非福德之行能够少得疾病、少受伤害。当出现必须接受的前世罪业之果——疾病和灾祸时，要善于把它转化为积修福德的道法，这样还可以消除偷盗、抢劫等祸害，从而使世间和平安宁。如果人们没有怀恶之心而且互相亲如父母兄妹的话，所谓军备和国界都将成为古老的历史传说。

当外界的物质生活条件富足以后，人们会思考怎样使内心快乐，并会努力寻求消除老、病、死等痛苦的办法。不过，到那时再去努力修炼现今佛法中的胜义究竟妙道恐怕晚了一些，因为那个时候不会像现在这样具足圆满的全部经典法宝、开示传承、修习指导和觉受交流等。因此，所有具备智慧头脑的人，应该从现在开始珍惜微妙佛法，把它当作一切重要事情中的最重要的大事，要把布施、持戒等方便行为法门以及智慧微妙善法修好以后积累福德和智慧二资粮，修取无漏内在的快乐，消除老、病、死的痛苦，有些人甚至可以成就永远不舍离此身的无死长寿持明胜果。

当今世界的人们，无论是物质财富、内在思想、外在言行，还是知识修养，都只达到以九层楼房为例的一至二层，少数人甚至连这样的高度还没有达到。人首先是想尽一切办法填饱肚子，接下来会寻找御寒的衣物，当吃得饱、穿得暖的时候，人们会进一步想获得既美观又质优的其他更好的东西。在这个过程中，有些人会努力救助别人，但多数人很少会想到别人，因为他们想要达到的很多物质条件还不具足，他们将在努力创造各种物质条件的操劳中走到生命的尽头，最后摆在他们面前的全是失败。为什么这样说呢？因为世人终生都在忙于创造幸福，而且都在未能享受自己所向往的幸福中死去，这便是自取失败。

我们经常遇到的很多不如意的事情，其实就是在没有找到内在快乐的情况下，向外寻求快乐时遭遇外在快乐变化无常的结果，或者是内在快乐和外在快乐失去平衡的结果。当外在的物质财富达到一定水平时，如果内心不能随之提高境界的话，贪婪之心便会更加膨胀起来，假如在此基础上造下偷盗、抢劫、勒索或诈骗等罪业，就会把此生和往生都引入痛苦和失败的危险境地。所以，人们在创造外在物质财富的同时，应该想办法减少内在心灵的烦恼痛苦，这样可以让内外快乐同步增长，最终达到无需依靠外在快乐，只靠内在快乐就能心满意足的境界。到那时，还会出现与今天完全两样的内在功德，从而可以显示相应的神通和法力等等。

心理学及思维活动的研究和发展，对于全世界的人们步入健康快乐之道，有着非常重要的意义。人们都有自己的理想，并且都以追求幸福和快乐为最主要的理想。现在的人们虽然都渴望得到幸福和快乐，但他们并不认识真正的幸福和快乐。我们不能责怪他们无知，因为到目前为止，他们还没有体受过真正的幸福和快乐的微妙滋味。举例来说，当饥饿的时候吃到一顿美味可口的饭菜是一种快乐的享受，但当吃饱喝足之后就不会去追求吃饭的快乐，如果从此不再有饥饿的话，那就再也不需要吃饭的快乐，更不会去求取食物，由此我们可以看出快乐不在饭菜上面，也不在吃饭的行为当中，而是在脱离饥饿之苦的境界里。因此，如果没有内在的烦恼，就不会有任何的痛苦，没有痛苦便是快乐了。再举一个前面已说过的例子，当疥疮发痒时用手去挠就会得到一点快乐，但是放弃挠痒而根除疥疮，将会得到更永恒的快乐。我们现在享用美食靓衣可以说是一种快乐，但是能够胜过它千万倍的是内在的快乐，如果我们能够真正体会到内在的快乐，就再也不会把外在物质享受的快乐放在眼里了。所以，内在的见解和感受可以直接影响到外在现象，或者说外在现象随内在见解和感受的变化而变化。

当人们心情快乐时，就算来到荒山野谷也高兴不已。而当人们心情苦闷的时候，就是身处花园美景也不会感到快乐，更无心去欣赏。因此，世间的人们在创造外在物质财富的同时，应该提高内在的精神境界，只有在微妙善心的指导下创造物质财富才能使世界和平、共享幸福快乐。我们应该携手努力，共同把极乐世界建造在人间，这样我们便登上了前面所说的九层楼顶，而这样的成就是绝对有可能得到的，但这里并不包括视世间快乐为没有任何意义的妙欲诱惑、一心修习深密法义以后取得微妙成就的瑜伽士们。不过，当体知妙欲享受犹如喝盐水一样只能助长贪欲，并对轮回过患生出厌离心，从而修炼深密心法的人将会有很多很多。这样看来，佛陀所宣说的未来弥勒佛降临到人世间传法以后，众生的寿命将会增长，贤劫将会再一次出现是完全符合逻辑的。当人们多行非福德之业时，寿命就会减少，疾病就会增多，身体也会变得矮小而且脸上失去光泽，并会频频发生战乱和饥荒。而当诸佛愿心的威力和众生的白法善业重新增长时，贤劫光明将会展现出来，众生的疾病和灾祸也会越来越少，人们将充满光彩，具足力量和美貌，受用完全可以与天人相比。

因果无违是绝对没有错的，只要我们能够正确遵循因果规律，寿命仅为十岁的劫末浊时也可以人为地改变。不过，现在最令人心寒的是佛祖释迦牟尼所传的微妙善法，以及其他贤良正主所传的利益众生的教法，都在遭受篡改和假法的侵入，这将给人类的未来造成无法估量的损失。我认为，人类保护古代文明应该像保护我们自己的生命一样，这是非常重要的！在此我想请求读者朋友和全人类，为了保护先辈圣人们留下的文化瑰宝，请多做一点有意义的实事！

在这里，我站在中立的立场上，以研究者的眼光和采用文字语言的方式分析研究了今天世人所面临的难题——生命的奥秘、生死轮回、因果业报、如何创造未来幸福的人类社会等，并且简要说明了利乐自他的内心甘露——佛法知识、如何调治从苦根我执无明中生出的烦恼迷妄之症以及殊胜的积福灭罪心要道法等，其中还引用了少数无垢金刚真言。另外，我还把佛法至今圆满具在的世界屋脊——雪域高原的风土人情作了部分介绍。为了提高读者的阅读兴趣，我在书中讲述了不少传奇故事，当然书中充满了我自己的世界观和个人看法。至于我个人，我认为不过是拥有一个“活佛”的名号而已，这有点像驴子披上了豹皮，我自己很清楚我是一个平凡的人。不过，从另一个角度来看，给我“活佛”名号的都是大德圣人，而且都具有智慧胜眼，他们说话绝对不会有错误，也绝不可能说出毫无根据的假话。所以，如果从这个角度来评说我个人的话，我应该算是具有善良习气、微妙愿心和利他精神的人。我相信我将会继续完成前辈大德们的宏愿大业，并且无愧于大德圣人们恩赐的名号，我也相信我将能够为与我结缘的众生带去利益，前辈圣人们的发愿就像如意宝珠和如意宝树一样能够满足众生的愿望。

在此我发愿：“愿所有见过我、听过我的名字和与我结下善恶业缘的众生，依靠我的福力都能登入此生和往生的恒久快乐胜地，并且都不再受任何痛苦。从今以后，愿我成为饥饿者的食物、口渴者的甘饮、受寒者的衣服、中暑者的凉风、孤独者的亲友、无助者的帮手、无依者的依靠和渡船、桥梁、药品等，我将不分彼此亲疏地利益所有众生。”这是我经常在昼夜六时中的发愿，再一次在书面上把它写下来，愿它能够早日实现。

这本书是我在忙于教法复兴的紧张工作之余写成的，希望我的辛勤劳作不至枉费，希望此书能够成为未来人类的朋友。我写此书的目的，是诚心为了利益他人，除此之外，别无所求。

世界屋脊雪域高原的比丘

——土登·龙多·丹贝坚赞

（白玛格桑）

于二十一世纪的二〇〇〇年一月一日

完成了这本献给人类的小礼物